臺灣問題與中華復興

■ 王在希 著

崧燁文化

目　　錄

作者簡介

序一

序二

嚴謹治學的結晶

第一部分

台灣問題與中華復興 / 001

一、台灣問題的歷史形成 / 002

二、台灣問題的歷史演變 / 005

三、台灣問題的解決前景 / 017

第二部分

一、李登輝時期 / 026

李登輝對蔣經國政策路線的傳承和異化 / 026

對台灣第八屆總統選舉情勢分析 / 031

台灣當局終止「動員戡亂時期」的背景及影響 / 040

國民黨新大陸政策的形成及其特點 / 046

從兩岸關係發展看「國統綱領」 / 057

堅持一個中國原則不能動搖 / 065

具有深遠歷史意義的「辜汪會談」 / 068

國民黨的根本出路在於促進中國統一 / 071

國民黨十四全與台地方選舉 / 075

台灣當局的一個中國政策在發生動搖 / 083

在「主權在民」的背後 / 085
台灣問題與國際事務 / 089
李登輝上台後台灣政局的變化 / 095
從世界經濟區域化趨勢看兩岸經貿合作前景 / 097

二、陳水扁時期 / 100
反對「台獨」，是為了堅持和平統一 / 100
台灣近現代史對台灣民眾心態的影響 / 106
李登輝與九十年代台灣政局 / 125
努力開創兩岸關係發展新局面 / 128
「公投制憲」是一項極其危險的舉動 / 132
遏制「台獨」分裂 維護台海和平 / 135
憶汪道涵會長二三事 / 138
海外僑胞的愛國情懷 / 143
堅持兩岸關係和平發展這一主題 / 147
台灣問題的歷史和現狀 / 150
海外僑胞是推動祖國統一的一支重要力量 / 159
實現國家統一是中山先生畢生不渝的追求 / 167

三、馬英九時期 / 179
胡錦濤「12·31講話」引領兩岸關係發展方向 / 179
馬英九上台後的兩岸關係與島內局勢 / 182
人民網就兩岸關係專訪王在希 / 190
台灣問題60年回顧與展望 / 209

兩岸關係和平發展與破解政治難題 / 219
紀念辛亥革命一百周年 / 220
當前台海形勢與新時期對台工作 / 226

附錄
附錄一 / 235
《開羅宣言》全文（譯文）/ 235
《波茨坦公告》（譯文）/ 236
告台灣同胞書 / 238
不能把台灣問題上的國際問題同國內問題混淆起來 / 239
周恩來概括的「一綱四目」/ 240
全國人大常委會《告台灣同胞書》/ 241
關於台灣回歸祖國實現和平統一的方針政策 / 244
中國大陸和台灣和平統一的設想 / 245
為促進祖國統一大業的完成而繼續奮鬥 / 247
反分裂國家法 / 252
攜手推動兩岸關係和平發展同心實現中華民族偉大復興 / 255
台灣「國家統一綱領」/ 263

附錄二 / 265
理性、務實又開放 / 265

作者後記 / 268

作者簡介

　　王在希，1945年12月生，浙江富陽人，畢業於南京國際關係學院。1960年1月參加工作，1964年1月參軍，1965年5月入黨，曾任總參某部局長、駐外武官等職，少將軍銜。2000年7月出任中共中央台辦、國務院台辦副主任，2006年底轉任海峽兩岸關係協會副會長，兼任中國和平統一促進會常務理事、全國台灣研究會副會長、中國國際戰略學會高級研究員，國防大學、浙江大學、廈門大學、中華文化學院兼職教授，浙江大學台灣研究所所長等職。

序一

唐家璇

因為工作關係，我在2002年擔任國務委員後，與在希同志有過多次接觸。在希同志時任中共中央台辦、國務院台辦副主任，分工負責研究工作。我在長期外交生涯中，對形勢調研無論是國際地區問題或台灣問題多年來十分重視，饒有興趣，因而有時也與在希同志一起探討對台灣問題的看法。

在希同志是一位學者型領導，他對台灣問題研究已有40餘年，可以毫不誇張地說，他是目前中國大陸研究台灣問題最資深的人士之一。在希同志研究情況猶如其人，有一個可貴之處，就是堅持實事求是，一切從客觀實際情況出發，談實情，講真話，而且經常有一些獨到的見解，使我從中受益匪淺。

這次在希同志要我為他的新書《台灣問題與中華復興》寫個序，我至今對台灣問題的瞭解仍然是一知半解，雖再三推辭，最後還是盛情難卻。

進入21世紀以後，台灣問題越來越引起大家的關注，有關圖書、文集也問世不少。粗讀在希同志的書稿內容，覺得確有特色。

首先是時間跨度大，從1990年李登輝上台開始，一直到2013年馬英九當政後的兩岸關係現狀，對近20多年來兩岸關係和島內政局的發展演變，尤其對一些重大歷史事件，都有客觀清晰的評述，頗具參考價值。第二是內容廣泛，從台灣政治、歷史、經濟、社會到兩岸關係、美台關係，幾乎都有涉及，文筆嚴謹生動，且有一定深度，有較高的可讀性。第三是觀點鮮明，對台灣問題產生的背景由來，台灣問題的演變過程，台灣問題的實質和不同階段特點，「台獨」分裂的危害和兩岸統一的前景，都能夠從戰略高度和歷史眼光進行較深入的理性分析，提出自己的看法。其中不少見解，例如對李登輝在一個中國問題上的立場變化，對台灣政局演變的趨勢等等，都有一定的前瞻性。

台灣問題的複雜性，決定了實現統一的長期性。近五年來，台海地區的形勢從陳水扁時期的高度緊張趨向緩和，兩岸關係獲得了突破性進展，實現了歷史性轉折，兩岸民間實現了全方位、寬領域、多層次的大交流，形勢喜人。今天兩岸關係和平發展的局面，來之不易，應該倍加維護，發揚光大。

要解決台灣問題、實現祖國的完全統一，還面臨不少問題和困難，仍需假以時日。但統一畢竟是大勢所趨，人心所向。隨著祖國大陸的發展強大和綜合實力的不斷提升，以及中國的國際地位和影響力進一步增強，實現統一是中華民族歷史發展的必然。在充滿希望的21世紀，中華民族的偉大復興、祖國的完全統一，這一海內外中華兒女共同期盼的中國夢，一定會成為現實。

作為最先讀者之一，我謹對本書的出版表示熱烈祝賀。相信本書將有助於加深廣大讀者對台灣問題的瞭解，在「存史、資政、育人」方面發揮積極的建設性作用。

序二

熊光楷

王在希有著多重身分：作為軍人，他曾經是與我同在總參謀部工作的同事，被授予少將軍銜；作為官員，他曾任中央台辦、國務院台辦副主任；作為社會團體領導，他現在是海峽兩岸關係協會副會長；作為學者和教師，他接受我的邀請，擔任中國國際戰略學會高級顧問，同時還是浙江大學台灣研究所所長，國防大學、廈門大學等高校的兼職教授……雖然有那麼多不同的身分，但王在希工作中的核心主線，還是台灣問題——做台灣問題研究，為兩岸和平統一奔走。

1990年代初，海協會與台灣海基會分別成立，雙方建立起兩岸制度化協商談判的管道，先後舉行了1993年辜汪會談、1998年辜汪會晤等17次商談。但到1999年7月，兩岸商談因基礎遭到破壞而陷入中斷。2008年3月，台灣局勢發生積極變化，兩岸關係出現難得的歷史機遇。2008年6月12日，海協會和海基會在「九二共識」的基礎上正式恢復協商談判。此時，王在希擔任海協會副會長，具有特殊的意義。2008年7月6日，王在希應邀赴台參加學術交流活動。

回來後，他告訴我：「我研究台灣問題40年，這次有機會到島內實地考察，收穫很大。」

王在希曾經送給我一本簽名書，是華藝出版社的《台海形勢回顧》，1996年5月第一版，2003年7月第二次印刷。這本書是大陸學者有關台灣問題研究較早出版的一本文集，出版時曾受到海內外關心和研究台灣問題的學者專家及有關人士的重視，香港一些媒體還專文對此書進行了介紹。1988年1月蔣經國病逝、李登輝上台，1990年5月李登輝正式就任台灣領導人，在此期間，台灣政局和兩岸關係出現了重大變化。這本書中收錄了王在希對台灣局勢變化的思考與展望，在今天看來，仍有啟示作用。

收錄在此書中的一篇文章，是1990年1月發表於《台聲》雜誌的《李登輝對蔣經國政策路線的傳承與異化》。在這篇文章中，王在希明確點到李登輝偏離蔣經國政策軌道的四個方面：一、在對外關係上，由強調「實質外交」演變為「彈性外交」；二、在修訂大陸政策時，逐步以「台灣意識」取代「中國意識」；三、在對「台獨」勢力做法上，採取比以往更加寬容的態度；四、在推行本土化問題上，目的和做法也大相徑庭。據此，王在希認為，李登輝的內外政策「既不利於海峽兩岸的和平統一，也不利於台灣社會環境的改善和島內經濟的發展」。應當說，這是大陸學者中較早預告李登輝將要露出「台獨」本質的文章。台灣問題研究權威、當時的社科院台灣研究所所長姜殿銘在序言中也說：「對於台灣當局近幾年來逐漸背離一個中國原則的跡象，在希同志是較早察覺的一位。」

作為海協會副會長，王在希組織了不少涉台活動，其中包括參與組織海峽兩岸退役將軍高爾夫球邀請賽。2010年5月，第二屆邀請賽在南京舉辦時，我還與全國人大原副委員長許嘉璐一起，受邀

在閉幕式上頒獎。王在希在這次活動中獲得了兩岸老將軍的特別讚許。

　　作為中國國際戰略學會高級顧問,王在希多次受到我的邀請到戰略學會作關於台灣問題的報告,反響很好。我與王在希還有一個特殊關係:他的孫女在幼稚園時恰好與我的外孫女在一個班,是最要好的小夥伴。由於這個原因,逢年過節時候,我們兩家常常三代人一起聚會,其樂融融。

嚴謹治學的結晶

姜殿銘

九十年代，是台灣政局和兩岸關係發生急劇變化的年代，在希同志是對這種發展和變化過程進行了追蹤研究的學者之一。彙集在本書（指王在希著《台海形勢回顧》95年版）中的33篇文章，我有幸早在成書之前就拜讀過，而且有的文章我們還在一起切磋過，得到不少啟發。可以不誇張地說，只要讀讀收集在本書中的文章，就可以大體上對近幾年來島內政局及兩岸關係發展變化的脈絡有一個比較清晰的瞭解，而且他的許多獨到的見解與預測也是很有啟發的。

由於工作的關係，常常同在希同志一起探討問題，在接觸中給我留下的最深刻印象是他那一絲不苟的嚴謹治學態度。無論是一個資料也好，一個提法也好，他都能做到反覆比較與核對，力求做到準確無誤，看他的稿子在這方面是比較放心的。對於台灣當局近幾年來逐漸背離一個中國的跡象，在希同志是較早察覺的一位，本書中許多篇章論述了他在這個問題上的鮮明而有說服力的觀點，也可以說是本書最具特色的部分。而這些觀點的形成，並不是靠引幾句

話就作出的,而是對台灣當局一些負責人的一系列言行的系統分析,把握了這些人的言行的階段性變化才得出的。

在希同志在治學上給我留下的另一個印象是,在原則問題上他從來不隱晦自己的觀點,同時在討論問題時,包括同來自對岸的持有不同觀點的學者討論和爭論問題時,總是能根據自己研究的心得,理性地探討問題。既不隱晦自己的觀點,又能以理服人,實在是難能可貴的學者風範。

在「台獨」活動甚囂塵上、台灣當局的一些負責人在分裂的道路上越走越遠的今天,本書的出版,相信不僅會引起研究台灣問題的學者的關注,也會對一切關心祖國統一的人們具有瞭解是非曲直的參考價值。是為序。

注:本文為姜殿銘先生為王在希《台海形勢回顧》一書第一次出版時寫的序。姜殿銘先生時任中國社科院台灣研究所所長,是當時中國大陸研究台灣問題最具權威性的學者之一。

第一部分

台灣問題與中華復興

2014年是甲午戰爭120周年。從1894年甲午海戰到2014年，整整兩個甲子過去了。當年清政府北洋水師與日本海軍在1894年的甲午海戰中失敗，最後由李鴻章代表清政府赴日本，於1895年在日簽訂了喪權辱國的《馬關條約》，除了賠償日本二億兩白銀之外，還把台灣、澎湖列島的行政管轄權割讓給日本，給台灣同胞帶來了深重的災難。這是中國近代史上最為屈辱的一幕，中國從此進一步走向衰落，台灣成為日本的殖民地。

1945年世界反法西斯戰爭取得偉大勝利，日本宣布無條件投降。根據《開羅宣言》和《波茨坦公告》，中國政府於同年10月25日收復台灣，台灣受日本殖民統治50年後重新回到祖國懷抱。

1949年10月，在中國大陸持續三年的國共內戰基本結束，戰敗的國民黨政府從大陸撤退去了台灣。此後，中國大陸和台灣再次陷入分離狀態，迄今又度過了64個春秋。

回顧歷史，可以清楚地看到，台灣問題始終與中華民族的命

運、與中國的興衰緊緊聯繫在一起。兩岸同胞是血脈相連的命運共同體。

進入21世紀以來，台灣問題更加引起兩岸13億同胞以及海外五千萬僑胞的高度關注，因為台灣問題涉及中國主權領土完整，影響到中華民族的偉大復興，關係到海峽兩岸中國人21世紀的和平發展，也直接關聯到中國在國際社會的形象和聲望。一個自身分裂而不能統一的國家，可以是一個大國，但決不可能成為一個世界強國。

當前，海峽兩岸同胞都面臨著一個難得的戰略發展機遇期。能否抓住機遇、共同發展，關係到海峽兩岸同胞的根本利益和長遠利益。兩岸同胞是一家人，理應互相支持、互相合作、互相包容，為中華民族的偉大復興共同打拼。

振興中華民族和實現國家統一，是孫中山先生一百多年前提出來的兩個宏偉目標，到今天依然是兩岸中國人共同肩負的兩項神聖使命。從某種意義上說，是否統一是國家強大的一個標誌。在中華民族五千年歷史上，像秦始皇、漢武帝、唐太宗、康熙大帝等國力強盛的年代，都是空前統一的。在國力衰落時，就內戰頻發，軍閥割據，外敵入侵，領土割讓，國家四分五裂，如清朝晚期一樣。因此，中國強大了就一定能夠統一，統一了才算得上真正的強大。站在這樣一個視角，台灣問題顯得格外重要。

一、台灣問題的歷史形成

台灣問題從1949年歷史形成，到現在已經整整64年了。眾所周知，台灣問題是1940年代後期持續三年的國共內戰遺留下來的一個

歷史問題。當時，中國共產黨領導的武裝力量在全國戰場上已經取得決定性勝利，控制了絕大部分的國土，遂於1949年10月1日向全世界莊嚴宣布：中華人民共和國中央人民政府在北京成立了。

與此同時，中國國民黨軍政人員約200萬人先後從大陸撤退去了台灣，其中軍隊66萬人，其他除了黨政官員、工商各界、知識份子之外，也有普通的民眾。

新中國成立後，中央政府原本打算經過一年左右時間準備，在1951年解決台灣問題。1950年6月25日，朝鮮戰爭爆發。6月27日，美國為防止大陸趁機用武力收復台灣，派遣海軍第七艦隊開進台灣海峽，阻止大陸對台軍事進攻。同年10月25日，由於朝鮮戰爭的戰火燒到鴨綠江邊，中國政府被迫派遣志願軍入朝參戰，與美軍在朝鮮戰場展開正面較量。可以說，朝鮮戰爭使得新中國政府失去了一個解決台灣問題的重要機會。由於美國介入和軍事干預台灣問題，使得解決台灣問題的難度增大，導致台海兩岸出現長期分離的局面。這就是當年台灣問題產生的國際背景。

有人以為，如果當年中國政府不出兵朝鮮，美國就不會派第七艦隊開進台灣海峽。這顯然是一個誤會，是倒因為果。事實上，是美國派第七艦隊開進台灣海峽在前，中國出兵朝鮮在後。

國民黨當局退台之後，繼續沿用「中華民國」的稱號，並以一個「政治實體」的形態在台灣存在。在1950、60年代，台灣國民黨當局還與世界上不少國家尤其是西方國家保持著「外交關係」，在聯合國還占據著安理會常任理事國席位。直到1971年10月第26屆聯大通過2758號決議，恢復中華人民共和國在聯合國的合法席位之後，台灣當局才被逐出聯合國。據說，蔣介石在大陸內戰失敗時，沒有哭過，但聽到「立即把蔣介石的代表從它在聯合國組織及其所

屬一切機構中所非法占據的席位上驅逐出去」時，傷心地落淚了。

回顧台灣歷史，近五百年來，台灣與大陸先後有過三次分離，最終都復歸統一。第一次是在17世紀初，當時荷蘭商人曾經占領過台灣，控制了台灣的主要港口。1662年，明朝大將鄭成功率兵驅逐了荷蘭人，收復了台灣。第二次是清朝康熙年間，因為鄭成功攻占台灣的目的是「反清復明」，鄭氏小朝廷客觀上成為一個割據政權，1683年施琅大將帶兵收復了台灣。第三次是1894年的中日甲午海戰引起，因中方戰敗，根據1895年簽署的《馬關條約》，清朝政府把台灣割讓給日本，直到1945年10月25日第二次世界大戰結束，日本宣布無條件投降，台灣再次回到祖國懷抱。1949年到現在是第四次分離。

台灣問題產生到現在已經64年，之所以一直得不到解決，有其複雜的政治、經濟、社會、歷史、文化和地緣上原因，還有國際因素。長期以來美國對台灣問題的插手，是其中一個重要因素。1979年中美正式建交之後，美國按照建交協議，斷絕了與台灣當局的「外交」關係，廢除了美國與台灣的《中美共同防禦條約》，撤走了在台灣的全部美軍。但緊接著美國國會通過了一個嚴重違背中美建交公報原則的《台灣關係法》，宣稱美國對台灣繼續負有「協防」義務，在政治、軍事、國際事務領域依然進行各種形式的干預。

就一個具體的歷史階段來說，64年確實不短了，但從歷史的長河來看，也只是一個瞬間。羅貫中的《三國演義》在開宗有句名言，「合久必分，分久必合」。在中國近五千年歷史中，曾經有過28次大的內亂，有過9次大統一，統一和分裂的時間大致上是二比一。

博大精深的中華文化,使得中華民族有著十分強大超乎尋常的凝聚力。統一在中華民族歷史上始終是主流和常態,分裂總是相對的、暫時的。崇尚統一,已是中華民族幾千年來形成的傳統價值觀。因此,從歷史的視角看,海峽兩岸最終走向統一,是一種歷史的必然,是大勢所趨、人心所向。隨著中國大陸經濟實力的不斷增強和民主法治的進一步完善,經過一個時期的兩岸關係和平發展、兩岸全方位的民間大交流,統一最終一定會成為兩岸同胞的共同選擇。

二、台灣問題的歷史演變

1953年7月27日,朝鮮戰爭雙方終於在三八線板門店停戰協定上簽字,隨著持續三年之久的朝鮮戰爭的結束,中國東北方向恢復了昔日的寧靜,整個東亞地區的局勢趨向緩和。在這種情勢下,新中國領導人心中念茲在茲的一個重要問題,就是及早解決台灣問題,實現祖國的完全統一。

1954年12月,美國和台灣當局正式簽署了一個十分重要的所謂《中美共同防禦條約》。根據這個條約,美軍重新在台灣登陸,在台軍的團以上單位都派駐顧問,協助台軍進行本島防禦,使得台軍能集中力量對付大陸。有了這樣一個《條約》,大陸還敢不敢對台採取軍事行動,考驗著新中國領導人的膽魄和智慧。

美台簽署《中美共同防禦條約》後,新中國領導人一直在思考,用什麼方式來表達中國政府在台灣問題上的堅定立場和反對美國干涉台灣問題的堅定決心。如果在這個問題上無動於衷,就很容易給美國和台灣當局傳遞出錯誤信號。於是,毛澤東、周恩來等中

共領導人決心通過攻打浙江沿海的一江山島，來測試一下美國軍事協防台灣的底線，也一併掃除台灣當局在浙江沿海所占島嶼的駐軍，徹底打開浙江東部通向海上的門戶。這一點從事後來看，具有重要戰略意義。

1955年1月18日進行的解放一江山島的戰鬥，是中國人民解放軍建軍以來首次陸海空協同作戰，由當時華東軍區參謀長張愛萍上將具體組織實施。戰鬥進行得非常順利，陸海空三軍配合默契，登島部隊當天中午就以迅雷不及掩耳速度攻克全島。國民黨軍隊在浙江沿海一江山島的失守，給毗鄰的大陳島國民黨守軍形成巨大壓力，大陳島的安全面臨嚴重威脅。台灣當局對此深感震驚，蔣介石決定將大陳島上的守軍連同島上的2.8萬居民全部撤回台灣。

從大陳島撤軍面臨的最大問題，是海上和空中安全。根據剛剛簽署的美台《中美共同防禦條約》，台灣當局要求美海軍作戰艦艇對台海軍執行運輸任務的艦船實行護航。這給美軍出了個難題：如拒絕派軍艦護航，涉及美國的信譽問題；而派艦艇護航，一旦引發與中國人民解放軍海空軍的軍事衝突，有可能重新點燃中美之間戰火。在萬般無奈之下，美國只好通過前蘇聯外交部長莫洛托夫向中國外交部轉達請求，希望中國領導人網開一面，讓台灣軍隊及島上居民全部從浙江沿海的大陳島和平撤退。毛澤東主席從戰略全域考慮，最後同意了美國的這一請求，使得大陳島上的國民黨軍隊及居民全部和平地撤至台灣。一江山島戰役之後，海峽兩岸在台海地區的軍事態勢和戰略格局，50多年來再也沒有出現新的變化。

1958年8月23日開始的金門炮戰，是兩岸在軍事上的又一次重大較量。但金門炮戰不是大陸想要解決台灣問題，而是在一個特殊國際背景下、為達成特定的政治目標展開的一項軍事行動。其中有

兩點特別重要，一是當時美國政府企圖逼迫台灣的蔣介石「放棄金（門）、馬（祖），劃峽而治」。蔣介石在這一點上堅決頂住了美國的壓力。當毛澤東獲悉了這一情況後，決定對蔣介石進行某種策應，通過金門炮戰來突顯兩岸之間這種內戰延續關係。毛澤東主席1958年8月18日在中央軍委的一個報告上明確批示：「準備打金門，直接對蔣，間接對美。」

蔣介石對美國從來是「一靠二防」，對美國的軍事、經濟援助從不拒絕，但對美國企圖在台灣內部培植反對勢力保持高度警惕和嚴密防範。在1960年代，美國先後策動推翻不再聽話的南越吳廷琰集團和南韓的李承晚集團，但對台灣的蔣介石一直未能得手。從另一方面來看，蔣介石一生儘管堅持反共，但在堅持海峽兩岸同屬一個中國、堅決反對「台獨」分裂、堅持國家統一這一關乎民族大義的問題上，是不含糊的。

金門炮戰也充分顯示了新中國領導人的高超軍事指揮藝術和政治智慧。在這場炮戰歷時兩個月後，於同年10月25日起大陸方面改為單日炮擊，雙日不開炮；從1961年12月中旬起停止實彈射擊，改為打宣傳彈。隨著1978年底大陸和平統一對台方針的提出，1979年元旦在全國人大常委會發表《告台灣同胞書》同時，解放軍宣布停止對金門的炮擊。

1958年發動金門炮戰的另一個國際因素，就是新中國領導人為了支持和策應當時中東黎巴嫩的反美鬥爭，在軍事上對美國進行牽制，分散美國的兵力。毛澤東主席在金門炮戰爆發的前一周，曾經在黨內高層一次會議上打招呼說：再過一周，我們要把世界階級鬥爭的焦點，從中東轉移到台灣海峽。毛澤東主席在另外一次會議上說得更明白：黎巴嫩和台灣是套在美國脖子上的兩條絞索，一端是

在中國人民手裡,一端是在阿拉伯人民手裡。

　　1962年,海峽兩岸在軍事上曾經一度出現過高度緊張、嚴峻對峙的一幕,原因是蔣介石認為當時的國際形勢對其有利,試圖軍事反攻大陸。在1960年代初,大陸的生存環境面臨著自1949年以來最為嚴峻的困難和挑戰。連續三年的嚴重自然災害,造成大陸糧食的全面減產,大陸各地普遍出現嚴重的糧荒。中蘇關係的惡化,使得五十年代初簽署的《中蘇互助同盟條約》名存實亡。中印邊境地區爆發的大規模軍事衝突,使得中國的周邊安全環境也出現複雜形勢。在這種情勢下,一直夢想伺機「反攻大陸」的蔣介石,認為是千載難逢的絕佳良機,於是調集重兵,周密準備,以金、馬為依託,憑藉當時的海空優勢,試圖對大陸實施全面軍事反攻,危機一觸即發。

　　針對這一嚴峻形勢,大陸一方面緊急備戰,另一方面採取公開揭露的方式,實行全民總動員。台灣當局看到大陸已經做好了充分準備,最後沒有踏出這危險的一步。當然, 1962年蔣介石「反攻大陸」計畫未能付諸實施,除了大陸積極備戰、嚴陣以待的原因之外,與美國發現這一情況後,不讓蔣介石軍事反攻大陸也有關係。因為美台之間當時已經有了軍事條約,台灣的蔣介石在軍事行動上已經受制於人,沒有美國的允許和支持,蔣介石已很難獨立採取對大陸的重大軍事行動。

　　所以從60多年來台灣問題的演變過程來看,兩岸關係的發展變化除了大陸和台灣當政者的因素之外,美國始終是影響兩岸關係發展變化的另一重要因素。

　　從1949年蔣介石離開大陸去台灣,到1988年1月13日蔣經國因病去世,蔣氏父子統治台灣長達40年。在這40年當中,海峽兩岸在

軍事上對峙,在政治上對立,在意識形態上對抗,但是在一個重大原則問題上,即在「一個中國、走向統一」的問題上,始終具有高度共識和默契。雙方鬥爭的實質只是「法統」之爭,即究竟誰代表中國、誰統一誰的問題。大陸方面堅持「一定要解放台灣」,台灣方面蔣介石生前堅持「軍事反攻大陸」、「漢賊不兩立」,到蔣經國時代主張「三民主義統一中國」、「自由民主統一中國」,但目標都是追求統一。兩岸雙方都堅決反對「兩個中國」、「一中一台」和「台灣獨立」。兩岸在這個大是大非的原則問題上,立場完全一致。

蔣介石在台灣執政時期,為了穩定國民黨政權,伺機「反攻大陸」,把維穩和強軍作為施政的核心。為集中資源,鞏固政權,他對台灣長期實行嚴厲的軍事戒嚴和軍法管制,剝奪了台灣人民的民主自由權利,這種超高壓的獨裁專制統治,必然導致台灣民眾對國民黨當局的強烈不滿甚至仇恨。

蔣經國接班以後,深知當時的台灣社會現狀和民意,如何化解台灣人民與當局之間的歷史恩怨和嚴重對立,自然成了蔣經國晚年反覆思考和難以迴避的一個重大問題。但蔣經國應是一位有遠見卓識的政治家,在他的晚年以超乎尋常的勇氣,克服各種阻力,做了三件歷史性大事。

第一件事,在1970年代初期他任行政院長時,就開始大力引進外資和西方國家的先進生產技術,提拔重用了一批懂經濟、金融、科技的專業人才,如孫運璿、王作榮、趙耀東等,在新竹設立科技園區,以交通、能源為重點規劃十大建設專案,並親自到台灣各地考察,把台灣的經濟發展作為頭等重要的大事來抓。結果很快見效,到八十年代,台灣和新加坡、韓國、香港一起成為「亞洲四小

龍」，台灣的GDP和人均生產總值出現了大幅躍升。台灣經濟的快速成長，人民生活的不斷改善，顯然對改變蔣家及國民黨在台灣人民心目中的形象，起到了極為重要的作用。

第二件事，在蔣經國的晚年，當時他已接近八十高齡，仍以驚人的膽識和勇氣，冒著巨大的政治風險，對台灣的政治體制進行重大改革，宣布結束長達38年的軍事「戒嚴」，結束「軍事管制」，開放黨禁、報禁，允許民眾遊行、集會自由，放開新聞言論控制，使台灣從國民黨獨裁、專制的威權體制，轉變為相對寬鬆的多黨競爭的西方民主體制。儘管這是在台灣人民反蔣、反國民黨獨裁專制鬥爭的壓力下被迫作出的選擇，但要邁出這一步還是非常不容易。這一步從表面看引發了台灣政局的動盪，民進黨對此也不領情，但從長遠來看緩解了國民黨與台灣民眾的深刻矛盾，使得台灣民眾長期積壓下來的對蔣家的怨氣和憤恨提前釋放。如果不是蔣經國生前作出此項重大決斷，他去世後國民黨會如何變化、台灣的局勢會如何發展則很難預料。當然蔣經國的這一改革，對國民黨在台灣的統治帶來了一個巨大的衝擊波，它導致了國民黨2000年的下台，即台灣的首次政黨輪替。如果不是陳水扁的貪汙腐敗和搞「激進台獨」，國民黨在八年後能否重新上台，即出現第二次政黨輪替，尚難預料。

第三件事，就是1987年11月7日台灣當局宣布開放大陸去台老兵回大陸探親。這是蔣經國生前最後作出的一項具有歷史性意義的決定。蔣經國是1988年1月13日因病突然去世，與台當局開放老兵探親只相差兩個月時間。台灣開放老兵探親，是60多年來兩岸關係發展變化的一個分水嶺，是兩岸民間交流的一個起始點，是國共兩黨關係緩和並開始逐步改善的風向標。可以說，沒有蔣經國當年的

開放老兵探親,就沒有後來的兩岸民間大交流,也沒有今天兩岸經貿的大合作,至少不能發展得那麼迅速。

開放老兵探親還有一個重要意義,就是在兩岸隔絕了38年之後,重新恢復台灣與大陸之間的臍帶聯繫,以平衡台灣島內日益發展的國民黨政權本土化、台灣化的分離傾向,有利於維繫海峽兩岸同屬一個中國的架構。這一點對後來遏制李登輝、陳水扁的「台獨」分裂具有重要意義。

1985年鄧小平在會見外國客人時,曾經這樣說過:台灣只要蔣經國在,我不擔心台灣「獨立」的問題,如果蔣經國不在了,台灣就有可能出現「獨立」的危險。果不出其所料,蔣經國去世、李登輝上台之後,台灣就出現「台獨」分裂的亂相。

直到今天,台灣島內有攻擊國民黨的,有攻擊蔣介石的,有攻擊李登輝的,但很少有攻擊蔣經國的。

蔣經國是因心臟病突發淬死,顯然對身後的權力交接來不及作出具體安排。當時台籍的李登輝作為副總統僅具有象徵性意義,黨、政、軍、特大權分別掌握在大陸籍的李煥、俞國華、郝柏村、蔣緯國四人手中。時任國民黨秘書長的李煥,從四十年代江西贛南起就追隨蔣經國,鞍前馬後四十年,是與蔣經國患難與共、深得蔣經國信任的心腹老臣;行政院長俞國華是蔣經國的表兄弟,是蔣極為信賴的掌櫃;執掌虎符、手握重兵的「國防部長」郝柏村,曾任蔣介石的侍衛長,對蔣家絕對忠誠;掌握情治系統的「國安會」秘書長蔣緯國,則是蔣經國同父異母的親兄弟。但是,看起來是一個非常穩固的權力架構,由於四人之間未能團結協調,低估了李登輝的智商和能量,結果讓李登輝利用矛盾,分化瓦解,各個擊破。李登輝在下台之後,有一次公開表示,他接班不是蔣經國生前的安

排，而是靠他自己努力才獲得最高權力。由此可見，李登輝決不是個等閒之輩。

李登輝上台之初，畢竟羽翼未豐，權力地位尚未鞏固，因此大體上還是延續蔣經國的政治路線。他上台後做的第一件重要事情，就是於1991年5月1日宣布終止自1947年在大陸南京就開始實行的「動員戡亂時期」，並廢除1948年南京「國民大會」通過的「動員戡亂時期臨時條款」。

終止「戡亂」，意味著台灣國民黨當局正式承認了大陸共產黨政權的合法性，不再視大陸共產黨為「叛亂團體」，也不再視共產黨員為「匪」。這為後來日益擴大的兩岸民間交流排除了法律上的障礙，為大陸具有共產黨員身分的同胞進入島內打開了綠燈，更為後來的國共接觸商談創造了必要條件。

為了適應「終止動員戡亂」後的新形勢和兩岸關係的新變化，台灣當局於1991年成立了「國家統一委員會」，並於1992年2月通過「國家統一綱領」。「國統綱領」在當時台灣朝野尖銳對立的情況下，各黨派團體能就此達成共識，實屬不易。「國統綱領」文字不長，堪稱精品，它的重要意義在於它堅持了台灣與大陸同屬於一個中國的立場，並明確了海峽兩岸分三階段最後走向統一的目標。儘管「國統綱領」在某些方面存在消極的內容，但它的基本面是積極的。

正是因為有了「國統綱領」，才有了1992年底大陸海協會與台灣海基會在香港達成的「九二共識」，以及1993年5月在新加坡舉行的「辜汪會談」。陳水扁上台後不久，違背自己上台時作出的「四不一沒有」的承諾，終止了「國統會」和「國統綱領」。馬英九上台之後，至今未能將此恢復，實在是一大遺憾。如果馬英九上

任後能適時對「國統綱領」進行解凍，無論對台灣的政治定位和台灣民眾的國家民族認同，還是對兩岸關係的長遠發展，都具有極其重要的意義，國民黨的大陸政策也就有了明確的方向和目標。

隨著李登輝在國民黨內高層的權力地位逐漸鞏固，他的「台獨」分裂傾向也日益暴露。在他的縱容下，原來分散在美國、歐洲、日本等地的「台獨」分子紛紛回到台灣島內，「台獨」活動也從原來的「地下」慢慢走向公開。從「一國兩府」、「一國兩實體」到「階段性兩個中國」等奇談怪論也充斥台灣政壇媒體。1995年李登輝訪問美國康乃爾大學，終於引發了大陸及海外華僑、華人的反「台獨」的浪潮，也加劇了台海地區的緊張局勢。1996年3月，為了震懾「台獨」分裂勢力的囂張氣焰，大陸在台灣海峽的澎湖及台灣東北角的彭佳嶼附近海域，舉行了一次導彈實彈射擊演習。

1998年秋，隨著中美之間關係趨向緩和，兩岸關係也出現了某種程度的改善，台灣海基會董事長辜振甫應海協會會長汪道涵老先生的邀請，來大陸訪問，汪道涵會長也愉快地接受了辜振甫董事長的回訪邀請，準備於1999年秋天赴台進行訪問。

就在兩岸關係開始出現解凍的關鍵時刻，李登輝於1999年7月通過接受「德國之聲」電台專訪，拋出了臭名昭著的「兩國論」，使得汪道涵老先生最後未能踏上台灣寶島，成了他終生的一大遺憾。在十年後有一次李登輝對媒體公開承認，他當年拋出「兩國論」，目的就是要阻止汪道涵訪台。

李登輝在位12年，他的戰略目標主要有三個，一是實現國民黨政權在台灣的本土化；二是在台灣實行西方歐美式的政治民主化，即在台灣建立起所謂「政黨政治」體制，說白了即「兩黨制」；第

三是實現「台獨化」，即先製造「兩個中國」，再過渡到「一中一台」，最終建立「台灣共和國」。他的前兩個目標基本實現了，後一個目標當然不可能實現。

到2000年台灣「大選」時，李登輝考慮接班人的重要條件，一是必須要台灣本省人，二是要能夠繼續執行他的「台獨」路線。因此，他絕對不能容忍一個大陸籍的、認同「一中」的宋楚瑜去選總統。對李登輝而言，宋楚瑜要什麼都可以商量，就是不能給他台灣最高領導人的職位。在李登輝看來，不論國民黨、民進黨，哪個黨上台已經無所謂，只要符合他的兩個條件即可。這也是最後導致2000年台灣「大選」民進黨陳水扁上台的重要原因。

與陳水扁相比，李登輝是一個懂戰略、有謀略，有定見、有手腕，也有耐心的人。為了達到某個目標，有時他會妥協，但原則問題上他很堅持，不會退讓。他在陳水扁當政時倚老賣老，頻頻下指導棋，抨擊陳水扁「選舉有方、治國無術」，指責陳水扁搞「激進台獨」是操之過急，認為「台灣獨立」應分步驟、分階段進行，先有個和平過渡時期，再慢慢實現獨立，這些都充分說明李登輝與陳水扁相比，更老謀深算，更擅長權術。直到現在他90高齡，每次出來講話，還是能夠精準擊中要害，思路清晰，只是他走上了一條逆歷史潮流而動的、妄圖分裂中國的道路，當然只能以失敗告終。

2000年3月民進黨陳水扁的上台，不僅對國民黨造成極大衝擊，對整個兩岸關係、對台海和平也產生重大影響。當時對大陸的影響主要有三點：第一，大陸被迫衝到了反「台獨」分裂的第一線，因為原來國民黨在島內一線反「台獨」，突然間這條防線垮掉了。第二，民進黨主張「台獨」，不承認一個中國，也不承認「九二共識」，因此民進黨上台後，海協會與海基會之間的商談將不得

不停止。第三，過去民進黨在野，搞「台獨」活動資源、能量有限，突然間陳水扁成為台灣「三軍統帥」，掌控台灣幾十萬軍隊，「台獨」對大陸已構成現實的、巨大的危險。

民進黨是在沒有充分做好準備的情況下倉促上台執政的，因此陳水扁上台後首先需要穩定島內局勢、鞏固領導地位，加上美國的因素，他在就職演說中作出了「四不一沒有」的承諾，即表示在他任期內不會宣布「台灣獨立」，不會改變「中華民國」稱號，不會把「兩國論」納入「憲法」，不會在台灣搞「統獨公投」，也沒有廢除「國統會」和「國統綱領」的問題。

但陳水扁在2004年連任之後，錯誤估計形勢，加速了「台獨」分裂的步伐，並選擇了「法理台獨」的模式。他擬定了推動「法理台獨」的具體時間表，即2005年開始啟動，2006年完成「法理台獨」規劃方案，2007年在「立法院」或經「全民公投」通過，2008年5月民進黨如繼續執政就實施新的「台獨憲法」。

陳水扁的倒行逆施，不僅導致兩岸關係進入高危期，也加劇了與國民黨之間的矛盾。陳水扁「麻煩製造者」的形象，也惡化了美台之間的關係。

2005年4月，國民黨主席連戰訪問大陸，與中共中央總書記胡錦濤在北京舉行歷史性會見，並發表了包括反對「台獨」在內的「五項共同願景」。國共兩黨在堅持「九二共識」、反對「台獨」、爭取兩岸關係和平發展等重大問題上，達成了高度共識。在海外，五千萬華僑華人先後成立了一百多個「反獨促統」組織，用各種方式強烈表達了反對「台獨」的立場。在島內，百萬「紅衫軍」走上街頭，要求陳水扁下台的聲浪此起彼伏。台灣工商界人士也對兩岸關係的高度緊張憂心忡忡。陳水扁在島內外已經徹底失去

人心，成了孤家寡人，在2008年「大選」中民進黨遭受失敗也是必然結果。

2008年3月台灣「大選」，國民黨馬英九以58.5%的高票，擊敗民進黨候選人謝長廷，重新奪回台灣的執政權，原因是多方面的。從國民黨方面來看，一是馬英九作為國民黨候選人，以他清新的形象和獨特的人格魅力，吸引了廣大台灣選民尤其是年輕選民。二是國民黨高層在經歷了八年的「在野」日子後，深刻感受到政權的重要性，在時任國民黨主席吳伯雄的領導下，黨內各派在「大選」中突顯出空前的、歷史上少有的大團結，全力支持馬英九，幾乎沒什麼雜音。馬英九當選勝出，吳伯雄主席功不可沒。

從民進黨方面來看，陳水扁上台八年實在做得太爛，不少選民對民進黨由原來的希望變為失望，加上謝長廷和蘇貞昌、陳水扁內部勾心鬥角、矛盾重重，敗選亦是情理之中。

馬英九上台以後，台海兩岸終於結束了激烈對抗的緊張狀態，兩岸關係雨過天晴，迎來了和平發展的新局面。2008年6月，馬就職不到一個月，就派國民黨副主席、新任海基會董事長江丙坤來大陸，恢復了中斷九年之久的與大陸海協會之間的制度化協商，海峽兩岸關係實現了歷史性的轉折和突破性進展。

兩岸關係在經歷了八年的緊張對抗之後，終於步入了和平發展的軌道。期盼已久的兩岸「三通」、直航的實現，台灣開放大陸同胞赴台旅遊，使得兩岸之間全方位大交流的局面迅速形成。兩岸經貿交流合作在簽訂了ECFA協議之後，進入了制度化、一體化的新階段。這幾點是真正稱得上歷史性的，也是馬英九上台之後施政上最大的亮點，在島內也得到三分之二民眾的認同。

馬英九尋求歷史定位，以上這幾點應該是站得住，因為它順應

了歷史潮流，推動了兩岸關係前行。誠然，這是兩岸雙方共同努力的一個結果，但馬英九作為台灣的當政者，他的作用應予充分肯定。

對馬英九而言，令人比較遺憾的是，他未能順勢而為，在任期內果斷地引領民意，對李登輝、陳水扁時期嚴重誤導的「台獨」分裂傾向進行撥亂反正，恢復陳水扁執政時終止的「國統會」、「國統綱領」，在第二任期積極而穩妥地推進兩岸政治性議題商談，明確地堅持兩岸一中和統一的目標，以避免台灣民眾在國家、民族認同問題上目前出現的困局。從這一點來看，馬英九的兩岸政策顯得有點保守，缺乏一個明確的方向和目標。

關於民進黨，2008、2012年謝長廷、蔡英文兩次敗選，有其多種原因。在蔡英文敗選之後，民進黨內部一度出現強烈要求反思檢討民進黨兩岸政策的呼聲，甚至要求修改民進黨的「台獨」黨綱。但蘇貞昌當選民進黨主席之後，又回到原點。儘管後來舉辦過幾次「華山論劍」，但都未能觸及民進黨的「台獨」神主牌。民進黨內有些人把執政的希望寄託在國民黨犯錯誤上，這種僥倖心理，是非常不可取的。

實踐將證明，「台獨」分裂絕對是一條走不通的死路，今天的中國已經不是一百年前的中國。民進黨如果不能找出一條能為台灣多數選民所接受、能為中國大陸所認可的路線，即正確的兩岸政策和論述，要想重新奪回台灣的執政權，就比較困難。即使上台了也很難保持島內局勢和兩岸關係的平穩發展，實現長期執政。陳水扁的前車之鑑，殷鑑不遠。這一點特別值得民進黨新生代深思。

三、台灣問題的解決前景

1978年底，在中共十一屆三中全會之後，鄧小平提出以「和平統一」的方式，來取代「解放台灣」的口號。這是大陸方面關於解決台灣問題的戰略思維的重大轉變，對後來的兩岸關係發展變化，產生了劃時代的、歷史性的深遠影響。

　　1979年元旦，有兩件影響海峽兩岸的重大事情：一件是中美兩國同時發表建立正式外交關係的公報，另一件是全國人大常委會發表《告台灣同胞書》。這兩件事情對台灣的蔣經國而言，無疑是最重大的打擊。不久之後，蔣經國提出了「以三民主義統一中國」的口號，取代原來其父蔣介石提出的「反攻大陸」的口號，於是兩岸關係進入了一個新的歷史階段。

　　30多年來，兩岸關係的發展變化，兩岸交流取得的成果有目共睹。兩岸之間由原來的緊張對立與隔絕狀態，發展到目前和平相處、交流合作的良性互動新局面，確實是一個巨大的變化和進步，值得充分肯定。

　　但是，從解決台灣問題、實現兩岸統一的視角來看，目前困難還是不小，道路也還漫長，尤其是要用和平的方式來解決台灣問題，難度就更大，任重而道遠。因為台灣問題太複雜了，冰凍三尺，非一日之寒，兩岸之間這種幾十年歷史形成的深刻矛盾和重大政治原則分歧，要一一解決，絕沒有想像的那麼容易。也因此，現在習慣把它叫做「難以破解的政治難題」，之所以難，難就難在以下三點。

　　難題之一是如何解決對台灣當局的政治定位。要實現兩岸和平統一，首先必須進行和平談判；而和平談判首先必須明確談判雙方的定位，談判對象的身分認定。

　　在1980年代，鄧小平提出過舉行國共兩黨談判、協商和平統一

的構想。在當時這個構想是可行的,因為台灣還處在國民黨一黨專政,蔣經國在黨內有高度、絕對權威,能夠一人拍板,決定重大問題。而現在台灣是多元社會、多黨政治,台灣民眾分裂成藍、綠兩大陣營,任何一個黨都不能代表台灣全體人民,都很難來談兩岸統一這樣的重大問題。因此現在想通過黨對黨談判來實現兩岸統一已幾無可能。

兩岸統一談判既然黨對黨談不了,只能與台灣當局談。兩岸現在要進行和平統一談判,其中一個最大的難題,就是如何對目前的台灣當局進行政治定位,即如何看待64年來在台灣延續的「中華民國」政權。汪道涵老先生二十年前曾經深入思考過這個問題,曾就台灣當局的政治地位提出86字的論述,未能形成共識。最後他提出12個字原則,即「一個中國,平等協商,共議統一」。

自1949年10月1日中華人民共和國中央人民政府在北京宣告成立之日起,從法理上講「中華民國政府」的「法統」,即合法性已不復存在。因為根據國際法,在一個主權國家只能有一個合法政府。新中國成立後,在與169個國家建交談判時,也堅持「中華人民共和國政府是代表全中國的唯一合法政府」作為前提條件。顯然大陸方面在現階段難以和台灣當局直接談判,只能以變通的方式來談,否則就會造成「兩個中國」或者「一國兩府」的局面。

對馬英九當局而言,「中華民國」這塊招牌是他的護身符,失去這塊招牌,就意味著失去了國民黨政權在台灣賴以生存的合法性。

在「黨對黨」難以談,「政府對政府」不能談的情況下,兩岸官方只能戴「白手套」,授權「民間團體」來談,這就是23年前台灣成立「財團法人海峽交流基金會」,大陸成立「海峽兩岸關係協

會」的背景。但兩會之間只能談一些事務性、功能性議題，無法來商談和平統一這樣的重大政治議題。

其實以中國人的智慧，只要台灣當局真有實現統一的意願，不怕找不到合適的名義和解決問題的辦法。問題是台灣當局現在不願意與大陸和談統一，堅持「中華民國在台灣是一個主權獨立國家」的立場，要大陸方面首先承認台灣的「中華民國政府」，作為兩岸政治談判的前提條件，這就使得現階段兩岸和平統一談判，包括「結束兩岸敵對狀態、建立兩岸軍事互信、簽署兩岸和平協議」這類政治性議題商談，也無法舉行。

胡錦濤總書記在中共十八大報告中特別強調：「希望雙方共同努力，探討國家尚未統一特殊情況下的兩岸政治關係，作出合情合理安排。」胡總書記這段講話，充分說明瞭這個問題的重要性、迫切性，是未來兩岸雙方必須共同面對的一個難題，同時也點出了當前兩岸之間存在問題的核心內容和癥結所在。

難題之二是如何建立兩岸當政者之間的政治互信。國共兩黨在歷史上有過兩次合作，一次是1925年的北伐戰爭，另一次是1937年後的抗日戰爭。但從1927年兩黨分道揚鑣之後，兩黨之間的鬥爭時間之長、規模之大、程度之慘烈，實屬罕見。1949年兩岸分離之後，鬥爭一直延續。1991年5月台灣當局宣布「終止動員戡亂」之後，從法理上講意味著台灣單方面宣告國共之間的內戰狀態基本結束，但兩岸的敵對狀態至今尚未正式結束，尚需要雙方達成一個正式的、具官方性質的協議。

國共兩黨之間這種長達幾十年的幾乎是你死我活的鬥爭，歷史的恩恩怨怨，導致了雙方彼此之間高度的不信任。從台灣島內來講，國民黨長期的反共宣傳教育，民眾在意識形態上已留下深刻記

憶。他們對共產黨內心深處的疑慮、戒備和恐懼，在短時間難以消除。2005年國民黨連戰主席來大陸訪問、國共兩黨最高領導人實現歷史性會見之後，兩黨開始直接交往，情況已有了可喜變化，但雙方的交流交往，都是通過擱置爭議、求同存異、迴避原則分歧來進行，一觸及核心實質問題，固有的矛盾就顯現出來。民進黨與共產黨雖無歷史恩怨，但多年來雙方進行「台獨」與反「台獨」、分裂和反分裂的鬥爭，彼此也沒有互信可言。

從大陸方面來講，長期的革命傳統教育，對國民黨、對台灣社會也不可避免的有許多深刻的記憶，尤其是老一代。在近五年兩岸全方位大交流之後，情況雖有變化，但要徹底消除，仍然需假以時日，要有一個過程。因此現在兩岸雙方應該說已經積累了一定互信，但要真正完全建立互信，還需要時間，需要耐心，需要一點一滴的累積。另外，互信還需要一個共同的前提，即兩岸在事關維護一個中國框架的原則問題上形成共同認知和一致立場，這樣才有構建政治互信的基石。

我曾經說過，首先要有自信，然後才有互信。有了政治互信，才會有軍事互信。建立互信不是光靠說，關鍵是要靠行動。要讓對方慢慢感受到你的誠意和善意，決不是簡單地給點好處和利益就能奏效。給人以好感，比較容易做到；要別人信賴你，堅信不疑，就比較困難。在培育互信這個過程當中，有時甚至可能會出現反覆，但不要緊，只要持之以恆，具有信心，以誠相待，最後一定會感動對方。誠如台灣前「國安會」秘書長蘇起所言，要打開兩岸和解之門，關鍵是互信，不在名詞。互信不是一句空話，要有內涵，要經過一段時間並透過很多言行的互動才可能建立。

難題之三是如何爭取台灣的民心。既然要實現兩岸和平統一，

一個重要前提就是要大多數台灣同胞願意與大陸統一。台灣的主流民意如何，成了能否實現和平統一的一個重要因素。所以，多年來大陸一直把「寄希望於台灣人民」，作為對台的一項重要方針。民心爭取不過來，和平統一無從談起。從這樣一個視角，做好台灣人民的工作，轉變台灣的主流民意，是做好各項對台工作的出發點和歸宿，是貫穿始終的一條主線。

按照目前台灣有關民調機構發布的各種資訊，台灣主張統一的民眾只有10%多一點，認同「台獨」有近20%，三分之二的人贊成暫時維持台海現狀，即「不統不獨」。於是馬英九把現階段的大陸政策概括為「不統、不獨、不武，維持現狀」，並宣稱這是根據台灣當前的民意決定，具有民意基礎。筆者對此說法不以為然。

首先，民意是可以引導的，而且作為一個負責任的政治家也應該去正確引導民意，而不是被動追隨民意。兩蔣時代，對「台獨」活動以「顛覆國家罪」予以嚴懲，統一就成為主流民意。李登輝和陳水扁當政的20年，從放縱「台獨」到公開支持「台獨」，通過修改教科書和各種「正名」活動，「兩國論」、「一邊一國論」作為官方輿論具有「正當」性，認同「台獨」的人隨之就多起來。

馬英九上台後，雖表示「不獨」（他自己解釋是「不搞法理台獨」），但也不去推動兩岸統一，實行偏安政策。在這種情況下，「維持現狀」成為主流民意，當然也不足為怪。所以我認為，在一定的歷史階段，民意的背後實質上反映的是「官意」；有什麼樣的官意，就有什麼樣的民意。所以媒體經常有「民意如流水」一說。

反過來，我們對台灣的「統獨民意」也要予以重視，一旦它形成了一種傾向，對社會、對政治會有一種極大的反作用，容易被某些政治人物利用。

筆者認為，影響台灣「統獨民意」的有以下三個方面的因素：一是由於台灣和大陸長期的分離，滋長了一種「台灣意識」即「出頭天」的思想。當然「台灣意識」和「台獨意識」有著本質區別。二是國民黨去台灣後長期進行的反共宣傳，尤其是在上個1990年代之前。這種宣傳潛移默化地影響到台灣幾代人，他們擔心、害怕統一後會影響台灣的現狀。三是「台獨」分裂勢力多年來誤導台灣民意，刻意醜化大陸，歪曲歷史，把部分台灣民眾樸實的「台灣意識」引向「台獨意識」。

因此，目前台灣社會存在的關於統「獨」問題的主流民意，是很複雜的，它受歷史的、現實的、政治的、社會的多種因素的影響。而且不同的民調機構往往會得出不同的民調結果。所以既要重視台灣的「統獨民意」，又要客觀地、實事求是地去分析看待，正確地引導台灣主流民意向著積極的方向轉變。例如，近五年來通過兩岸之間的大交流與兩岸關係的和平發展，在兩岸「三通」直航、維護兩岸和平、擴大經貿合作等問題上，已經獲得多數台胞的理解和支持。在十幾年前，一提「三通」直航，台灣當局就會以「安全」為由拒絕，那時的民調贊成者自然也不會過半。

當然，我這裡講的「民意」，並非指傳統意義上的「民心」。民意和民心有共同之處，但不是一回事。民心是不可違，古代講的「得民心者得天下」就是這個道理，在此不作贅述。

目前兩岸關係和平發展的局面，來之不易，應當珍惜。但是更應看到，兩岸關係和平發展將是一個比較長的階段，也是實現兩岸和平統一的必經之路。筆者認為，要把握好兩岸關係和平發展的主題，以下幾點特別重要。第一，兩岸關係和平發展必須堅持以一個中國原則作為政治基礎，失去了這個原則，兩岸關係是不穩固的。

第二，兩岸關係和平發展必須以統一為指向，失去了這個目標，兩岸和平就失去意義。第三，兩岸關係和平發展是一個比較長的過程，其中難免會有鬥爭甚至反覆。第四，影響兩岸關係和平發展的最大危險是「台獨」分裂活動，因此在整個和平發展階段必須堅持反對「台獨」。

自1949年台灣問題形成以來，中國共產黨三代領導人都高度重視和關注台灣問題，始終把解決台灣問題、實現祖國統一作為神聖職責和歷史使命，並為此傾注了大量心血，進行了長期不懈努力。習近平總書記在中共十八大之後多次鄭重表示：推動兩岸關係和平發展，實現祖國統一，是新一屆中共中央領導集體的責任。今年10月6日，習近平總書記在印尼會見台灣APEC代表蕭萬長時特別強調，「著眼長遠，兩岸長期存在的政治分歧問題終歸要逐步解決，總不能將這些問題一代一代傳下去」。習近平總書記的講話道出了大陸13億同胞的心聲。

台灣問題的核心是國家統一。實現祖國統一才能實現21世紀中華民族偉大復興的中國夢。還應看到，1949年以來大陸和台灣儘管尚未統一，但中國的領土主權並沒有分裂，大陸和台灣同屬於一個中國的事實沒有改變。兩岸復歸統一，不是主權和領土再造，而是結束政治對立。瞭解這一點，對瞭解台灣問題至關重要。

解決台灣問題，實現統一，歸根結底取決於中華民族偉大復興的進程。實踐已經證明，祖國大陸改革開放和現代化建設不斷取得巨大進步，是實現祖國和平統一的堅實基礎和可靠保障，決定了兩岸關係的基本格局和發展方向。隨著祖國大陸的發展強大，在國際社會影響力的進一步增強，統一是大勢所趨，人心所向，是誰也阻擋不住的歷史潮流。

孫中山先生一百年前提出來的振興中華、統一中國兩個宏偉目標，是全體中華兒女的百年夢想。通過兩岸同胞堅持不懈的長期努力，相信在21世紀中葉實現中華民族偉大復興的夢想終將會成為現實，中國人民徹底洗刷近代史上一百多年的民族恥辱，揚眉吐氣的一天一定會到來。

第二部分

一、李登輝時期

李登輝對蔣經國政策路線的傳承和異化

蔣經國去世、李登輝繼任總統已兩周年了。在此期間，台灣局勢已出現重大變化，國民黨權力結構趨向多元化、本土化、年輕化，以民進黨為代表的在野勢力迅速崛起。與此同時，台灣社會各種衝突事件也與日俱增，主張「台獨」和反對「台獨」之爭空前激烈。而這種種變化，不可否認與李登輝的決策主張不無關係。本文試就李登輝上台兩年來國民黨內外政策、策略變化情況作一粗淺分析。

一

筆者認為，李登輝上台以來，由於內外環境和主客觀因素制約，到目前為止其推行的內外政策（尤其是策略上）雖有較大變化，但從總體上講，還沒有完全打破蔣經國時代各項政策的基本框架。

（一）在統一問題上仍堅持「反共拒和」的基本政策不變

1979年我發表《告台灣同胞書》後，蔣經國為抵制我和談攻勢，提出了「以三民主義統一中國」的口號，其實質是「拒和」。李登輝繼任總統後，一方面反覆表示「中國只有一個，而且必將統一」，另一方面又宣稱「統一必須奠立在自由、民主、均富的基礎上」，用「民主、自由、均富統一中國」的口號來替代「三民主義統一中國」，實際推行的仍然是蔣經國時代「革新保台、拒和偏安」的方針。

（二）在兩岸關係上，既逐步放寬兩岸交往，同時又把它明確界定在「民間、間接」的基點上

開放大陸探親是蔣經國晚年在大陸政策上作出的一項最重要的決定，它打破了海峽兩岸長期封閉隔絕的狀態，為兩岸關係的發展邁出了重要的一步。蔣死後，台當局進一步擴大了探親範圍，允許大陸一般民眾赴台探病奔喪，並在一定範圍內開放了兩岸文化、體育和科技交流。與此同時，李登輝也一再堅持將「三不」政策作為處理兩岸關係的準則，明令禁止台商赴大陸進行直接投資和貿易活動。

（三）在政治革新方面，基本落實了蔣經國生前的各項革新措施

國民黨於1986年3月十二屆三中全會上提出政治革新六項措施，蔣經國生前實際只完成了「解除戒嚴」這一項。李接任總統後，多次表示要「繼承蔣經國遺志，加速政治革新」，並開放了報禁。通過一年多準備，於1989年初完成了「人民團體法」、「選舉罷免法」和「資深中央民意代表退職條例」的「立法」手續並頒令實施。其他議案也在繼續辦理。李公開表示，當前台灣最需要的

「就是要建立政治、經濟、社會的新架構」，「政治結構問題不解決，其他問題永遠沒有辦法解決」。

二

對李登輝上台兩年來台灣的內外政策做一簡單回顧，也不難發現確有許多引人矚目的變化，而且在某些方面已偏離了蔣經國生前所堅持的政策軌道。

（一）在對外關係上，由強調「實質外交」演變為「彈性外交」

對外政策變化是近兩年來台灣各項政策變化中最為引人矚目的，而強調靈活務實、重利輕名是李登輝處理對外關係的重要特色。蔣氏父子在對外交往中始終秉持「漢賊不兩立」的原則，即寧可在國際社會孤立，也不在「一個中國、一個合法政府」這一點退讓。李登輝上任伊始，在答記者問時就宣稱，台灣的「外交」政策，「最主要的是看其利益有沒有受到損害」。他在國民黨十三大報告中也表示：「要採取更實際、更靈活、更有前瞻性的作為，已突破目前以實質外交為主的對外關係。」尤其是連戰出任「外交部長」後，台有關部門極力宣傳「雙重承認」理論。連戰於去年底在「立法院」公開宣稱「漢賊不兩立政策已經過時」。近年來，台不斷以經濟手段拉攏某些國家與其「建交」；在國際組織中謀求「一國兩席」，以造成「一中一台」的事實。

（二）在修訂大陸政策時，逐步以「台灣意識」取代「全中國意識」

蔣氏父子生前不明確放棄對大陸治權，力避其政權喪失「全中國性質」；既不承認大陸政權，也不謀求「對等承認」。李登輝上

台後則一再表示要承認「一時無法在大陸有效行使治權的現實」。實際上等於承認台灣當局只代表台澎金馬地區，預設「一個國家兩個政府」。1988年除夕李登輝在與海外學人談到大陸政策時說：「當前的大陸政策只是手段，並沒有明確的目標。現階段大陸政策主要是要降低兩岸的對立與緊張，使台灣更安全。」根本不提統一目標，試圖把兩岸分裂現狀長期化、固定化。台灣《新新聞》雜誌曾載文指出，「以台灣為主體來制定外交和大陸政策，是李登輝政治信念的重要部分」，「李對台灣（前途）問題的展望，在許多方面均與兩位蔣『總統』有不同的想法」。

（三）在對「台獨」勢力做法上，採取比以往更加寬容的態度

「台獨」問題由來已久。在蔣氏父子時期，對「台獨」勢力雖也採取軟硬兼施、恩威並重的策略，但對島內「台獨」組織一經發現就堅決取締，決不允許公開活動；對公開鼓吹「台獨」思想的首要分子則堅決逮捕，進行嚴懲，毫不手軟，迫使一些「台獨」組織和首要分子紛紛遷往美國等地，在島內活動總的比較收斂。而近年來海外「台獨」勢力逐漸島內化，島內「台獨」勢力逐漸公開化。尤其在1989年底三項選舉期間，民進黨新潮流系一些候選人公開把「台獨」主張作為競選的政治訴求，其活動之猖獗，氣焰之囂張，前所未有。台灣當局雖一再表示要「依法嚴處」，但迄今未見諸行動。島內外輿論普遍認為，近期「台獨」勢力的急劇膨脹，除與世界大氣候有關外，與台灣當局的寬容大度不無關係。

（四）在推進本土化問題上，目的和做法也大相徑庭

國民黨的本土化政策可以追溯到50年代蔣介石逃台初期；70年代蔣經國出任行政院長後，開始加速推行。但蔣氏父子在推行本土化政策時，在很大程度上只是「以台治台」的策略運用，目的是為

了化解省籍矛盾，做法上始終保持以大陸人為主體。李登輝在推行本土化方面目的與做法均與蔣經國不同。國民黨十三大後，在黨政高層本省籍不僅成為多數，而且紛紛占據要津，實行「以台治台」。在象徵「法統」的「國民大會」中，一些「資深國代」堅持要求在他們退職後仍設置「大陸代表」，李也一直未予接納。

三

從以上分析可以看出，李登輝接替蔣經國兩年來，在內外政策、策略上有繼承也有變化，雖基本方針尚無根本性改變，但在一些具體政策尤其策略運用上卻有很大變化，在某些方面還走得比較遠。值得指出的是，李登輝除堅持「一個中國」、「反對台獨」等以外，他繼承的主要是「反共拒和」、「三不政策」、「革新保台」等消極的一面；而變革的（「彈性外交」、「一國兩府」等）卻又都是對和平統一產生負面影響的東西。在堅持「反共拒和」的前提下越是開展「彈性外交」，越是加速本土化，就越容易助長黨內外的分離意識，也就愈加使台灣政局趨向不穩定；它既不利於海峽兩岸的和平統一，也不利於台灣社會環境的改善和島內經濟的發展。

目前，台灣的政治、經濟、社會都處於一個轉型期，國民黨也基本處於「集體決策」的過渡階段，李登輝在黨內外都面臨各種力量挑戰，因而其政策也帶有一定過渡性質。若李登輝順利當選連任第八任總統，筆者認為其內外政策將會進一步調整，並有較重大變化，各項政策將會打上更清晰的李氏印記。進入90年代後，台灣局勢更加複雜多變，兩岸關係也將進入一個重要發展時期。希望台灣當局以民族利益為先，順應歷史潮流，進一步促進兩岸關係發展，變「和平競爭」為「和平統一」。

1990年1月

原載《台聲》雜誌

對台灣第八屆總統選舉情勢分析

2月19日至3月30日，台灣當局召開了第一屆「國民大會」第八次會議，選舉李登輝、李元簇為第八任正副總統。國民黨內部圍繞這次總統、副總統選舉，爆發了一場40年來空前激烈和驚心動魄的權力鬥爭。「大選」期間，台灣形勢跌宕起伏，情況瞬息萬變，平時潛伏的各種社會矛盾紛紛浮現檯面。它既有明顯的派系鬥爭色彩，又具有統「獨」鬥爭性質；既是一場總體實力的角逐，又是一次策略謀略的較量；各種矛盾犬牙交錯，情況顯得異常複雜。這次「大選」雖已結束，但它給台灣未來政局發展帶來的影響是很長遠的。

一、基本情況

這次台灣圍繞總統、副總統選舉的鬥爭，大致上可以分為三個階段：

第一階段：從去年底三項地方選舉結束到2月11日國民黨臨時中全會，為醞釀階段。台三項公職人員選舉結束後，國民黨內各派勢力即在下屆總統、副總統人選問題上製造輿論，進行造勢。李登輝作為國民黨總統候選人原在黨內基本達成「共識」，但在副總統人選上，則意見不一。當時呼聲較高的有李煥、蔣緯國、林洋港和陳履安等。2月初，台報傳出李元簇將作為副總統候選人，有意在國民黨中全會前放風。李登輝既未按正常程式，將副總統候選人提交中常會討論，也不事先與李煥、郝柏村等核心人士打招呼，這就

引起了國民黨內以李、郝為代表的傳統勢力強烈不滿。2月9日，李煥、林洋港、蔣緯國、郝柏村4位實力派人物私下會商，決定在2月11日中全會上提出票選動議，如獲通過，則在票選時推舉林、蔣為正副總統候選人。2月10日蔣緯國赴美前，四人又再度會晤，商討了具體行動計畫。不料此舉被李登輝獲悉，使李有了準備。李在中全會上利用主控會議的有利條件，採取突然襲擊方式，以99票對70票否決了李煥等人的票選方案，獲得第一個回合的勝利。

第二階段：「2.11」中全會後到林、蔣宣布退選前，為「非主流派」向李登輝發起進攻階段。被稱作「不流血政變」的「2.11」中全會通過李登輝、李元簇為正式候選人後，李、林、蔣、郝總結了「倉促行事最後落得功敗垂成」的教訓，決定與李登輝進行第二個回合的較量。在經過縝密計畫後，他們決定採取「兩面出擊」的策略：一方面抓住黨內外多數人「要求民主、反對獨裁」的心理，由「經濟部長」陳履安出面，於2月25日提出台灣實行「內閣制」、黨內實行集體領導和黨主席不兼總統等三項主張，黃少谷、林洋港、李煥等出面附和，很快在島內引起「強烈震撼」；另一方面，利用元老派在國大占據一定優勢，由擁蔣國代滕傑出面成立「助選」機構，並舉行大型「聚餐會」，為「林蔣」搭檔、推出第二組候選人造勢。林洋港與蔣緯國都表示「候選而不競選」的立場，並在滕傑的餐會上「同台演出」；李煥宣稱「黨員候選不算違紀」。與此同時，郝柏村召集軍系老國代聚會。一時間，李、林、蔣、郝、陳形成「結盟」之勢。

面對「非主流派」的壓力，李登輝深感形勢嚴峻，不得不承認選擇李元簇為副總統候選人「有不夠周延之處」。同時央求謝東閔、黃少谷、蔣彥士等國民黨「八大老」出面進行「整合」。李、

林、蔣、郝則通過八老向李登輝轉達了以下要求：（一）公開表明統一中國和反「台獨」立場；（二）實行「內閣制」；（三）黨內實行集體領導；（四）黨政分開，黨主席不兼總統。若李接受上述要求，林、蔣可宣布退選。但李在中常會上未正面回答問題，兩派之間陷入僵局。在此情況下，李登輝再次請八老出面溝通，並且採取了分化瓦解的策略：一是直接做蔣氏家族工作，拉蔣孝武出面猛攻蔣緯國；二是採取各個擊破的方式，把分化的主要對象瞄準林洋港。經八大老特別是謝東閔、蔡鴻文徹夜「勸說」後，林洋港終於在3月9日突然宣布退選。翌日蔣緯國也無可奈何地表示與林「同進退」，於是「非主流派」攻勢迅速被瓦解。

第三階段：擁蔣國代力圖連署，但大勢已去；「主流派」走出困境，「雙李」在沒有競選對手情況下雙雙當選。在林、蔣宣布退選後，形勢急轉直下。李登輝為了高票當選，挽回面子，繼續對老國代做安撫工作，並以每張選票上千萬台幣的高價進行賄選。擁蔣國代陣腳大亂，其中多數眼看大局已定，不得已投向「雙李」，以留下退路。3月16日，擁林、蔣派核心人物滕傑宣稱，由於林、蔣受到「巨大壓力」，表示不能接受國大徵召，他們決定不向國大主席團提交連署書；結果，「雙李」於3月21、22日分別以641和602票（有投票權國代715人）當選為第八任正副總統。

二、幾點看法

國民黨因這次選舉爆發的激烈內鬨，實際上是近兩年來內部各種矛盾長期聚積而產生的一次併發症。它深刻反映了蔣氏父子「強人政治」結束後，國民黨內部在權力過渡和政治轉型期的政治危機。

（一）國民黨內出現的這場紛爭，既是一場權力和派系鬥爭，

也是一場統「獨」之爭；而爆發這場鬥爭的根本原因，在於李登輝推行的「兩獨」方針

　　國民黨高層在這次總統選舉期間爆發如此空前激烈的派系鬥爭決不是偶然的。蔣經國死後兩年來，李登輝實質上推行一條「兩獨」路線：即在組織上搞「獨裁」，在政治上搞「獨台」。

　　首先，李登輝利用大陸籍政要之間的矛盾，採取「各個擊破」的策略，先後把俞國華、沈昌煥、倪文亞及黃少谷、袁守謙等一大批元老排擠出權力核心，架空「國安會」秘書長蔣緯國，並開始對李煥「削藩」。與此同時，則大力提拔連戰、郭婉容、蕭萬長等台籍親信和宋楚瑜等大陸籍年輕一代政治精英，逐步建立自己的班底，妄圖獨攬黨政大權，成為新的「政治強人」，開創「李登輝時代」。在這次選舉中，李憑藉黨內權力，不僅本人當仁不讓，而且堅決不讓呼聲較高的李煥、蔣緯國等當副總統，執意提名「沒有聲音的」李元簇為副總統候選人，從而引起了蔣家舊臣、大陸籍政務官僚和以林洋港為首的台籍勢力的強烈反彈。

　　其次，李上台後空喊「統一」口號，從不認真考慮和採取實際的統一措施，反而在國際上大力推行「彈性外交」，謀求「雙重承認」，試圖把台灣搞成「政治實體」；在「國會」改革問題上，熱衷於對「資深國代」做逼退工作，不重視「法統延續」；在對「台獨」問題上，態度曖昧，甚至姑息縱容，致使「台獨」勢力島內化，「台獨」活動公開化；在對美態度上，從蔣氏父子原來「既靠又防」變為「光靠不防」，並大量啟用親美派人士。以上這些，使黨內元老勢力對李接班越來越不放心。李煥、郝柏村等逐漸認識到，一旦李登輝羽毛豐滿，大權在握，不僅會把蔣家班底全部搞掉，而且很有可能會使台灣走上「獨立」之路。因此，他們決定利

用這次總統選舉的機會聯合起來與李登輝進行較量,「給李登輝一點顏色看看」。

（二）這次兩大派鬥爭結果形式上表現為妥協,實際上是雙方總體實力全面較量的結果

國民黨內部這次圍繞總統選舉,兩大派之間壁壘分明,公開對決。「主流派」主要是兩李、兩宋（李登輝、李元簇、宋楚瑜、宋心濂），其主要支持者為黨內本土勢力和大陸籍政客,元老中的蔣彥士、李國鼎,還有「以導功著名、善於排難解紛」的黃少谷,這次也成為李登輝的重要智囊。這一派代表國民黨內的新興勢力。他們的優勢：一是李登輝既是黨政魁首,又是蔣經國欽定的接班人,居高臨下,可利用合法組織（中央黨部）進行競選並掌握組織系統和宣傳工具;二是他們長期以來以「革新」面目出現,獲社會輿論支持;三是李登輝作為第一個台籍總統,具有一定「民意基礎」,並獲得「長榮」、「中信」等地方財團的鼎力相助;四是得到美國的支持,這一點對長期依美生存的國民黨是重要因素。而「非主流派」由五股勢力組成,李煥代表政務官僚,蔣緯國代表元老勢力,林洋港代表地方實力派,郝柏村代表軍方,陳履安代表陳誠系。他們代表著國民黨內傳統勢力。這「五巨頭」原來關係並不密切,甚至彼此尚有前嫌。但他們都預感到,如不及時阻止李登輝的權力擴張,他們最終均將成為被整肅的對象。在「大選」中,他們為了各自利益臨時結成「反李同盟」,演出了一幕「聯手逼宮戲」。他們的優勢：一是均為實力派人物,各有自己的人馬;二是獲得多數資深國代擁護;三是得到軍方支持,沒有後顧之憂;四是在鬥爭中抓住了「統一」和「民主」的旗幟,比較主動。但他們的反李活動多少帶有「違紀」和「非法」的色彩。為林、蔣出面競選的主要為

「愛陣」、「疾風」、「洪門」等偏激組織，缺乏民意基礎。在李登輝軟硬兼施、「八大老」一再斡旋、美國從中施壓的情況下，林洋港自感並無決勝把握，即使僥倖當選也將面對亂局，而一旦翻船則身敗名裂，故決心「急流勇退」，使得「反李同盟」頓時瓦解，整個形勢發生戲劇性變化。這也反映了國民黨內兩派基本力量對比，新興勢力已略占上風。

（三）李登輝雖獲當選連任，但其政治形象已受到損害，其推行的「獨台」路線也受到相當程度的抑制

李登輝經過兩年來幾個重大回合的權力鬥爭，連連得分，並已初步建立自己的班底，因此過高地估計了自己的實力，一意孤行，終於引起傳統勢力的聯手反擊。這次國民黨高層公開分裂後，李登輝無法通過黨的正常運作程式來彌合分歧，而必須低三下四央求「八大老」來溝通雙方、調和矛盾，這說明李登輝還缺乏足夠的領導權威。因此，從總體上講，李登輝在這場鬥爭中，雖略占上風，但也蒙受不少損失。

值得指出的是，傳統勢力在這場鬥爭中，緊緊抓住「統一」和「反台獨」的旗幟。在「八大老」溝通過程中，林洋港公開指責李登輝近兩年來施政忽略統一問題；蔣緯國也在表明候選立場時，反覆強調統一和反「獨」，並稱「沒有主流派和非主流派之分，只有統一派和台獨派之分」，矛頭直指李登輝。擁蔣國代在造勢時，一再表示「誰堅持統一就支持誰」。台灣輿論要求進一步對大陸開放，直接「三通」的呼聲明顯增高。在此情況下，李登輝為了贏得選票，對統一問題表態明顯增多，並一再表示要「依法懲處台獨」。這些在客觀上有利於促進統一和阻止「台獨」傾向發展。

（四）通過這次較量，蔣氏家族及擁蔣元老派勢力進一步削

弱，在未來台灣政壇上的作用和影响力更為降低

擁蔣元老勢力原打算乘國大開會之機作「最後一搏」，有的甚至夢想東山再起。但選舉結果無疑對這股力量是個沉重打擊，其中受打擊最大的是蔣緯國。他不僅失去了「擁蔣」勢力的信任，而且還面臨蔣氏家族分裂的危險。蔣孝武在選舉期間不點名地批評蔣緯國，暴露了蔣氏家族的內部分歧。蔣緯國的退選還令那些擁蔣的老國代產生一種被出賣的感覺，他們在未來3年內可能全部退職。從李登輝請「八大老」出面溝通情況來看，元老派也在分化。有些元老派人士出於自身利益，或害怕國民黨分裂危及他們的利益，有意無意地幫李登輝說話，已成為李的智囊。

（五）美國的支持對「雙李」當選具有關鍵性作用。國民黨高層在對美態度上雖有差異，但在「依美求存」這一點上仍有共識

美國對台灣這次「大選」，一開始就表示密切關注。美國的基本立場是：希望李登輝繼續掌權，不願看到蔣氏家族和元老勢力東山再起，以便在台培植一個更加親美的、以本土勢力為主體的政權，但也不希望李登輝走向獨裁。2月11日國民黨兩大派在中全會上公開分裂後，美國政府通過台灣傳媒於2月27日對此表示「關切」。3月1日美國務院官員約見台駐美代表丁懋時，再次對台選情表示「關注」，稱讚李登輝對台「民主革新」做出了貢獻。3月7日我警告外國不得干預台選舉後，美國務院立即發表聲明，否認美國干預台灣選舉，稱讚台灣「文人當局」，明確支持李登輝。「大選」期間，美國有20多名議員在台四處活動，做國民黨元老和「非主流派」人士工作。

另從這次選舉可以看出，儘管國民黨內部存在尖銳的派系矛盾，但在「依美求存」、把美國視做主要靠山這一點上，具有共

識。同時也說明美對台灣政局具有相當大的干預和影響力。

三、趨勢展望

（一）國民黨內兩大派之間的矛盾在短期內將難以調和，鬥爭將變得更為尖銳複雜

「大選」後5月份行政院將進行改組，7月份國民黨將召開三中全會。圍繞著「內閣」人事安排和中常委改選及黨政領導體制改革等問題，兩派勢必進行新的較量。以李煥為代表的傳統勢力可能會利用李登輝在「大選」期間的許諾，在「內閣制」、黨政分開、集體領導等問題上，迫使李登輝讓步，達到限制和削弱李權力的目的。而李登輝一旦地位穩固，可能會借助「民意」，打著「革新」的幌子，利用黨內領導權，搞「秋後算帳」。不少島內人士認為，李登輝是一個外圓內方、固執己見的人物，為了度過「大選」這一難關，他不得不忍氣吞聲，採用哀兵之計。但在權力鬥爭問題上，他決不會有半點實質性退讓。對陷他於困境的「非主流派」頭面人物，他不會輕易放過，只要時機成熟，將進行報復。由於這場鬥爭實質上主要是「二李」（李登輝、李煥）之間的鬥爭，因而李煥有可能成為李登輝下一個首要打擊的目標。而李煥、郝柏村等人也已看清李登輝的本性，決不會讓李登輝的圖謀輕易實現。因此下一輪鬥爭有可能變得更為尖銳、激烈。

（二）「國是會議」有可能成為台灣政治鬥爭新的焦點，並部分取代「國民大會」的作用

3月20日，李登輝針對示威學生的要求，表示將召開一個有各黨派、各界代表參加的「國是會議」，以研究「憲政體制、政治革新和大陸政策」等問題。並指定在這次大選中「整合有功」的蔣彥士牽頭，由謝東閔、李煥、李元簇、宋楚瑜4人負責擬訂方案，提

交21日國民黨中常會討論，正式成立「國是會議籌委會」。「國是會議」具有「政治協商會議」性質。從其指定負責人來看，「主流派」占有相對優勢。李登輝極有可能利用該會，進一步拉攏本土勢力，利用所謂「民意」來壓黨內尤其是國大的元老保守勢力，爭取達成有利於本土勢力發展的「憲政體制改革」方案，使「國會」機構逐步台灣化，以適應把台搞成政治實體的需要。但民進黨已提出「國、民兩黨共同籌備，事先兩黨進行協商」等三項條件，稱國民黨如不答應上述條件，將抵制該會。因此會議結果尚難預料。

（三）國共和談統一在短期內仍難有突破，但兩岸關係將會有進一步發展

國民黨這場派系鬥爭，也包含著圍繞台灣出路的統「獨」之爭。李登輝連任總統後，其「獨台」傾向會有所收斂。但台灣當局「反共拒和、依美偏安、革新保台」的基本政策不會輕易改變，加之在內部裂痕未能彌合之前，統一問題也難以提到議事日程上來，估計對和談問題仍會採取拖的方針。但在兩岸關係發展方面，有可能邁出較大步子。由於台灣工商界強烈要求發展與大陸的經貿投資關係，一些航空公司紛紛要求與大陸直航，台灣當局為爭取民心有可能進一步採取一些開放措施，包括兩岸通航和擴大人員交往。負責籌備該會的蔣彥士最近表示，對大陸的交流將來一定會加強，「三不」政策中的不接觸、不談判原則也可以放寬。

（四）民進黨將繼續乘機興風作浪，台灣政局有可能進入一個較為動盪的時期

這次台灣「大選」的另一個特點是，民進黨乘國民黨內鬨之機，蓄意製造社會動亂事件，並引發了成千上萬大學生靜坐、絕食等活動。民進黨一直把大陸籍資深國代、親蔣元老派作為首要打擊

目標，大選期間不僅在「國會」大打出手，而且火燒「立法院」，大鬧聚餐會，攔堵老國代，包圍中山樓，千方百計地破壞這次選舉的正常進行，擴大其政治影響，提高其參政地位。李登輝對民進黨上述行動不僅態度軟弱，而且表示將於近期直接與民進黨主席黃信介溝通，並將民進黨作為主要在野黨邀請參加「國是會議」。這勢必助長民進黨的囂張氣焰，使其更加有恃無恐。由於國民黨內部紛爭不已，使其對政局的控制能力相對削弱。今後台灣政局有可能進入一個複雜多變的時期。

1990年4月

發表於全國台研會1990年會

台灣當局終止「動員戡亂時期」的背景及影響

去年12月25日，李登輝在「國大憲研會」上再次表示，今年5月前台灣將如期宣告終止「動員戡亂時期」。由於這將標誌著國共之間內戰狀態的基本結束，對島內政局和兩岸關係均將產生深遠影響，因而此一動向受到島內外人士的廣泛重視和高度關注。

一、歷史的回顧

1946年，以蔣介石為首的國民黨統治集團開始在大陸全面發動內戰。1947年7月4日，國民黨政府在南京發布「戡亂總動員令」，接著宣布全國進入「動員戡亂時期」，在國統區全面進入戰時狀態，明確將中共定為「叛亂團體」和「戡亂對象」。1948年4月，在南京第一屆「國民大會」上正式通過了「動員戡亂時期臨時條款」，名義上作為「憲法」的附加條款，實際上取代了「憲法」的地位，將「憲法」冷凍起來，以便蔣介石在「非常時期」能獨斷專

行。

　　1949年國民黨去台後，繼續維持「戡亂時期」的各種法令，並將「臨時條款」作為在台實行軍事獨裁統治的主要法律依據，長期實行軍事戒嚴，並先後於1960、1966、1972年3次對「臨時條款」進行修訂。「臨時條款」現共分十一條，不足千字，但它賦予了總統許多超越「憲法」的特權，並使得蔣氏父子成為「終身總統」。其中第一條規定：「總統在動員戡亂時期……為緊急處分，不受憲法第三十九條或第四十三條規定程式之限制。」第三條規定：「動員戡亂時期，總統、副總統得連選連任，不受憲法第四十七條連任一次之限制。」第五條規定：「總統為適應動員戡亂需要，得調整中央政府之行政機構及其組織。」第六條還規定「在自由地區增加中央民意代表名額」，以延續所謂「法統」，遞補日趨凋謝的「資深民代」。

　　隨著台灣經濟、社會的發展，各界人士強烈要求當局及早終止「戡亂時期」。尤其是1986年國民黨推行六項政治革新措施後，在島內先後解除了戒嚴，開放了黨禁、報禁，並開放了兩岸民間交流，「臨時條款」客觀上已成為進一步推動政治革新和調整大陸政策不可逾越的障礙。此外，李登輝上台後，在政治上也需要改變國民黨當局長期以來的獨裁專制形象，順應民心，以利穩定政局。因此可以說，「戡亂時期」的終止，是台灣政治、經濟、社會以及兩岸關係發展到目前階段的必然結果，也是台灣當局為了擺脫目前「憲政危機」而被迫採取的一項政策性措施。

　　二、面臨的難題

　　由於「動員戡亂體制」是一項相當複雜的法律和行政制度，且已實行40餘年，終止時不僅要廢除許多相關法律和規定，而且還要

擬訂不少新的法律規範；一些因動員體制而設立的安全機構，也面臨存廢或改編問題，因而國民黨「憲政改革小組」不久前推出了兩個方案：甲案是立即終止案，即由李登輝於今年5月間按時宣告終止；乙案是預告終止案，由李登輝於5月間預先宣告自某一特定時日起終止，以便有足夠時間來修改法律，調整機構。李登輝為了表示信守其在去年「5‧20」就職演說時作出的政治承諾，於12月25日明確宣布採納甲案。

台灣當局雖已決定今年5月終止「戡亂」，但在具體落實過程中仍面臨著一系列難題：

（一）對中共政權定位問題

台灣「總統府」發言人邱進益12月28日對記者表示：「終止戡亂既是為了推動憲政改革，也著眼於兩岸關係的調整。」「有關兩岸關係定位，若要擴大兩岸交流，勢必克服中共仍屬叛亂團體，否則中共黨員來台仍要受懲治叛亂團體等法令懲處的困擾」。至於對中共如何定位，「國統會」正在研究中。「行政院研考會主委」馬英九也稱，終止戡亂後，「中共當然不是叛亂組織」，但如何看待中共，將會影響未來兩岸關係的互動，要大家來研究。《聯合報》12月5日社論認為，「戡亂時期的終止，不僅是宣示內戰在法律狀態上的終止，同時也宣示內戰在事實狀態上的終止」，這樣與當局的「三不」政策勢必產生矛盾，而且「從法律層面上，將來必然迴避不掉雙方接觸的問題」，「因此終止戡亂首先必須有一個明確的大陸政策」。

（二）依「臨時條款」設立之機構的存廢問題

「臨時條款」第四條規定，「總統得設置動員戡亂機構」以決定「動員戡亂方針」；第五條還規定，「總統為適應動員戡亂需

要，得調整中央政府之行政機構及其組織」。根據上述條文，國民黨當局先後成立了「國家安全會議」、「國家安全局」及「行政院人事行政局」，並將台灣警備總部明定為「動員戡亂時期設置之臨時機構」。最近，國民黨「憲改小組」多次開會研究這些機構的存廢問題。初步研究結果，多數人堅持仍保留上述機構，但對隸屬關係及執掌業務等作相應調整，並在今年4月召開國大臨時會議「修憲」時，賦予這些機構「法源」。其中「國安會」所轄的「國家建設計畫委員會」及「國家科學發展指導委員會」將予裁撤。至於「國安會」的性質是定為決策機構或諮詢機構，是隸屬總統還是隸屬行政院，國民黨內部存在爭議。

（三）修改與「動員戡亂時期」相關的各種法規

由於國民黨當局實行「動員戡亂時期」已長達43年，因此現行法規中，有153項與「戡亂」相關的法律，必須在終止「戡亂」前進行修改。據報導，迄今為止只完成一半法律修改。不少學者、專家認為，要在今年5月前完成所有法律修改難度較大，一旦臨時條款不再適用，將發生法律體系斷層。最近有人提出由「國民大會」採取「包裹立法」方式，「一次性解決千頭萬緒的動員戡亂法律問題」，以便如期宣告終止「戡亂」。《中國時報》12月7日發表社論，針對有人主張延期終止，強調「終止戡亂是台灣紛繁複雜的憲改工程的第一步，如不能按期終止，朝野抗爭必將再起，而且可能愈演愈烈，以致難以收拾」。「戡亂法律」修改現已成為國民黨「憲改小組」的棘手難題。

（四）如何確定「總統緊急處分權」問題

在「動員戡亂時期」，總統擁有至高無上權力，可以不經行政院和「立法院」會議實施緊急處置。「臨時條款」廢除後，有關總

統與行政院、「立法院」之間關係，國民黨「憲改小組」有兩種意見：一種意見認為，「原則上應依憲法本文之規定，但為謀求台灣政治安定，經濟發展及處理緊急事件，宜在憲法增修條文中明定總統發布緊急命令權，酌增總統緊急處分權，以因應重大事件之處理」。另一種意見認為，「臨時條款」廢止後，這三者關係均應完全依「憲法」行事，不必在「憲法」增修條文中作任何規定。但可制定緊急命令法，作為總統行使「憲法」第四十三條的法律依據。由於制定緊急命令法須經「立法院」審議通過，容易引發爭吵，現多數人認為後者可行性不大，因而比較傾向第一種意見。

三、未來的影響

台灣當局內部醞釀終止「戡亂」已有若干年時間，因而不僅在組織上，而且在輿論上都已相應作了一定準備，在政策上也已陸續作了一些調整。如開放黨禁、報禁，解除戒嚴等，都是為終止「戡亂」鋪路。總的來看，終止「戡亂」後，國民黨的內外政策包括大陸政策，短期內不致發生根本性的變化，台灣政局也不致出現劇烈的震動。但結束行使40餘年的「動員戡亂」體制，畢竟是台灣政治、社會發展中的一件大事，牽涉到153項法律的修改，因而它對島內局勢發展，對國民黨下一步的「憲改」，對未來兩岸關係的演變，都將產生不可忽視的重大影響，對島內政局影響而言，可能主要有以下幾個方面：

一、國民黨的「憲改」步伐可能進一步加快。「終止戡亂」是台灣「憲改」的第一步，而且是關鍵性的一步。邁出這一步後，標誌著「環環相扣，盤根錯節的憲改工程正式動工」，它對今年4月國大臨時會議的「修憲」，對今年底第一屆「資深國代」退職及第二屆國代選舉等，都將產生影響。

二、總統的權力將受到一定程度削弱。廢除「臨時條款」後，總統的一些特權將被取消。由於台灣輿論強烈要求高層權力運作回歸到「憲法」上來，行政院的地位作用可能進一步增強。終止「戡亂」後，台灣將召開第二次國大，選出第二屆國代，國民黨在「國會機構」中以往那種一統天下的局面不復存在，總統的權力可能會更多地受到「民意機構」的制約。

三、台灣的政治環境將變得更加捉摸不定。一方面，「戡亂體制」結束後，官方對言論、出版、集會、結社等方面的限制會適當放寬，政治環境有可能變得相對寬鬆。另一方面，隨著當局對社會控制力的減弱，一些地下組織、黑道分子會加緊活動，「台獨」勢力也可能會趁機掀起聲浪，以試探當局反應。台灣社會秩序可能會一時比較混亂。

四、在野黨派勢力將進一步發展。隨著「戡亂時期」終止和台灣當局加緊推行「政黨政治」，台灣社會可能出現「一黨獨大、多黨並存」的政治局面，國民黨一黨專政的狀況也將隨之結束。各在野黨派特別是民進黨為了謀求擴大自己的影響力，將利用這一有利時機，加強與國民黨的抗爭，謀求執政黨地位，國民黨的統治地位短期內雖不致動搖，但將面臨日益嚴重的挑戰。

對兩岸關係發展的影響，主要有以下幾方面：

一、海峽地區形勢可能會更趨緩和。終止「戡亂」後，國共之間的內戰狀態從「法理」上將正式結束。兩岸敵對狀態也將會起變化，兩岸之間的政治氣氛可能會變得更加平和，海峽地區的軍事形勢有可能更趨緩和與穩定。

二、兩岸交流將進一步擴大。結束「戡亂」對兩岸交流無疑將產生積極的促進作用，有利於人員往來由單向發展為雙向，也有利

於「三通」逐步從間接發展到直接。首先，大陸具共產黨員身分的人士今後可「合法」入台，台灣各界人士到大陸活動也可減少後顧之憂，不再有「通匪」、「共諜」之嫌。

三、為未來國共接觸和談創造了有利條件。台灣輿論認為，隨著「戡亂對期」終止，台灣當局不能再將中共視作「叛亂團體」，這樣就為國共兩黨對等談判創造了前提。「總統府」發言人邱進益不久前表示，國民黨十四大後可能正式放棄「三不」政策。因而從長遠來看，終止「戡亂」有利於實現國共和談。

長期以來，「臨時條款」實際上剝奪了台灣人民的基本民主權力，而且對兩岸人民的正常交流起著嚴重阻礙作用。結束「戡亂」這種荒誕體制，是大勢所趨，人心所向，是台灣當局早就應該採取的一項行動。但台灣少數人迄今仍將終止「戡亂」作為一個籌碼，「戡亂」尚未終止就提出大陸必須有「善意回應」。「國統會」某人士竟聲稱，台「將從憲政體制、中共反應、國際安排三個層面來考慮對中共如何定位」。因此，在結束「戡亂」之際，要特別警惕某些人利用這一機會加緊推行「一國兩府」的圖謀，搞所謂「互相承認」和兩個「政治實體」，維持分裂現狀。這樣違背兩岸人民的根本利益。筆者希望台灣朝野有識之士，利用此一契機，積極推動兩岸關係的進一步發展，共同為了統一這個大目標，做出各自努力。

1991年4月

原載《台聲》雜誌

國民黨新大陸政策的形成及其特點

1979年我提出「和平統一」對台方針後，兩岸關係進入了一個新的歷史時期。國民黨的新大陸政策就是為了因應我「和平統一、一國兩制」的對台方針，由蔣經國主導制定，經過10多年的逐步調整後形成的。今年2月「國統綱領」的正式頒布，標誌台大陸政策已基本定型。其基本思想是，堅持一個中國但現在是一個分裂國家，即「一國兩府」的基本架構，謀求與我對等的政治實體地位，暫時維持不統不「獨」的政治局面，同時通過開放兩岸交流，配合西方促使大陸和平演變。國民黨大陸政策的某些方面，雖會隨著兩岸形勢的變化而繼續有所調整，但其基本指導思想在相當一個時期內不會有大的變化。

一、國民黨新大陸政策的演變過程

自1979年起，在我對台政策的推動下，國民黨的大陸政策大致經歷了四個發展階段：

第一階段（1979年初—1981年初）

1979年元旦，我人大常委會發表《告台灣同胞書》，鄭重宣布了用和平方式統一祖國的對台方針；呼籲台灣當局儘快開放兩岸「三通」及人員往來。國防部長徐向前隨即命令福建前線部隊停止對金門和馬祖地區的炮擊。這一舉動使長期堅持「光復大陸」的台灣當局在政治上陷入被動。同年1月12日，台灣當局發表聲明，承認「和平統一是全中國人民的共同願望」，但對我提出的和談建議採取了斷然拒絕的態度，宣傳我「和平統一」的方針是「統戰陰謀」，並制定了在任何時候、任何條件下都與中共「不接觸、不談判、不妥協」的「三不」政策。在此階段，海峽兩岸仍處於緊張對峙狀態。

第二階段（1981年—1985年）

1981年9月，葉劍英委員長向新華社記者發表談話（即「葉九條」），進一步闡述了我黨關於和平統一的對台方針，建議國共兩黨對等談判，實現第三次國共合作。其中談到，「國家統一後，台灣可作為特別行政區，享有高度的自治權」，「台灣現行社會制度不變，台灣人民的生活方式不變，並允許保留自己的軍隊」。廖承志同志於1982年7月24日發表「致蔣經國先生的公開信」，再次呼籲國民黨接受兩黨談判的建議。此後，鄧小平多次闡述了和平統一祖國的具體構想。1984年2月12日，鄧在會見美國客人時，首次把這個構想概括為「一國兩制」。由於我對台政策在海內外引起強烈反響，島內要求「和談」、「三通」的呼聲也與日俱增，蔣經國於1980年6月9日首次提出「以三民主義統一中國」的口號。1981年3月，國民黨正式通過「貫徹三民主義統一中國」案，在兩岸關係上開始出現鬆動；對於兩岸民間接觸，採取「不鼓勵、不支持、不反對」的態度。然而，在此階段其大陸政策總體上變化不大。時任行政院長的孫運璿先生於1983年9月宣稱，中共的和談建議實際上是企圖吞併台灣；只要大陸上的政治、經濟、社會、文化等方面（同台灣的）差距縮小，中國統一的條件就自然會漸趨成熟。

第三階段（1986年初—1990年中）

我「和平統一、一國兩制」對台方針的日益深入人心，給台灣當局帶來巨大衝擊。1986年3月，蔣經國在國民黨十二屆三中全會上作了《中國和平統一與世界形勢》的報告，承認「時代在變，環境在變，潮流在變」，認為國民黨的方針政策也不能不變。會上，蔣首次提出「和平統一五項政治主張」，表示在島內推行「政治革新」的同時，盡可能開放兩岸的聯繫。1986年5月，台派代表赴香港就處理「華航貨機事件」與我進行直接談判。1987年11月2日，

蔣經國在臨終前不久，親自作了開放部分民眾赴大陸探親的決定。這在兩岸關係發展中具有突破性意義，為兩岸直接交流邁出了關鍵性的一步。李登輝上台後，基本上延續了蔣經國生前的既定方針，繼續開放大陸政策。1988年7月，國民黨十三大通過了「現階段大陸政策」案，初步確定了處理兩岸關係的方針原則，用「自由、民主、均富統一中國」代替了「三民主義統一中國」的口號；在國民黨中常會和行政院設立了「大陸工作指導小組」和「大陸工作會報」，作為大陸工作的決策與執行機構。與此同時，台當局進一步放寬兩岸民間交流範圍，允許包括「中央民意代表」、國民黨中委在內的高層人士以私人身分來大陸探親訪問，逐步確立了「政經分離、官民分開」的原則。1989年6月，李登輝公開表示要承認國民黨無法在大陸行使治權的事實。在此階段兩岸關係變得相對活絡。1990年2月，台開始擬訂「台灣地區和大陸地區人民關係條例」，力圖以「法律」形式將兩岸交流限制在「非官方、非政治性」的層次，並放出「一國兩府」的試探氣球。

第四階段（1990年中至今）

李登輝在去年5月20日的就職演說上，首次提出有條件地與中共建立對等溝通管道的主張，並不再提及「三不政策」。此後，台灣當局為謀求在兩岸關係發展中的主導權，對大陸政策進行了一系列調整。首先在組織上，於去年10月7日在「總統府」成立了「國統會」，隨即在行政院設立「陸委會」，並以民間財團法人形式成立了海基會，使台對大陸工作的決策、執行機構程式化，形成「上下貫穿，前後呼應」的「一條鞭」系統。今年6月，國民黨又對中央「大陸工作指導小組」進行了改組，使黨政趨於一體化。其次在政策上，台於今年2月3日正式通過「國統綱領」，確立了兩岸交往

的近、中、遠端階段性目標，作為處理兩岸關係的最高指導原則，使大陸政策進一步明朗化、系統化。在此階段，台一些具有官方背景的人士先後來大陸與我有關部門直接會晤；組織大型體育代表團參加北京亞運會；派紅十字會代表與我在金門就遣返私渡人員問題直接會談；海基會組團正式到大陸訪問等，開闢了兩岸準官方、半官方接觸的管道。特別是台當局自5月1日終止「戡亂時期」，對進一步緩和兩岸軍事緊張狀態，降低敵意，促進兩岸雙向交流有一定的積極作用。這段時間是國民黨在大陸政策方面動作最大的時期，但台當局在兩岸關係發展上所持的基本立場仍無重大變化。李登輝、郝柏村先後表示，終止「戡亂」並不表示國民黨的「反共基本國策有任何改變」。

二、國民黨大陸政策的基本內涵及特點

（一）國民黨大陸政策的基本內容

當前，國民黨對大陸的基本政策是：繼續打著「中華民國」的旗號，堅持反共拒和、革新保台、依美求存、以拖待變的方針，維持「一國兩府」的基本架構，謀求獨立的「政治實體」地位，把海峽兩岸的分裂現狀暫時拖下去。其主要內容，歸納起來有以下幾個方面：

1.在統一問題上：以「民主、自由、均富統一中國」反制我「一國兩制」的構想，堅持以大陸「政治民主化、社會多元化、軍隊國家化」為原則，以「台灣模式」統一中國。國民黨高層人士公開表示，台不再以武力方式作為謀求統一中國的手段，台灣目前奉行「和平轉變大陸」的方針。台實質上以「一國兩府」為目標，竭力謀求與我對等的「政治實體」地位。因而台對統一問題雖確立了目標，但缺乏具體措施，這一點在「國統綱領」中可以清楚地看

出。

2.在國共商談問題上：堅持以「政府對政府談判」抵制我「國共兩黨談判」的建議，以我承認台為政治實體、放棄對台使用武力、允許其推行「務實外交」作為與我建立「雙方對等溝通管道」的先決條件。台高層人士聲稱，在中共堅持「一國兩制」，堅持北京是中央政府的情況下，決不與中共談判。但囿於形勢、環境變化，其內部已在對兩黨談判進行某些準備。

3.在兩岸交流問題上：繼續堅持「民間、間接」原則，確定海基會作為代表台灣「政府」與我接觸的「唯一管道」。同時在「確保安全」前提下，本著「官民分開、政經分離、審慎擴大和兩岸互動」的原則，採取「靈活、務實、互惠、漸進」的方針，進一步擴大兩岸民間交流，放寬人員、經貿等方面交往的限制，逐步、有條件地開放半官方性質的接觸，以解決兩岸交流中的實際問題。

4.在直接「三通」問題上：堅持以「國統綱領」規定的進程與條件為依據，在我未作「善意回應」前決不開放兩岸直接通郵、通商、通航，把開放直接「三通」作為政治上與我討價還價的一個籌碼，壓我在原則問題上做出讓步。在現階段台將繼續本著「直接不准、間接不管」的原則有限度地逐項放寬對「三通」的限制。

（二）國民黨大陸政策的基本原則

今年2月「國統綱領」頒布後，國民黨高層人士紛紛就大陸政策的基本原則發表講話：

——李登輝在今年4月30日的記者會上表示，要本著「務實、穩健、安全」的原則發展兩岸關係，並稱如果我對台提出的條件沒有「善意回應」，台將10年、20年地一直拖下去。

——郝柏村5月23日在聽取「陸委會」報告時稱，台對兩岸關係不能抱太多的憧憬，也不應有一廂情願的思想和做法，台必須在「穩重、審慎、漸進」的原則下推展大陸政策。6月24日，郝又就處理兩岸事務提出了「對等、法律主權、合作善意」三項原則。

　　——宋楚瑜3月4日表示，與大陸推展關係應本著「國家統一、尊重事實、確保安全、互惠對等、穩健漸進」5項重要原則。

　　——施啟揚強調，兩岸交流中「對等、互惠、善意」是首要原則。

　　——馬英九認為，大陸政策基本上是國家統一的政策，而統一必須以「和平、民主、理性、對等、互惠」為前提，「統一進程沒有固定的時間表」。

　　上述表態，反映出國民黨在制定和推行大陸政策時，基本上遵循以下5項基本原則：

　　一是堅持一個中國和國家統一立場。台灣當局認為，目前統一條件還不成熟，但統一的原則不能放棄。因為它是避免國民黨統治集團分裂、維繫島內政局穩定的關鍵，同時對中共對台政策也有非常重要的影響。為此，李登輝等在公開場合反覆重申，「中國只有一個，中國必須統一」，以打消我方及外界對其在統一問題上的疑慮。

　　二是確保台灣安全。台灣當局強調，對任何兩岸開放與交流措施，都必須以台灣的安全為優先考慮的原則。在處理兩岸事務時，台當局強調要「理性」，避免導致海峽地區局勢緊張；反覆強調對大陸貿易投資要審慎，不能受制於大陸；要求各界進行兩岸文化學術交流時要維持「敵我意識」和「心理防線」。

三是力爭兩岸地位對等。台當局一再表示，決不接受任何把台灣降為地方政府的主張和做法，必須堅持「中華民國中央政府」的地位。郝柏村強調，兩岸間的任何交往，都必須基於「對等」立場。馬英九聲稱，兩岸談判只能是「兩個對等政府」的談判。

四是堅持兩岸互動原則。所謂互動，即是要我對台做出讓步後，台再考慮進一步開放兩岸交流。台高層人士公開表示，發展兩岸關係，不能「一廂情願」，「盲目冒進」，「每一項舉措都須中共有善意回應以後，再考慮採取下一項措施」。

五是秉持循序漸進原則。台當局在調整大陸政策時，強調「必須把『國統會』　近、中、遠端目標考慮進去」、「必須每一個階段的目標實現後，才能進入下一個階段」。施啟揚宣稱，除非中共全部接受「國統綱領」近程階段的4個條件，否則兩岸不可能實現直接「三通」或高層人士互訪。

（三）國民黨新大陸政策的主要特點

近年來，國民黨大陸政策逐漸突破了蔣氏父子時期堅持的「漢賊不兩立」的立場，改變了某些策略和手法，打破了兩岸長期以來「封閉式」的人為隔離狀態，實現了兩岸民間的直接交流，開闢了兩岸半官方接觸的管道。現階段國民黨大陸政策的反共色彩明顯淡化，在處理兩岸事務上更靈活、務實。概括起來，其大陸政策主要有以下4個特點：

1.被動性。國民黨的大陸政策一直是為了因應中共「和平統一」方針和兩岸關係發展而調整，從戰略上講始終處於被動地位。從開放民眾到大陸探親，到兩岸間接「三通」各項措施的頒布，都落在形勢的後頭，都是在我對台政策的推動和島內民意的壓力下而採取的不得已措施。總體上看，台大陸政策有起步謹慎、進程緩

慢、適時檢討、然後邁步的特徵,既摸石頭過河,又投石問路,在觀察各方反應後再採取新的動作。

2.務實性。在處理兩岸交流實際事務中,台當局處處體現靈活、務實的特點,不事張揚,注重實效。有的是只說不做,如對謀求「雙重承認」;有的是多做少說,如允許國民黨高層人士、「中央民意代表」及具有官方身分的人來大陸訪問,或與我進行事務性接觸。總之,只要能解決問題並得到實惠,台當局就採取「睜隻眼閉隻眼」的態度。

3.兩面性。台當局迄今為止在大陸政策上所作出的一系列調整措施,主要屬於策略上的調整,包括「國統綱領」在內,裡面雖有一些積極和值得肯定的方面,但其基本的立場並無根本改變。台當局一方面設立了負責兩岸統一的決策與執行機構,制定了相關法規,指示有關機構研究兩黨談判問題,建立兩岸民間交往的歸口單位,擺出一副高度重視兩岸統一的架勢;另一方面,又堅持「三不」政策和「兩府對談」立場,提出一些明知中共不可能接受的先決條件,作為拒絕國共和談的理由,拖延中國統一的進程,並把不能統一的責任推給對方。

4.階段性。台當局不僅在大陸政策調整方面具有明顯的階段性,在大陸政策設計方面也重視劃分階段。如在接觸層面上由民間、半官方再向官方過渡;在交流程式上由單向間接到雙向直接;在交流範圍方面由事務性到政治性。其「國統綱領」最明顯地體現了這一特色,它把兩岸關係發展人為地切割成3個階段,而且把本來第一階段就可以做到的事情,如兩岸直接「三通」、高層人士互訪等,故意放入第二階段;同時又在第一階段規定,「互不否認對方為政治實體」,「在國際上互不排斥」等內容,其目的十分明

顯，即要控制兩岸關係發展的勢頭，為其現階段搞「獨立政治實體」這一總目標服務。

三、國民黨大陸政策的發展趨勢

「國統綱領」的頒布，標誌著國民黨的新大陸政策已經基本成形。特別是終止「戡亂」後，兩岸關係發展將進入一個新的階段。今後二三年內，台對大陸政策不大可能作比較大的進一步調整，其主要精力是完成島內「憲政體制改革」，實現政治轉型，發展島內經濟。在兩岸關係方面，其基本思想是維持現狀，謀求對等地位。但隨著形勢發展，在具體做法上會繼續採取一些順時應勢的措施。主要發展趨勢：

第一，民間交往方面，對「三通」將逐步由單向間接向雙向直接過渡。目前，兩岸通郵雖非直接，但基本上已通，通航已成為當務之急。去年，中共已確定將促台開放直接「三通」和發展貿易、人員交往列為當前對台工作的重點，台灣朝野尤其是工商界也不斷敦促當局儘快實現直接「三通」。台當局迫於各方壓力，有可能本著「先暗後明、逐一開放」的原則，有選擇、有步驟地開放民間直接交流。初期可能先在某個領域出現突破，再向全域推進。如，在開放直接投資和經貿方面，台可能採取先選粵、閩、滬等地作為試點，或對投資金額先作一定限制；在通航問題上，可能先允許台方機船單向直航大陸，然後再開放我航行器去台。也可能先在技術上作些變通，如規定直航兩岸的航行器不得懸掛國旗、國徽，採取在第三地註冊的輪船，或租用外國機、船，或指定民間航空公司的飛機經第三地飛航情報區等。據報導，台「交通部」已著手為兩岸直航做準備，「六年經建計畫」也將擴建台中等港口，以適應未來直接「三通」之需。但是，由於台當局仍存在「安全」等方面的顧

慮，並試圖以直通作為與我討價還價的籌碼，短期內兩岸實現雙向直接「三通」仍有困難。施啟揚明確表示，「三五年內不可能實現直接三通」。

第二，官方接觸方面，對「三不」政策可能作某種程度的鬆動或變通。台灣當局現已開放了各級「民意代表」來大陸訪問，並以個案方式批准國民黨中委、中常委、中評委等返鄉探親。「戡亂」終止後，台取消了中共基層黨員赴台的限制，並將允許我民間及民主黨派團體赴台設立某種機構，這為雙方接觸向高層次發展創造了條件。同時，兩岸交流事務不斷增多，一些重要問題也非仲介機構所能解決，客觀上需要兩岸官方出面，故高層次的人員接觸勢在難免。再者，台灣當局竭力躋身於國際社會，在一些國際活動中，兩岸官方代表的接觸也無法迴避。鑑於上述情況，台當局可能在堅持「不妥協」的前提下，對官方「不接觸、不談判」這兩項作適當鬆動或變通。兩岸官方接觸的層次將逐步提升，接觸範圍將漸漸擴大，形式可能由單一向多管道發展，性質由事務性向政治性過渡。例如：（1）採取「金門會談」模式，派官方代表先就一些功能性、事務性問題與我進行接觸；（2）以私人度假方式互訪；（3）兩岸官方授權人士之間進行接觸；（4）兩岸官方代表在海外商談等。不過，從目前情況看，實現兩岸官方代表的正式接觸或高層人士公開互訪仍需較長的一段時間。

第三，國共和談方面，可望在雙方建立某種接觸的基礎上逐步取得進展。目前，國共兩黨談判已為國民黨高層和島內越來越多的人所接受。「立法院長」梁肅戎曾公開贊同「國共兩黨在適當時機接觸談判」，認為「若以政府對政府談判，無異宣布台灣獨立」。余紀忠、郁慕明、趙少康、關中等國民黨人士均認為「黨對黨談判

比較可行」。蔣彥士先生也表示，「國共之間黨對黨談判遲早要進行」。據民意測驗顯示，目前島內有51.4%的人贊同國共兩黨談判。最近台報報導，「國統會」已經在研究國共兩黨談判的可行性問題。總的來看，國共兩黨商談的條件已基本具備，時機也漸趨成熟。但從目前國民黨當局對和談統一的基本心態分析，近一兩年其主要精力將放在「憲政改革」、「六年經建計畫」等島內事務上，兩黨和談的大門在短期內尚難開啟，中國統一仍有待於各方共同努力。

原載《台灣研究》1991年第4期

從兩岸關係發展看「國統綱領」

去年2月台「國統會」正式通過的「國家統一綱領」，既是台大陸政策調整和兩岸關係發展到目前階段的一個產物，又是對今後台大陸政策和兩岸關係演變具有重要影響的所謂「指導原則」。「國統綱領」雖是一篇千字左右的短文，但其涵蓋的內容非常廣泛，涉及的問題也頗為複雜，故對它的評估也不能採取簡單化的辦法，其中有積極的值得肯定的方面，也有對兩岸關係發展（乃至實現祖國統一）消極的因素。在台灣當局的「政治傑作」中，「國統綱領」堪稱「精品」。本文擬從台大陸政策與「國統綱領」，「國統綱領」與兩岸關係以及與祖國統一問題之間的相互聯繫，談一點粗淺的看法。

一、「國統綱領」與台大陸政策

制定「國統綱領」，是台灣當局對大陸工作的一個重要舉措，標誌著台現階段大陸政策已基本定形，也使得台當局多年來反覆調

整、逐步形成的大陸政策進一步系統化、明朗化，也更加理論化、規範化。該綱領的頒布實施使島內長期爭論激烈而又日趨活絡的對大陸工作，包括對兩岸關係和未來統一問題，有了一個可以大體遵循的基本原則。因此，要瞭解「國統綱領」，首先應回顧一下台大陸政策的形成過程。

台灣當局新大陸政策醞釀於蔣經國的晚年。中共於1979年初宣布用和平方式統一祖國的對台方針後，台灣方面也逐漸以「三民主義統一中國」的口號代替了武力反攻大陸的提法。但是真正顯露新大陸政策端倪的是1986年3月召開的國民黨十二屆三中全會。在這次會上，蔣經國先生作了《中國和平統一與世界形勢》的報告，首次明確表示國民黨在島內推行政治革新的同時，將調整對大陸政策，開放兩岸之間聯繫。1987年11月2日，蔣在臨終前不久果斷做出了開放部分民眾赴大陸探親的決定，兌現了他在十二屆三中全會上的諾言。這在兩岸關係發展史上具有重要的突破性意義，為兩岸直接交流邁出了關鍵性的第一步。這也是蔣經國在晚年留下的比較光彩的一筆。

李登輝接班掌權後，台當局在調整大陸政策和推動兩岸關係發展方面，基本上執行了蔣生前的既定方針，繼續擴大兩岸民間交流，緩和海峽兩岸之間關係。在1988年7月國民黨十三大上，首次以決議的形式通過了「現階段大陸政策案」，初步確定了處理兩岸關係的方針原則，該案實際上成了後來「國統綱領」的雛形。此後，台在黨政高層設立了專門對大陸工作的機構，並開始著手制定「兩岸人民關係條例」以及其他各種有關規章制度。李登輝在1990年「5·20」就職演說中，有兩項重要內容，一是提出在兩年內完成「憲政體制改革」，第二就是提出有條件地與大陸進行接觸商談。

同年9月，在李登輝就職僅4個月之後，台宣布正式成立「國統會」，並很快開始著手起草「國統綱領」。1991年2月台又精心設計出由官方授權、以財團法人性質出現的仲介機構——海基會，與大陸進行事務性、功能性、低層次商談接觸。與此同時，「國統綱領」在幾易其稿後正式通過。同年5月1日，台宣布結束「動員戡亂體制」，對中共重新進行定位。這一系列動作，雖不盡如人意，但總的說是在向前推進。應該看到，台灣新時期的大陸政策是在特殊的歷史條件下，即台灣政治社會出現轉型、權力體制趨向多元、在野力量不斷壯大、國民黨內部矛盾日益公開、統「獨」鬥爭愈演愈烈、島內民眾及工商界人士強烈要求迅速擴大兩岸交流的情況下形成的。在此形勢下，台當局承受內外巨大壓力，一方面，其當務之急是諸如「憲政改革」、發展經濟、穩定內部、「擴大國際空間」等等；另一方面，大陸政策也是無法迴避、形勢逼人，不得不予以因應的一件事情。在這種背景下產生的「國統綱領」，就有了一個很突出的特點——相容性、保守性。因為它必須為各方所接受（包括國民黨內部各派），既要顧及海內外的同胞和大陸的反應，又不能離開所謂的「基本國策」；既要順應民意擴大兩岸交流，又要把兩岸關係限制在「非官方、非政治性」層次。不瞭解這一點，恐怕就難以理解「國統綱領」的基本特點。

二、「國統綱領」與兩岸關係

下面主要透過近一年來兩岸關係的發展變化，試對「國統綱領」作一簡單的分析評估。

「國統綱領」作為一項公開的重要政策宣示，其中一些積極的因素也必須予以肯定。首先，綱領確認一個中國原則，強調「大陸與台灣均是中國的領土，促成國家的統一，應是中國人的共同責

任」。第二，綱領提出擴大兩岸民間往來，逐步放寬限制，開放兩岸直接「三通」的具體目標。第三，綱領正式明確提出兩岸高層互訪，建立溝通管道，分階段促進兩岸統一等內容，為放棄僵化的「三不」政策預做了輿論上的準備。此外，顧名思義，「國家統一委員會」的名稱多少也顯示了台灣當局已將統一問題列為長遠目標，對抑制島內日趨嚴重的「台獨」思潮和分離傾向具有一定作用。另綱領不再有以往台官方文件那樣濃重的反共八股氣息，措辭平和，較為理性。綱領中以上這些方面，對緩和兩岸關係、增進雙方共識、抑制「台獨」傾向都有積極意義。

但從一年多來兩岸關係的發展來看，「國統綱領」的弊端也至為明顯。

（一）綱領把本來可以而且也應該在近程階段實施的兩岸直接「三通」置於中程階段，並有意在第一階段提出一些明知大陸不可能接受的要求，作為進入第二階段的前提條件，如「不否定對方為政治實體」、在國際間「互不排斥」等，實際上等於為兩岸直接「三通」預設了種種障礙，把直接「三通」和高層互訪等作為政治籌碼。「國統會」執行秘書邱進益先生5月間針對「三通」問題公開明確表示：如中共能滿足台「國統綱領」近程階段中相互承認為對等政治實體，不以武力犯台，不排斥台在國際社會活動三項條件，台可以立即「三通」。由此可見，實現「三通」非不能也，是不為也。

一年多來的實踐證明，綱領中的這部分內容，既缺乏科學性，不符合兩岸關係發展的實際狀況，也毫無積極性，不利於兩岸交流的進一步擴大。應該指出，實現兩岸直接「三通」，既是兩岸同胞的共同需要和一致願望，也是惠及兩岸，對兩岸人民都能帶來實際

的利益和好處，而並非只對大陸一方有利。從發展兩岸經貿的立場，直接「三通」後，由於運輸距離大大縮短，成本大幅降低，經濟效益將成倍提高。即使從兩岸同胞探親訪友、學術文體交流的角度看，也得益匪淺。如從台北乘飛機直航福州，僅需40分鐘便可抵達；而目前繞道香港，幾經轉機，飛行時間增加4倍，機票價格增加5倍以上。且不說在經濟上蒙受的損失，時間上浪費所造成的損失更是驚人，給兩岸同胞帶來大量不必要的麻煩。由於目前的間接「三通」費時、費錢又費力，因而島內要求直接「三通」的呼聲不斷高漲，據《聯合報》、《中國時報》及「行政院陸委會」近3年來進行的多次民意測驗結果顯示，贊成兩岸直接通航的民眾始終超過半數，達56%—68%。據台工業總會1990年11月對台灣的工商業界調查，贊成直接通航的更是高達87.3%。這就足可說明島內民心所向。台當局經常強調要以民意為依歸，那麼在這一點上是否也應尊重一下民意？台官方人士現一直強調「三通」問題不應光顧及經濟成本，而應考慮政治成本、社會成本；認為直接「三通」會危及台安全。本人以為，「三通」中的通郵、通商不致危及台方安全。即使對直接通航等具有安全方面顧慮的話，也可通過適當途徑用商談的方式解決。目前台灣當局以「國統綱領」作擋箭牌，強調直接「三通」是中程階段，而現在還處在近程階段，所以不能開放直通。因此，「國統綱領」對發展兩岸關係的消極作用不可低估，它使得近年來正在迅速擴大的、以經貿為主的兩岸交流勢頭受到阻礙和遲滯，不能不令人遺憾。

（二）綱領中關於「兩個對等政治實體」的內容，不僅無助於推動兩岸統一，而且客觀上反而容易導致兩岸走向分離，對兩岸關係發展具有極大負面影響，且與一個中國原則和實現統一的主旨相悖。

「國統綱領」其基本內容大體可概括為16個字，即：「一個中國、兩個實體，和平競爭、民主統一」。而其中最核心、最基本、而且貫穿整個綱領的一項內容，就是「兩個對等政治實體」的理論。因而從一定意義上說，「國統綱領」成了台灣當局推行「獨立政治實體」路線的理論依據。從近一年來情況看，實體問題已成為兩岸頗具爭議的棘手問題，並已嚴重影響到兩岸關係的進一步發展。據報導，今年4月台「國統會」曾就一個中國的內涵展開討論，結果是雖承認一個中國，但又認為目前中國處於分裂狀態，是「一個中國、兩個地區、兩個對等政治實體；雙方應平起平坐，並共同參與國際社會活動」。這一立場必然帶來諸多問題。

首先，按照國際法，一個國家同時只能有一個主權政府。台灣既然承認只有一個中國，就不宜再堅持「兩個對等政治實體」，因為此舉極易導致「兩個中國」或「一中一台」。以個人之見，在堅持一個中國的前提下，在兩岸統一之前，台灣對所謂一個中國涵義可以有自己的解釋，看法上有分歧亦屬自然，但不能搞「一國兩府」，搞「雙重承認」。因為「兩個對等政治實體」的理論，很容易被島內外一些別有用心的人和分裂勢力所利用。民進黨某負責人士曾如是說：民進黨和國民黨在尋求「台灣獨立」的目標上是一致的，只是採取的方式不同。近幾年島內除統「獨」之爭外，各派還就「台獨」和「獨台」、「A型台獨」與「B型台獨」爭論不休，愈演愈烈，這已經令人擔憂。

第二，政治實體是一個比較含混的概念，它可以指一個國家，也可以指一個地區性政權。台灣是中國不可分割的一部分，我們長期稱台現政權為「台灣當局」，堅決反對任何可能導致「兩個中國」或「一中一台」的政治主張。筆者以為，台灣不應在對等實體

問題上作太多文章，過分強調「兩個對等實體」，於統一無益，反而有害。至於把中共是否承認台灣為政治實體作為有無「善意回應」，並把有否「善意回應」作為推動兩岸關係向前發展的前提條件，那就更讓人啼笑皆非了。

第三，關於「一國兩區」和「分裂國家理論」問題。無庸諱言，中國現在是處於分裂狀態，但海峽兩岸目前呈現的分裂現象，只是一種局部的分裂，作為中國主體的大陸地區，40多年來空前、高度統一。它和東西德國、南北朝鮮及原來的南北越南情況也不相同。世界上180多個國家，有近150個承認這樣一個事實：中華人民共和國政府是代表全中國的唯一合法政府，台灣是中國神聖領土不可分割的一部分。但為了增進兩岸共識，發展兩岸關係，逐步推進統一，在兩岸交往和一些事務性的接觸中，只要堅持一個中國原則，本人以為對一些敏感的政治問題，一時達不成共識的，應先擱置或淡化，當務之急擴大兩岸交流，增加相互接觸，理性、務實地來處理兩岸間出現的問題，使兩岸關係發展減少來自政治方面的困擾。

（三）綱領最後強調要「秉持政治民主、經濟自由、社會公平及軍隊國家化原則」，以建立「民主、自由、均富的中國」，即以台灣模式，以「三民主義統一中國」，實行「一國一制」（資本主義）。這實際上為兩岸統一設置一條難以踰越的鴻溝，使得美好的統一願望變成可望不可即的東西——空中樓閣。

筆者認為，「一國兩制」的構想，是根據海峽兩岸目前存在的客觀實際狀況而作出的唯一可行的、合情合理的一個科學構想。

首先，它尊重海峽兩岸40多年來存在兩種不同社會制度的現實，提出在和平統一之後仍維持兩種社會制度不變，讓兩種制度同

時並存一個時期，通過擴大兩岸交流合作，縮小雙方政治、經濟和社會生活各方面的差距，待條件成熟時再逐步過渡到完全的統一。這樣無論對台灣當局或對民眾都照顧到了最大利益。

第二，它體現了平等對待的原則，既不以大吃小，也不恃強凌弱。兩岸雖然是截然不同的兩種制度，但兩者之間不應是敵對關係，而是一種互補、合作關係，台灣一方面作為一個高度自治區，享有行政、經濟、司法乃至外事等相對獨立大權，可以在國際上進行廣泛的經濟、文化、體育、科技、學術等交往。另一方面，台作為一個國家內不同地區，同未來香港、澳門，與大陸又有著穩定的、密切的、正常的聯繫，互相取長補短，攜手合作，共同為中華民族的振興和經濟發展作貢獻。相比之下，「國統綱領」主張的以「一國一制」（台灣模式）來統一中國，要大陸11億人口都放棄社會主義的政治制度，改採資本主義生活方式，這未免有點離譜。姑且不說有無此種可能性，起碼有點不合情理。我們當然反對以大吃小，但也不能以小吃大蛇吞象吧？正是由於這一點，不少人懷疑「國統綱領」的主旨是否真正是想促進統一，記得有人稱此為「不想統一的統一綱領」，原因也許出於此吧。本人以為，既然兩岸都承認只有一個中國，而兩岸又客觀存在著兩種社會制度；統一又不可能一步到位，因此在和平統一之後，實行兩種制度並存，這無論如何應該是一種明智的抉擇。

「國統綱領」於1991年3月14日經行政院通過實施以來，已一年多了。兩岸學術界、有關人士都在對它的影響及利弊得失進行檢討、評估。目前，兩岸關係的發展出現加速的勢頭，尤其是今春以來，以經貿交流為主的新一波大陸熱正在島內掀起。吳大猷先生訪問大陸後，兩岸學者之間的交流迅速擴大，且有後來居上之勢。這

也說明，學者在推動兩岸關係發展中有獨特作用和巨大影響力。我們中華民族自古以來就有很強的凝聚力，儘管5000多年來合久必分，分久必合，但最終還是復歸統一。在國際風雲變幻，世界經濟區域化、集團化趨勢進一步發展的90年代，中國大陸和台、港、澳在經濟上具有極大的互補性。古人有云：兄弟鬩牆，外禦其侮。在統一一時難以實現的情況下，各方應求同存異，首先擴大經濟聯繫和人員交往，抑制島內分離傾向的發展，為將來逐步達成統一創造條件。用和平的方式來達成統一目標，這在中國歷史上亦不多見，因此需要充分地發揮兩岸包括海外中國人的高度智慧與創造性，以開創歷史先例。

1992年7月

於香港中文大學「九十年代兩岸關係」研討會

堅持一個中國原則不能動搖

最近一個時期，台灣一些人士包括個別學者，在議論一個中國問題時，有的聲言「現在事實上存在兩個中國」，主張仿效「兩德模式」來處理兩岸關係，先互相承認對方為「政治實體」，再商談統一問題；有的則公然鼓吹先「獨」後統，台灣「國統會」不久前在討論一個中國涵義時，有的建議「承認分裂現狀，凍結或虛懸主權」。凡此種種，雖然是局部現象，不能代表整體，一些人的出發點也不盡相同，但發展下去其產生的負面影響和對統一可能帶來的危害，不能不令人關切及憂慮。

一個中國原則，是國共兩黨、海峽兩岸同胞長期以來最大的共識。40多年來，無論在蔣氏父子執政時期，還是蔣經國死後，儘管

國共兩黨在政治上、在意識形態方面存在著尖銳對立，但在堅持一個中國原則，維護對南沙群島等島嶼的主權問題上，始終具有共識，這是維繫兩岸同胞血肉聯繫的主要紐帶，也是兩岸合作及未來實現和談統一的重要基礎。因此，一個中國原則，過去是，現在仍然是必須牢牢堅持的一個基本點，決不能出現任何動搖和倒退，否則會嚴重影響兩岸關係的健康發展。

所謂「兩個政治實體」，是「一國兩府」論的另一種說法，進而必然引申出「兩個中國」，這同一個中國原則是不相容的。台灣當局近來卻提出將把大陸是否承認其為「政治實體」，作為開放兩岸直接「三通」和實現兩岸高層官員互訪的一個重要前提。台灣「總統府」某官員5月間公開表示：如果中共能滿足「國統綱領」近程階段中相互承認為對等政治實體」等三項條件，台灣可以立即「三通」。

筆者以為，台灣當局既然承認只有一個中國，就不宜再堅持「兩個對等政治實體」。因為第一，按照國際法，一個國家只能有一個主權政府，而不能有「兩個對等政府」，就連國民黨內部有識之士也曾指出：「堅持一國兩府無異於宣布台灣獨立」。第二，政治實體是一個比較含混的概念，它可以指一個國家，也可以指一個地區性政權。42年來國民黨政權在台灣的存在是一個事實，但台灣始終是中國不可分割的一部分，我們長期以來稱台灣為「台灣當局」，堅決反對「兩個對等政治實體」的提法。第三，海峽兩岸目前呈現的分裂現象，只是一種局部的分裂。作為中國主體的大陸地區，40多年來空前高度統一。它和東西德國、南北朝鮮及原來的南北越南情況也不相同。世界上180多個國家，有150個承認這樣一個基本事實：中華人民共和國政府是代表全中國的唯一合法政府，

台灣是中國神聖領土不可分割的一部分。這就足以說明，在中國根本就不存在「兩個對等政治實體」的問題。

最近，島內有些學者試圖引用「分裂國家理論」，借用「兩德模式」來處理兩岸關係，企圖使「兩個對等政治實體」合法化。台灣「國統會」8月1日在確定一個中國涵義時也稱：「自1949年起，中國處於暫時分裂狀態，由兩個政治實體，分治海峽兩岸……」筆者個人以為，兩德統一過程中雖有可供借鑑之處，如統一前堅持一個德國原則，謀求用和平方式達成統一，雙方統一前進行廣泛直接交往等等。但兩德之間和兩岸之間關係有著重大的質的區別：首先，分裂原因不同。兩德分裂是外力造成，二戰後德國是戰敗國，分別被東西方兩大集團占領控制，最後隨著華約及原蘇聯的解體而歸於統一；中國目前海峽兩岸的分裂，完全是國共內戰造成的，「解鈴還須繫鈴人」，解決統一問題也當然需要國共兩黨（包括其他黨派）通過商談來達成。其次，分裂程度不同，兩德是屬於主權被分割，整個國家被一分為二，包括首都柏林；而海峽兩岸如上述只是局部分裂。再次，分裂狀況不同。兩德之間曾劃分有邊界，而且相互承認，基本上是一種國與國之間的關係；而海峽兩岸屬於一個國家內部的關係，雙方只有實際的控制範圍而無邊界，互相也從不承認。因此，不同性質的矛盾應用不同的方法去解決。解決兩岸問題決不能照搬「德國模式」，不能把解決國與國之間關係的辦法用於解決一國內部事務。

解決兩岸統一問題，歸根結底要靠兩岸人民的政治智慧，找出適合中國國情的統一途徑，但在當前，重要一條是要堅持一個中國原則，克服分離傾向，抑制「台獨」勢力發展。我們中華民族是一個具有悠久歷史的偉大民族，自古以來就具有很強的凝聚力。儘管

5000多年來有分有合，但統一始終是主流，分裂總是暫時的；而且從前蘇聯、前南斯拉夫等國家的分裂可以看出，分裂只會給人民帶來災難，使得國家民族地位衰落。

90年代是兩岸關係發展的重要時期，也是世界經濟區域化、集團化趨勢進一步發展的時期。大陸和台港澳在經濟上具有極大的互補性，只要大家在堅持一個中國的前提下，求同存異，互相合作，積極推動兩岸關係向前發展，各方都能同蒙其惠，統一也會水到渠成。

1992年9月28日

原載《瞭望》週刊（海外版）

具有深遠歷史意義的「辜汪會談」

4月底在新加坡舉行的「辜汪會談」在通過友好平等協商、簽署四項協議之後，已落下帷幕。這次會談，不僅引起了海峽兩岸人士的高度重視，而且引起了全世界輿論的廣泛關注。它的影響力遠遠超過了會談成果本身。江澤民總書記最近在會見台胞時指出：「辜汪會談」標誌著海峽兩岸關係發展邁出了歷史性的一步。台灣官方對這次會談也給予充分肯定，認為這是「跨出了兩岸接觸的第一步」，是「兩岸民間交流邁向制度化的里程碑」，為「兩岸關係邁向中程階段目標打下了基礎」。島內新聞媒體更是給予高度評價，《中國時報》社論稱此次會談「已為兩岸協商對話模式奠定了良好的基礎，是近半個世紀以來兩岸關係從對峙走向和平的一個重大發展關鍵」。除少數民進黨人士極力否定這次會談外，台港各界大多對此次會談作正面評價。西方輿論包括一些政府官員也都對兩

岸會談表示歡迎和讚賞，稱此為「劃時代的事件」和「歷史性轉折」。誠然，我們也應冷靜地看到，會談也顯露出雙方在許多問題上仍存在分歧，諸多問題有待雙方進一步商談。但無論如何，這次會談對未來兩岸關係發展所產生的歷史性影響不可低估。

一、「辜汪會談」表明台灣當局開始調整「三不」政策，兩岸接觸對話的大門從此正式打開

多年來，台灣當局雖逐步開放了兩岸之間的各項交流，但這種交流一直被限制在民間、間接和非政治性範圍，台灣官方始終堅持與中共「不接觸、不談判、不妥協」的「三不」政策。儘管島內各界人士強烈要求當局改變僵硬的「三不」立場，及早與大陸實現直接「三通」，但當局一直恪守這一教條。除香港「兩航談判」、金門紅十字會談判和兩會低層次純事務性接觸外，兩岸未舉行過較為正式的會談。這次「辜汪會談」雖也定為「民間、事務、功能」性質，而且由兩岸民間仲介機構出面，但由於雙方都經高層授權（如台海基會明確是行政院授權單位），具有半官方色彩，加上辜汪均屬高層次人物，因此，會談的重要性和權威性不言而喻。這一行動本身也表明台灣當局的「三不」政策中，「不接觸、不談判」這「兩不」已不復存在。從這一點上分析，「辜汪會談」應該是對「三不」政策的一個不小的突破，也顯示出台灣高層的大陸政策正在變得越來越務實靈活。

二、「辜汪會談」既是兩岸關係發展的一個必然結果，也是兩岸關係改善的一個新起點

自我1979年提出「和平統一」的對台方針以來，兩岸關係經歷了一個曲折發展的過程。1987年11月2日台灣當局開放老兵赴大陸探親，使兩岸民間交流迅速擴大，人員往來不斷增多，交往層次也

不斷升高，領域不斷拓寬，尤其是兩岸經貿關係的發展，使島內「大陸熱」不斷升溫。隨著兩岸聯繫日益密切，需要雙方有關部門協調處理的事情也逐漸增多。正是在這種背景下，海基會、海協會也應運而生。從這次「辜汪會談」的內容來看，主要也是為了解決兩岸交流中衍生出來的一些問題。因此，「辜汪會談」的舉行，有其必然性。當然，「辜汪會談」在此時舉行，也與島內的政治局勢變化有關。台「憲政體制改革」的基本結束，「動員戡亂體制」的終止，李登輝對大陸政策的直接主導等等，使舉行「辜汪會談」的主客觀條件日臻成熟。

另一方面，「辜汪會談」又是對兩岸關係的一個推動。由於「辜汪會談」使兩岸建立起了制度化的溝通管道和聯繫「熱線」，並對一些基本而又較重要的問題，如兩岸公證文書查證問題、共同打擊走私犯罪問題、兩岸經濟糾紛及智慧財產權保護問題，還有台商在大陸投資權益問題等，正在或準備協商解決，使得今後的兩岸關係發展能朝著更加健康和良性互動的方向發展，也必將進一步刺激台工商界人士對大陸的投資熱情。

三、雙方在一些政治性原則性問題上歧見仍深，推動兩岸關係朝著和平統一方向發展任重道遠

海內外人士普遍關注並高度評價「辜汪會談」，是因為它對海峽兩岸關係演變具有重大而深遠的影響。實際上，幾十年來形成的兩岸敵對狀態不可能因「相逢一笑」而完全消除，在兩岸關係前進道路上，也還存在各種阻力，可以說是堅冰已經打破，道路依然艱辛。首先，台灣當局同意「辜汪會談」，固然有順應民意提升兩岸交流層次和顯示「李連體制」確立後對大陸政策更加開放等因素，但其政治上的目的之一，就是要借助會談謀求與我「對等政治實體

地位」，在國際上給人以與大陸「平起平坐」的印象，以利於其推行「務實外交」，爭取「雙重承認」，並企圖逐步「重返聯合國」。台灣《聯合報》在評論「辜汪會談」時也指出台方的盤算是「希望藉會談直接表達和平解決兩岸問題的誠意，以換取中共承認台為對等政治實體，增加國際籌碼」。由此可見，海峽兩岸關係涉及的問題相當複雜。台當局同意舉行「辜汪會談」，並非表明它已放棄「拒統偏安、革新保台」的基本政策，也不等於台灣當局會立即開放直接「三通」和使兩岸關係進入中程階段。另外，民進黨籍「立委」對「辜汪會談」持強烈反對態度，在一定程度上也會影響到台灣當局的大陸政策推行。從辜振甫、邱進益參加「辜汪會談」後先後提出辭職一事，可見他們遭受壓力之大。所以，對兩岸關係盲目樂觀的態度，也是不足取的。

　　辜振甫先生在評價這次會談時表示：「這是一次不算很成功，也不算失敗的會談，它畢竟開啟了兩岸交流的一扇大門。」辜的上述評論應是比較客觀和符合實際的。會談的重要意義：就在於今後海峽兩岸可透過授權仲介機構的制度化協商，用雙方簽署協定的方式，來處理兩岸交流事務。這種新的模式，比較原來的臨時性協商，具有轉折性意義。在未來海峽兩岸關係發展過程中，儘管還可能有曲折反覆，但通過協商談判來解決兩岸之間問題這一基本趨向不會改變，而且雙方會談的範圍會慢慢擴大，層次會逐漸升高，這對兩岸逐步走向和平統一而言，應是一個良好的開端。

1993年5月

原載《台聲》雜誌

國民黨的根本出路在於促進中國統一

延宕將近一年的國民黨十四全，於8月16日在台北開場，經過為期一周的大小會議，已於22日落下帷幕。會議討論通過了黨章修訂等5項議案和大會宣言，選舉了主席、副主席，改選了中央委員會。國民黨十四全是在國際和島內形勢發生重大變化、國民黨在台基本完成「憲政體制改革」、台灣政治格局日益趨向多元、兩岸關係取得較大發展並成功舉行「辜汪會談」的背景下召開的。因此，這次大會可以說是國民黨去台44年來最重要的會議之一，就它對國民黨的歷史而言具有重大轉折性意義，不僅對國民黨自身的發展前途，而且對未來台灣政局走向，以及兩岸關係發展都具有不可忽視的影響，因而受到島內外輿論的普遍關注。

一

從國民黨十四全7天會議情況來看，主要是一次權力分配的會議，內外政策並無新意。而從會議結果來看，基本上是一次並不很成功但也不算失敗的會議。這次會議與以前幾次大會相比，具有以下一些特色：

一是出席大會人數創歷史最高紀錄。十四全共有正式黨代表2100人，列席代表398人，共計2498人。為此，開會地址不得不從傳統的台北陽明山中山樓改到世貿大廈國際會議中心。與此相適應，十四屆中委和候補中委名額也比上屆擴增，中委由上屆180人增至210人，候補中委由90人增為105人。

二是增設了4名副主席。設置副主席案是十四大上最富戲劇性的一幕，也是國民黨體制上的一個重要變化。是否設置副主席及增設人數問題，是國民黨內兩派爭論最為激烈，也是最敏感性、爆炸性的問題，尤其大會第二天討論修正黨章就設置副主席案進行表決時，有1007票支持增設，大大超過了一般預料。但由於規定必須有

三分之二以上票數才能通過，兩派出現對峙局面，會議氣氛驟然緊張，最後不得不由李登輝親自出面化解危機。但李在副主席提名時，又出人意料地突破中常會關於副主席設置1～3的限制，提名李元簇、郝柏村、林洋港、連戰4位副主席，這一巧妙安排對以後幾天乃至整個會議的比較順利進行起到了關鍵性作用。

三是中生代精英人物在黨內地位顯著上升。港台報章評論普遍把十四全視為國民黨「世代交替」的會議，一大批50歲上下的中生代人士取代元老派進入國民黨高層，且得票較多。中委得票排在前十名的如吳伯雄、宋楚瑜、章孝嚴等均是中生代人士，這反映了國民黨體制結構上的重大變化。十四全後，國民黨傳統勢力基本上退出決策層，黨的年輕化、本土化基本實現，國民黨從此進入了一個新階段。

四是新人和連署提名候選人當選率較高。十四屆中委新當選人數達126人，占60％，上屆中委僅84人獲連任。另外這次中委選舉李登輝提名的210位候選人，儘管採取了一系列內部運作措施，仍有四分之一略多的人落選。而自行連署參選的非當權派人士有58人當選，超過總數四分之一，有的得票還相當高，這也反映出國民黨內仍有一股不受當權派操縱的可觀力量。

總之，國民黨十四全是在內有分裂危機、外有民進黨威脅的形勢下召開的。十四全在鞏固李登輝及以他為代表的當權派的主導地位方面雖基本達到預期目的，但就黨內整合而言收效甚微，內部原有兩大派之間矛盾依然存在，而且當權派內部各個不同利益集團之間、中央和地方之間矛盾日益突出。從整體上看國民黨在島內的權力地位在弱化。由於國民黨內部自身問題未能獲得根本解決，因此在今後島內各項選舉尤其是年底縣市長選舉中前景不容樂觀。如果

內部矛盾激化產生新的分裂，國民黨喪失執政地位的可能性也是存在的。

二

國民黨十四全在兩岸同胞普遍關注的大陸政策和兩岸關係方面並沒有提出新鮮內容，在為期一周的會議討論中也未予以足夠重視，不少代表對此表示不滿，連海基會秘書長邱進益也認為，大陸工作報告除了四平八穩之外，實在看不出新意，後在討論黨綱過程中，才不得不根據代表的要求，加上了「積極發展兩岸關係」的條文。台《中國時報》發表社論指出：發展兩岸關係是台灣生存與發展之關鍵所繫，國民黨應擺脫意識形態糾纏，突破兩岸關係發展的盲點，以前瞻務實的態度，制定明確可行的大陸政策。社論還指出，「當務之急是加強兩岸決策階層的溝通與協調」，「重開雙方談判的大門」。據報導，會上有200多名代表連署要求國共和談。這反映了廣大台胞要求進一步發展兩岸關係的願望。

國民黨從1894年興中會成立算起，到明年已成為跨世紀的百年老黨。回顧歷史，它在北伐和抗戰時期也曾譜寫過順應歷史潮流的時代篇章。國共兩次合作，曾為中國統一和抵禦外來侵略做出重要貢獻。國民黨去台後，在堅持一個中國、反對「台灣獨立」問題上，也一直與中共採取同一立場。目前，台灣形勢正處於近40年來最重要的變化關頭。台灣當局推行「政黨政治」的結果，已使得民進黨日益壯大，並對國民黨的執政地位形成嚴峻挑戰；國民黨自身的本土化、年輕化及所謂民主化，又使得其在新老交替過程中不可避免地爆發出各種深刻尖銳矛盾，並開始出現局部性組織分裂；作為「民主政治」的副產品，近幾年來島內的「台獨」勢力迅速膨脹，「台獨」思潮不斷蔓延，這反過來又導致國民黨內部在國家認

同問題上出現思想混亂。國民黨不僅有「內憂」，更有「外患」。在此形勢下，國民黨究竟向何處去？它的出路到底在哪裡？這已是擺在全體國民黨人面前的一個非常重大而又迫切需要回答的問題。

中國有一句古話：「兄弟鬩牆，外禦其侮。」國共兩黨儘管在政治上、意識形態上存在深刻分歧甚至對立，但雙方在堅持中國統一、擴大兩岸交流、反對分裂國土等基本問題上，一直具有共識，這一點既是國共兩黨目前合作的基礎，也是未來兩岸商談和平統一的前提。

國民黨內部目前出現的思想混亂和組織分裂，重要原因之一是因為在國家認同問題上存在歧見，在國家統一這一根本問題上缺乏執著的追求。在十四全通過的政綱和大陸政策中，雖然也提到中國統一，但基本上是流於口號形式。相反，在宣傳「生命共同體」，謀求「兩個對等實體」和「雙重承認」，以及「重返聯合國」等問題上，則不遺餘力。筆者以為，國民黨越是在台灣進入選舉的時代，就越應勇敢地肩負起促進中國統一的使命，旗幟鮮明地堅持一個中國原則，並採取切實可行的步驟。在台灣，支持「台獨」的終究是少數，只要國民黨堅定統一立場，積極推動兩岸關係的發展，及早開放直接「三通」，就一定能夠獲得多數台灣人民的支持。目前是發展兩岸關係的最有利時機，筆者以為，國民黨的根本出路在於促進祖國統一。偏安一隅，長期維持分裂現狀，對於國民黨而言將鑄成歷史大錯，對此，期望全體國民黨人深思。

1993年8月28日

原載《瞭望》週刊

國民黨十四全與台地方選舉

1993年，台灣政壇上有三件大事：一是2月「內閣」改組，國民黨大陸籍元老中最後一位實力派人物郝柏村終被連戰取代，台灣出現了第一位台籍行政院長；二是8月國民黨召開十四全，宣告了國民黨本土化、年輕化基本完成和「李登輝時代」正式開始；三是11月縣（市）長選舉，使台灣社會多黨政治的格局初步定型。這三件大事，使得台灣島內政治局勢出現了近5年來最為深刻而且帶有階段性的變化，對未來幾年台灣政局發展，也均具有重要和深遠的影響。本文擬著重就國民黨十四全與縣（市）長選舉對台政局的影響作一粗淺分析。

一、國民黨十四全使該黨出現歷史性重大變化

國民黨從1894年「興中會」成立算起，到今年剛好100個年頭了；從1949年去台迄今，也度過45個春秋。因此有人形象地稱國民黨為「百年老店」，而國民黨則以此為榮，自我吹噓是「中國乃至世界歷史上少有的跨世紀政黨」。但有一點是事實，國民黨在台灣迄今仍有重大影響，它的存在與發展，它的命運與前途，又與台灣的政局走向，與海峽兩岸關係的發展乃至祖國統一有著密切聯繫。當前海內外人士普遍關注的問題是：國民黨在台灣的統治地位能維持多久？它將把台灣的前途引向何方？它目前推行的內外政策究竟是在促進統一還是逐步邁向分裂？要回答這些問題，有必要先瞭解國民黨十四全一些情況。

1993年8月16—22日在台北召開的國民黨十四全，是該黨歷史上一次具有重大轉折性的會議。這次會議是在國際和島內形勢發生深刻變化、國民黨在台基本完成「憲政體制改革」、台灣政治格局日益趨向多元、兩岸關係已有很大發展的背景下召開的。簡而言之，十四全是在台灣政治、經濟、社會處於全面轉型時召開的。十

四全後，連任國民黨主席的李登輝躊躇滿志地宣稱：「國民黨已經變了，現在的國民黨已與過去的不一樣了。」島內外一些學者也把這次大會稱作「分水嶺」，認為這是一次「世代交替的會議」。那麼，它到底發生了哪些變化呢？

首先，國民黨權力格局發生了根本變化。從十四全高層人事安排來看，黨的最高權力基本落入李登輝一人手中，「主流派」實際控制了黨的決策大權，從黨秘書長及各中央工作會，基本上由與李登輝關係密切的人士把持；在四個副主席中，李得到李元簇（副總統）、連戰（行政院長）的鼎力支持，失去行政院長職務的郝柏村與「司法院長」林洋港已很難對李起到有效制衡作用。在象徵權力核心的國民黨中常會，李登輝也占據絕對優勢，俞國華、李煥等大陸籍元老實際上只起「政治花瓶」作用，只是作為一種陪襯。十三全以後一直維持的「主流」和「非主流」兩派旗鼓相當、互相掣肘的局面徹底改變，權力重心完全向李登輝一人傾斜，台報評論認為，國民黨十四全使李在黨內的權力地位達到頂峰，真正進入了「李登輝時代」。

第二，國民黨本土化基本得以實現。據國民黨十四全公布的數字，該黨現有黨員260萬（據透露辦理黨員登記的實際只有100萬左右），其中台籍黨員約占85%。這次十四全黨代表人數為歷屆黨代會之冠，達2100人，但分配名額時台澎金馬地區占了90%，大陸及海外代表只象徵性地分別留出180人和20人。中委會組成台籍也占絕大多數。在主席、副主席及中常委36人中，台籍21人，約占三分之二。從這一點上看，原來意義上的中國國民黨，實質上已經台灣化。

第三，國民黨的政黨屬性出現重大改變。國民黨十四全黨綱將

該黨性質由原來的「革命民主政黨」改為「民主政黨」。一般人對此一變動並不重視，以為只是文字上更動。從國民黨一些元老在會前一再堅持保留「革命」二字即可看出，去掉此二字有其深刻含意，實質上反映出國民黨已放棄「光復大陸」的「革命」目標，追求的只是台灣的「民主政治」。今後國民黨的決策功能和權威性將大大降低，可能逐步變為純粹的「選舉機器」。中央黨部將成為「競選總部」，主要功能就是組織、輔導選舉，漸漸擺脫長期以來「以黨領政」，「黨內決策、政府執行」的傳統運作模式。另從十四全徹底排除軍方勢力，鼓吹「軍隊國家化」、「軍隊效忠政府」等宣傳，隱約可以看出李真正的意圖是，通過直接民選總統，逐步建立起一個超黨派的、以台灣利益為優先的、由台灣2000萬人組成的「生命共同體」。

第四，國民黨領導層「世代交替」的局面已經形成。在31名新中常委中，60歲以下的超過一半，一大批50歲上下的中生代人士取代元老派進入國民黨高層，最年輕的僅45歲。副主席兼行政院長連戰僅57歲。中委選舉時得票率最高的前10名吳伯雄、宋楚瑜、章孝嚴等多為中生代人士。國民黨老一代基本上退出了決策層。港台評論普遍認為國民黨十四全是一次「世代交替」的會議，新的中央人事安排幾乎是一個「跨世紀的權力布局」。

綜上所述，國民黨十四全標誌著該黨已出現歷史性重大變化。蔣氏父子苦心追求的「台灣國民黨化」未能實現，相反，事實上出現了「國民黨台灣化」，國民黨當局由一個「外來政權」逐步演變為「本土政權」。出現這一歷史現象，主要與國民黨當局頑固堅持「反共拒和」政策有關。它長期反對與大陸統一，又想在台灣生存下去，其結果除本土化外別無選擇。當然本土化不能和「台獨」混

為一談。本土化對未來兩岸統一產生複雜影響。由於國民黨的新權貴大多是在台灣土生土長,他們沒有老一代國民黨人那種歷史包袱,與共產黨也沒有歷史恩怨,這對兩岸和談有其有利的一面。但另方面他們對大陸的感情與老一代不同,主要接受西方教育,民族意識較淡薄,對統一缺乏緊迫感,這些又勢必成為對統一的不利因素。

二、台灣十二屆縣(市)長選舉標誌著台灣多黨政治格局基本成型

相對於李登輝在國民黨內的權力地位不斷上升,國民黨對台灣政局控制和影響力則呈持續下降趨勢。台灣政壇的權力格局日益朝著多元化方向發展,國民黨一黨獨大、為所欲為的時代不復存在。至於目前台灣是屬於兩黨政治還是多黨政治,學術界尚有不同看法。因為在台灣,由於政治、文化、歷史、社會背景不同,完全要實現美國式的純粹的「兩黨政治」,至少還得經歷一個演變過程。根據當前台灣社會實際狀況,基本上是一種「一黨優勢、兩黨抗衡、多黨競爭」的政治格局。

1.「憲政體制改革」為台灣社會向「政黨政治」過渡奠定了基礎

台灣社會從蔣氏父子時代的獨裁專制統治,演變到目前這種仿效西方議會民主選舉制的所謂「民主政治」,台港學者稱之為「政治轉型」。出現這一重大變化,有其特定的社會、歷史乃至國際原因。1988年初蔣經國突然病逝後,客觀上國民黨內當時再無一個具有高度權威的、能夠一言九鼎統馭各派的政治強人,在長達5年的權力交替過渡時期,國民黨不得不實行幾駕馬車式的「集體領導」。但真正促使台灣社會向著「政黨政治」方向發展的,還是蔣

经国后期提出的、李登辉接班后全力推行的各项政治革新，尤其是国民党主导的、从1991年开始至1992年底基本完成的「宪政体制改革」，对台湾「政党政治」的成型起到关键作用。

　　国民党去台后，曾在台实施长达38年的「军事戒严」，实施戒严的法律依据，就是1947年在大陆通过的「动员戡乱时期临时条款」及相关法律。至1987年，台当局才宣布解除戒严，并陆续开放党禁、报禁。李登辉1990年5月就任第八届总统后，即表示要在台进行「宪政改革」。1991年5月，李宣布终止「动员戡乱时期」，废除「临时条款」。与此同时，国民党分阶段对「宪法」作了全面修改。1991年底，从大陆选出的老国代、「立委」全部辞职，在台重新选举了第二届「中央民代」。这一重大变革，使国民党赖以维持其「法统」象征的「资深民代」彻底消除。

　　台湾当局的「宪政改革」，实质上是以台、澎、金、马为基地，对国民党政权进行的一次历史性改造。「中央民意机构」的彻底改选，使大陆籍国民党元老势力的政治基础顷刻瓦解。改选前的「国大代表」中，大陆籍占85%，改选后只剩下20%左右。修改后的「宪法」，不仅规定省、「直辖市长」以下官员全部开放民选，连总统、副总统也规定由台湾地区「全体人民选举之」。这样，今后任何政党的生存发展或上台执政，关键靠选票来保证；各级行政首长的产生，也决定于选票的多寡。台报评论认为，「台湾已经进入选举社会」，一切选票至上。政治人物为了获得更多选票，几乎不择手段，于是金权政治、各种贿选行为、腐败现象，像毒瘤一样成了难以治愈的顽症。

　　2.年底县（市）长选举使台「政党政治」经受住了考验并日趋成熟。

經過「憲政改革」和國民黨十四大等一系列制度上、組織上的準備工作之後，台灣當局於1993年11月12日舉行了第十二屆地方縣市長選舉。此次選舉引起了島內外各界人士的普遍關注，島內各黨派也圍繞選舉展開了空前激烈的競爭，其主要原因就在於它是台灣「憲改」後的首次地方選舉，是試驗政黨政治的一次模擬操演。李登輝在選舉結束後的一次中常會上稱，「這次縣市長選舉開啟了（台灣）民主政治發展的一個新階段」，使台「政黨政治邁出成功的一大步」。

　　這次選舉朝野4個政黨及無黨籍共推出77位候選人〈國民黨27人，民進黨20人，新黨2人，保民黨1人，無黨籍27人〉分別角逐台、澎、金、馬地區23個縣（市）長席位。選舉結果是國民黨獲得15席，民進黨獲6席，無黨派1席，朝野比例約為2：1。但從得票率計算，國民黨為47%，民進黨為41%，新黨及無黨籍占12%。國民黨和民進黨只差6個百分點。

　　從選舉結果分析，國民黨在面臨民進黨、新黨等在野勢力激烈競爭的情況下，仍保住了三分之二席位，也算是不小的勝利，基本上達到了預期目標。這對鞏固國民黨在島內的執政地位具有重要意義。國民黨獲勝原因主要有以下幾點：一是國民黨十四全後由於內部分裂、互相傾軋，民進黨曾揚言要拿下半數以上席位，島內不少人士預估這次選舉國民黨有可能輸給民進黨，而且這一輸極可能產生「骨牌效應」，在未來3年的省市長、「中央民代」和總統選舉中滿盤皆輸。這樣國民黨內普遍產生危機意識，而這種危機意識起到了緩解內部矛盾作用，反而使國民黨收到意外效果。二是台灣工商界尤其大財團擔心國民黨下台後，台政局會出現不穩，殃及池魚，故也改變了過去左右逢源、兩邊下注的現象，全力支持國民

黨。三是國民黨與在野黨派相比，具有政治、經濟資源上的很大優勢。國民黨畢竟是一個有近百年歷史的老黨，組織相對嚴密，政治鬥爭經驗豐富，經濟實力雄厚，又處於執政地位。僅就黨員人數而言，國民黨有一二百萬黨員，民進黨不足10萬，新黨也只五六萬人。論財力，國民黨擁有黨營資產近300億元新台幣，僅這次選舉預算經費就達13億元台幣。此外，這次選舉中李登輝親自出馬下鄉助選，在農民中也爭取了較多選票，而民進黨和新黨的共同弱點是主要精力放在都市，忽視鄉村基層組織工作。

當然民進黨選舉失利除了實力不足、策略失當、派系內耗等原因外，其「台獨綱領」是致命傷。新黨由於成立不久，總體實力有限，在這種一對一的地方政權選舉中發揮不出其優勢。

這次選舉，對國民黨來說是一次實力的檢驗，表明其經受住了在島內推行「民主政治」即「政黨政治」對其自身帶來的衝擊；對台灣未來政局走向也具有深遠的影響，台灣社會日益朝著政黨政治方向發展的總趨勢難以逆轉，具體表現在：（1）台灣「立法院」對行政當局的制衡功能將進一步增強。國民黨一黨操縱「立法院」、強行通過各種提案的現象將不復存在，作為台灣最高立法機關的「立法院」，將從過去的「政治花瓶」變為各派政治勢力重要的權力角逐場。（2）選舉將成為各種權力分配的主要手段。無論是1994年底的省市長選舉和1995年的國代、「立委」換屆選舉，以及1996年的總統、副總統選舉，各黨派之間、各候選人之間競爭將會空前激烈。民進黨企望上台執政，主要也是想通過競選總統的捷徑來實現。（3）「民意」的作用將日益提升到比較突出的位置。台灣當局的許多內外政策取向，包括大陸政策以及兩岸和平統一等重大決策，今後在很大程度上不得不受到「民意」及輿論導向的制

約。（4）台灣軍隊的政治色彩將繼續淡化，並向「中立」和「不干政」方向發展。在國民黨十四全上，一向對台政局具有重大影響力的軍方勢力，基本被排斥在外，這一點對台推行「政黨政治」至關重要。儘管短期內軍隊難以真正做到「不干政」（如台每次選舉國民黨均把軍隊及眷屬視為「鐵票部隊」加以利用），但軍方勢力從政治舞台淡出的趨勢已經顯現。

鑑於以上分析，可以預料，在20世紀末之前五六年間，台灣政局將基本呈現以兩黨為主、多黨競爭的格局，國民黨仍將在台灣政治舞台上起主導作用；民進黨將繼續扮演制衡角色，儘管其力量可能繼續有所上升，但要取國民黨而代之、成為執政黨還有一段距離；以新黨為主的第三勢力，雖發展空間有限，但在國、民兩黨選票日益接近的情況下，有時可在政治天平上起到四兩撥千斤的特殊作用。在台灣政局三大基本矛盾（朝野矛盾、統「獨」矛盾、國民黨內派系矛盾）中，朝野矛盾將上升為主要矛盾。在國民黨內部兩大派之間，像過去5年間那種劍拔弩張、公開對壘甚至震撼全島的場面估計不會太多，轉型期所特有的那種政治陣痛已經過去。但朝野各派圍繞「第三階段修憲」、「政府體制」及一系列選舉鬥爭仍會此起彼伏，台灣政局不確定或不穩定因素依然很多，島內形勢仍將比較錯綜複雜。

1993年12月15日

原載《當代國際問題研究》

台灣當局的一個中國政策在發生動搖

回顧近年來台灣當局在內外政策上的調整變化，一個特別值得

注意的傾向，就是在一個中國問題上的立場出現明顯的倒退，一個中國的概念變得越來越模糊不清。台灣當局從堅持一個中國到鼓吹「一國兩府」，從謀求「兩個對等政治實體」到提出「階段性兩個中國」，決不是偶然的。早在1992年，「國統會」和國民黨中常會就煞有介事地對一個中國涵義重新進行界定；此後，一些學者乃至一些高層官員又竭力宣傳「兩德模式」，主張「擱置主權，分擁治權」，有關分裂國家理論甚囂塵上。去年2月7日，李登輝在接見民進黨「立委」談到一個中國提法時公開表示，他主張「中華民國在台灣」的說法，因而他「從不講一個中國」，並稱蔣介石「也未講過一個中國」。事實是無論蔣介石還是李登輝，以前均講過一個中國。在去年，台灣當局還接過民進黨的口號，在島內外發起「重返聯合國」運動，要求與我同時成為聯合國的成員，並以原來兩個德國和南北朝鮮作為製造「兩個中國」的依據。9月初，台「外交部長」錢復公開表示「現在不能再談一個中國，再談一個中國會把自己箍死」。在經過上述一系列輿論準備之後，台「經濟部長」江丙坤利用赴美參加西雅圖APEC會議的機會，公開拋出「階段性兩個中國」的政策主張，宣稱台灣「與中華人民共和國是兩個主權互不隸屬的國家」。至此，李登輝上台後醞釀多年的「兩個中國」政策終於以試探氣球的形式浮上檯面。儘管台灣當局有關人士事後宣稱江的講話不代表官方立場，台將繼續奉行「國統綱領」規定的一個中國政策，但其口頭上堅持一個中國、實質上推行「兩個中國」的事實，足以證明其現行大陸政策不是在堅持一個中國，而是在從一個中國原則上倒退。

　　「階段性兩個中國」的主張主要源自「分裂國家理論」，其依據是「兩德模式」，即分裂國家首先要互相承認，然後在平等基礎上談判統一。而事實是兩岸關係與兩個德國、南北朝鮮及原兩個越

南情形根本不同：首先是分裂程度不同，海峽兩岸分裂是一種局部分裂，作為中國主體的大陸地區（占面積99.6%、占總人口98.3%）40多年來一直高度統一，而德國、朝鮮卻是一分為二，主體被分割；第二、分裂原因不同，德、朝分裂都是國際因素造成的，海峽兩岸是國內因素所致（國共內戰的延續）；第三、分裂情形不同，德國一分為二簽訂有國際協定，東西德之間也互相承認，而海峽兩岸現狀從未簽過協議，也互不承認；第四、德國分裂當時得到世界上多數國家承認，而中國則不同，歷來只有誰是真正代表中國之爭，從沒有哪一個國家承認有「兩個中國」。世界上180多個國家有158個承認中華人民共和國是代表中國的唯一合法政府，台灣是中國的一部分，就更能說明問題了。

鑑此，台灣當局雖想搞「兩個中國」，也一直為此製造輿論，卻始終不便公開宣示，只能「猶抱琵琶半遮面」。對一個中國的解釋也前後不一，自相矛盾，江丙坤稱「一個中國是指歷史、地理、文化上的」，李登輝稱「一個中國是指在台灣的中華民國」，一些學者又認為「一個中國是指分裂的中國」，如此等等，不一而足。

世界上只有一個中國，這恐怕是誰也難以改變的事實。「階段性兩個中國」的說法，不僅在理論上是站不住腳的，而且也是十分危險的，它很容易被少數「台獨」分子及某些國際勢力所利用，因此必須引起高度警惕。

1994年2月18日

原載《統一論壇》

在「主權在民」的背後

──評李登輝近期的分裂言論

最近一個時期，李登輝利用各種場合，就台灣前途定位和兩岸關係等問題發表了一系列言論，尤其是他與日本作家司馬遼太郎的對話，具有相當濃厚的分裂主義色彩，是反映他真實思想的內心獨白。他的這些言論，背離了一個中國原則，也違背了國民黨過去一直堅持的關於追求兩岸最終實現統一的目標，不僅引起了大陸同胞的普遍關注，而且也使台灣島內包括國民黨內部的有識之士感到震驚和困惑不解。人們不禁要問，身為台灣主要當權者的李登輝，究竟要把祖國的神聖領土台灣置於何地？要把2100萬台灣同胞引向何方？

李登輝近期散布的不少言論，有許多堪稱奇談怪論：李身為國民黨主席，竟稱國民黨是「外來政權」，並把國民黨政府當年到台灣接受日本投降，與日本帝國主義入侵台灣相提並論；李身為中國人（台灣人當然是中國人），竟說「中國這個詞是模糊不清的」；李一方面說「主權這二字是危險的單詞」，另一方面則從島內到海外大談特談「主權」問題，有時甚至到了自相矛盾、語無倫次的地步。

在李登輝近期的分裂言論當中，講得最多，也最能集中反映他內心思想、最有代表性的觀點，就是所謂「主權在民」的理論。李的「主權觀」概括起來，大致有以下三方面內容：一是主權在民，不在為政者；二是「中共沒有資格談對台灣的主權，只有台灣人民擁有台灣完整、絕對的主權」；三是「中華民國在台灣是一個主權獨立的國家」。實際上，李的這一似是而非的理論，根本站不住腳。

首先，關於「主權在民」原則，就其本質而言，無論按照國際

法或政治學觀點，國家主權來自人民，但行使主權的則是經過人民選舉產生的當政者即國家政府。一個合法政府，根據人民的授權，不僅擁有主權，而且對內對外都代表人民行使主權。李把人民和當政者故意對立起來，其拙劣用意顯而易見。眾所周知，中華人民共和國政府是按民主集中制原則，通過全國人民代表大會制度自下而上選舉產生的合法政府，它對內對外都代表全中國行使主權，在世界上得到158個國家的承認，並且是聯合國安理會常任理事國。李攻擊中國「不是民主國家」，因此中共不擁有主權，甚至謾罵中共領導人，這絲毫改變不了我在國際社會作為中國主權政府存在的事實。

第二，關於「台灣人民擁有絕對主權」的提法，完全是對傳統主權觀的曲解，即使是1947年當時南京政府制定的「中華民國憲法」，也明確指出中國「主權屬於全體國民」。李登輝以「主權在民」為藉口，宣稱「台灣主權屬於台灣人民」。這裡的要害是，他把「全體國民」中的「全體」二字抽掉了。眾所周知，台灣自古以來就是中國的神聖領土，是中國的一部分，這在海峽兩岸的國共兩黨和海外僑胞中歷來都具有高度共識。中國的主權屬於全體12億國民共有。按照國際法，國家主權具有絕對性、普遍性、永久性、不可分割性，一個國家內部的某個地區人民，不能隨意宣稱「擁有獨立主權」。《奧本海國際法》也指出：「在同一領土上只能存在一個完全主權的國家。」宣揚台灣人民擁有獨立主權，實質上無異於宣傳「台灣獨立」，這是極其危險的、值得高度警惕的一個動向。

第三，李登輝關於「中華民國在台灣」的說法，完全是一種含混其詞的提法，是為製造「兩個中國」作輿論準備。稍有政治常識的人都會明白，這無論在法理上或邏輯上都是說不通的。在蔣氏父

子時期，儘管其堅持反共，但在對台灣定位時，一直只說國民黨「政府在台北」，從未說過「中華民國在台灣」。李喋喋不休地宣稱，「中華民國在台灣」，「在台灣的中華民國」，並接受外國傳媒對其「來自台灣的總統」這樣的稱謂，目的是想通過模棱兩可的表述，把台灣與「中華民國」慢慢畫上等號，最終造成「兩個中國」。李不僅到處宣傳「中華民國在台灣是一個主權獨立的國家」，而且還表示「中華民國的有效主權及於台澎金馬」。聯繫到去年底台「經濟部長」江丙坤在西雅圖會議期間關於「階段性兩個中國」提法的出籠，不能不令人對李登輝是否還堅持中國統一產生質疑。從「一國兩府」、「一個中國兩個政治實體」到「階段性兩個中國」，這不僅僅是提法上的改變，而是表明台灣當局在一個中國問題上的原則立場出現重大倒退，是屬於對主權的分割，帶有嚴重的分裂傾向，不能不引起全體中國人的嚴重關切。島內不少人士對該提法也持異議。

特別值得指出的是，李登輝在散布各種分裂言論時，一個重要手法是利用省籍矛盾，挑動台灣同胞對大陸同胞的敵意，把2000萬台灣人民的利益和12億中國人民的利益對立起來，竭力宣揚「台灣利益優先」和「台灣生命共同體」，把自己打扮成台灣人民利益的捍衛者，自詡是「帶領猶太人出埃及的摩西」。實際上李的分裂言論，是在把台灣人民推向危險的邊緣。從李的言論可以看出，他表面上是維持「以一個中國為指向的階段性兩個中國政策」，而實際上是在試圖推行一種更危險的以「兩個中國」為指向的所謂一個中國政策。這對台灣同胞來說終非福音，而是禍害，它不僅可能導致兩岸關係的重新緊張，而且將損害兩岸同胞的根本利益。

台灣同胞與大陸同胞是手足兄弟，對台灣同胞在近代史上遭受

的苦難和屈辱，大陸同胞深表同情、感同身受，事實上兩岸人民同樣都遭受過苦難。中國有句古話，「兄弟鬩牆，外禦其侮」。祖國統一，不僅能使兩岸經濟獲得更大發展，中華民族也可更加在世界上揚眉吐氣，真正享受作為中國人在世界上的崇高尊嚴。搞分裂、搞「獨立」，不是正路，也無出路，到頭來只能成為某些外國勢力的附庸、中華民族的千古罪人，這是歷史的教訓。一個中國原則攸關民族大義，必須旗幟鮮明。筆者一直認為，在堅持一個中國前提下，雙方對其含義可以有自己的解釋，但不能搞「兩個中國」。在這裡，我願向李登輝先生進一言，堅持中國統一，是每一個中國人的歷史責任。李身為台灣當政者，應認清自己所處的位置和肩負的重任，懸崖勒馬，為時未晚，切勿在分裂的道路上滑下去。

1994年7月11日

原載《瞭望》週刊1994年28期

台灣問題與國際事務

近幾年來，台灣當局一方面在國際上竭力推行所謂「務實外交」，謀求「獨立政治實體」地位，並試圖擠入聯合國及其他國際官方組織，把台灣問題國際化，製造「兩個中國」；另一方面又肆意歪曲、攻擊中國政府有關解決台灣問題的方針政策。台灣當局的上述做法及不實宣傳，使得國際社會一些不明真相的人士產生某種誤解，因此有必要對台灣問題的性質、產生台灣問題的背景、中國政府對台灣問題的立場及對台灣加入國際組織的態度加以說明。

一

台灣問題，實質上是40年代後期中國共產黨與國民黨之間內戰

遺留下來的一個歷史問題。1949年10月1日，中國共產黨領導中國人民推翻了南京國民黨政府，成立了中華人民共和國。但由於國民黨政權1949年去台灣後，受到美國軍事力量的保護，因而使台灣海峽兩岸出現局部的、暫時的分裂局面。所以台灣問題同時又是外國勢力干涉中國內政的產物。

1950年，美國杜魯門政府一方面對新中國採取禁運、封鎖和孤立的政策；另一方面下令第七艦隊開進台灣海峽，派軍隊對中國的台灣省實行武裝占領。1954年，美國和台灣簽訂《中美共同防禦條約》。五六十年代，美國駐台灣的陸海空軍最高兵力達10萬餘人。美國採取的上述行動，阻撓了台灣與大陸的統一並導致台灣海峽地區長期對峙和局勢緊張，這種局面一直持續到70年代末。

1979年，在台灣問題上發生兩件大事：一是中國共產黨提出了用和平方式，通過國、共兩黨談判實現統一的方針；二是美國宣布承認中華人民共和國，並與中國政府正式建立大使級外交關係。與此同時，美國宣布與台灣的國民黨政權斷交，廢除美台《中美共同防禦條約》，並從台灣撤走全部美軍。此後，台灣海峽地區的形勢逐漸趨向緩和。但遺憾的是，中美建交後，美國國會通過了一個所謂《台灣關係法》，美國政府根據這個關係法，繼續向台灣出售各種先進武器。1992年9月，美國布希政府同意售台150架F-16高性能戰機。近兩年來，美還先後向台出售E-2T預警機、「愛國者」導彈、M-48坦克等武器。對美國政府這種干涉中國內政、阻撓台灣與中國大陸和平統一的做法，中國政府曾與美國政府進行過嚴正交涉，並提出強烈抗議。

目前，台灣的國民黨當局在某些西方大國的支持下，繼續堅持反共、拒統的政策，反對與北京的中華人民共和國政府就實現和平

統一問題進行談判,並企圖擴大其在國際社會的活動空間,加入某些國際組織,從而在國際社會製造「兩個中國」。

二

中國政府目前解決台灣問題的基本方針是「和平統一、一國兩制」,即主張用和平的方式,通過兩岸商談,最終實現國家的完全統一。而在統一之後的一個相當長的歷史時期,台灣可以繼續實行不同於大陸的資本主義制度,允許在一個國家內實現兩種不同的社會制度。

(一)「和平統一、一國兩制」方針的提出

1978年底,中國共產黨召開十一屆三中全會。中國政府根據國內外形勢的變化,出於對整個國家民族利益與前途的考慮,本著尊重歷史、尊重現實、照顧各方利益的原則,提出了「和平統一」的解決台灣問題的方針。1979年元旦,全國人大常委會發表《告台灣同胞書》,明確宣告中國政府將採取和平方式解決台灣問題的方針,呼籲海峽兩岸就此進行具體商談。1981年9月30日,全國人大常委會委員長葉劍英發表談話,進一步闡明解決台灣問題的方針政策,表示台灣與中國大陸統一後可作為特別行政區,享有高度自治權。1982年1月11日,中國領導人鄧小平首次提出「一個國家、兩種制度」的構想,認為在國家實現統一的大前提下,大陸作為國家主體實行社會主義制度,在台灣則實行資本主義制度。1983年6月26日,鄧小平進一步發揮了關於「一國兩制」的具體構想,就兩岸統一後設置台灣特別行政區問題,闡明了中國政府的方針政策。

(二)「和平統一、一國兩制」的基本內容

在解決台灣問題上堅持實行「和平統一、一國兩制」方針,是

中國政府在新時期一項長期堅持不變的基本國策，而不是權宜之計。這一方針的基本內容是：

1.堅持一個中國原則，反對「台灣獨立」。中國政府認為，和平解決台灣問題的一個基本前提是，台灣當局必須承認和恪守一個中國原則和台灣是中國領土一部分的立場。中國政府堅決反對任何製造「兩個中國」或「一個國家、兩個對等實體」的做法，反對一切分裂中國主權和領土完整的言行，並反對所有可能導致「台灣獨立」的企圖和行徑。

2.堅持和平統一，但不放棄使用武力。中國政府主張通過雙方接觸談判，以和平方式實現台灣與大陸的統一，這樣有利於全民族的團結，有利於兩岸社會穩定和經濟發展。但鑑於台灣島記憶體在嚴重的「台獨」勢力和分裂傾向，存在外國勢力干預台灣內部事務的危險性，因此中國政府在謀求以和平方式實現統一的同時，不能做出不使用武力的承諾。因為解決台灣問題純屬中國內政，防止「台灣獨立」、捍衛領土完整是中國政府作為一個主權政府的神聖責任。

3.在兩岸統一前，雙方應擴大接觸交流。鑑於兩岸統一將有一個較長的過程，因此中國政府主張在達成統一之前，兩岸應緩和關係，本著互利互惠、互相尊重的原則，應首先實現通商、通航、通郵，擴大兩岸之間的人員往來和經貿、文體、科技、學術等領域的交流，並就兩岸共同關心的問題進行商談，交換意見，以逐步消除敵意，增進相互之間瞭解和信任，為台灣和中國大陸最終走向統一創造條件。

4.在兩岸統一後。實行「一個國家、兩種制度」。「一國兩制」是中國政府對台方針政策的一項重要內容。其基本構想是：在

兩岸實現統一後，台灣將成為一個高度自治的特別行政區，它可以保留原來的資本主義制度，擁有在台灣的行政管理權、立法權、獨立的司法權和終審權；黨、政、軍、財等都自行管理；可以同外國簽訂商務、文化等協定；台灣還可擁有自己的軍隊和員警：總之，統一後台灣的現行社會制度和生活方式都不會改變，實行兩種制度長期共存，共同發展。實行這種政策，主要是基於台灣的現狀和台胞的實際利益，完全是合情合理的。

三

近年來，台灣當局在對外關係中，大力開展「經濟外交」和「務實外交」，對各國政府進行遊說或經濟拉攏，試圖擠進聯合國及其他國際和地區性組織，以達到在國際社會製造「兩個中國」的目的。這是中國政府所不能不堅決反對的。中國政府一貫堅持以下立場：世界上只有一個中國，台灣是中國領土的一部分；中華人民共和國政府是代表全中國的唯一合法政府。世界上與中華人民共和國建立正式外交關係的158個國家，也普遍承認以上事實。現在台灣當局不是一個主權政府，因此它無權參加聯合國這樣的只有主權國家才能加入的國際組織，也不能與它國建立正式的外交關係和進行具有官方性質的往來。

1971年10月，第26屆聯大曾以壓倒性多數通過2758號決議，正式恢復中華人民共和國在聯合國的合法席位，台灣當局的「代表」已退出聯國。應該說，在聯合國組織中的中國代表權問題已獲得徹底解決，根本不存在台灣再加入的問題。近兩年來，在台灣當局的拉攏下，少數拉美、非洲國家駐聯合國代表，先後在聯合國以「會籍普遍化」為由，連署遞交「台灣參與聯合國」的提案，這種做法理所當然地遭到聯合國組織的否決。十分明顯，台灣當局鼓吹

在聯合國實行「一個中國、兩個席位」，其目的是要分裂中國的國家主權，使台灣和中國大陸永久分離，這無論在法理上還是實際上都是行不通的。

台灣當局為了擠進聯合國，在國際上大肆宣揚「台灣有2100萬人口，在聯合國應有一個合理的地位，這樣才符合會籍普遍化的精神」。此種說法顯然缺乏法理依據，因為應否加入聯合國，關鍵是看它是否是一個獨立主權國家，而不是看它人口多少。有的國家雖小，如歐洲的安道爾公國，僅幾千人口，因它擁有主權，因此成為聯合國成員國。中國的四川省有1億多人口，因為它是中國一個省，所以不能成為聯合國成員。「會籍普遍化」只是對主權國家而言，以台灣有2100萬人口為由，是站不住腳的。

其次，台灣當局還宣稱，它對台、澎、金、馬地區實施實際有效管轄權，中華人民共和國政府治權不及台灣，因此台應在聯合國擁有代表權。這種說法也是不能成立的。按照國際法，一個國家的主權是不可分割的、排他性的。中華人民共和國政府對內、對外實施排他性獨立主權，是國際社會公認的事實。台灣當局暫時在台、澎、金、馬地區實施管轄權，既不能改變中華人民共和國對台擁有主權的事實，也不表明台灣當局就因此成為一個主權政府。鑑此，台灣當局不僅無權加入聯合國，也無權加入其他政府間國際組織。至於亞洲開發銀行（ADB）、亞太經合組織（APEC）等地區組織，台灣的加入係根據中國政府與有關各方達成協議或諒解，並明確規定中華人民共和國作為一個主權國參加，台灣只作為中國一個地區以「中國台北」（TAIPEI, CHINA或CHINESE TAIPEI）的名稱參加。而且這種做法屬於特殊安排，不能構成其他政府間國際組織仿效的模式。

台灣問題純屬中國內政，因此如何解決台灣問題，也完全是中國人民的內部事務。中國政府正在採取積極措施，努力促進台灣和中國大陸統一的進程，希望各國政府能認清台灣問題的性質，理解中國政府解決台灣問題的方針，正確處理好與台灣的關係，不要做出任何傷害中國人民感情、干涉中國內政的事情。

原載《中國與非洲》英文月刊1995年第2期

李登輝上台後台灣政局的變化

自1988年1月蔣經國病死、李登輝上台以來，特別是李氏1990年5月正式就任台灣總統以後這5年，是台灣政局和兩岸關係出現巨大變化的時期。這一變化對國民黨而言，可以說是歷史性和轉折性的。

首先，李通過推動「憲政體制改革」，使國民黨政權完成了本土化，台灣的權力結構由原來的以國民黨大陸籍勢力為主體、台籍人士作陪襯的舊格局，變成以台灣本土勢力為主體、少數大陸籍中生代人士相參與的新格局。這一權力交替的過程，有人稱之為「不流血的革命」。從歷史的觀點看問題，只要國民黨堅持反共拒統、偏安台灣的方針，本土化是一種必然的趨勢。李登輝的「功績」在於，他推動、加速了這一變化的進程。蔣經國生前實際上已對本土化做出了安排，只是蔣氏並不想變得如此之快罷了。這一點從國民黨多數大陸籍元老對李氏既憤憤不滿、又勉強接受這一現實便可得到證明。

台灣政局的另一個重要變化，是台灣社會逐漸由蔣氏父子時期的獨裁專制統治，變為以西方民主選舉制為特徵的政黨政治，國民

黨一黨獨大的局面已經結束;「民意」的作用在增大,「立法」機構對行政權力的制衡作用在增強;朝野之間的力量對比也已出現根本性變化。台灣正在出現多黨制的新趨勢。

台灣政局還有一個變化是,由於台灣當局的姑息縱容,「台獨」勢力急劇膨脹,統「獨」之爭日趨激烈。儘管台灣當局一再呼籲統「獨」休兵,統「獨」矛盾仍作為台灣社會的一個基本矛盾存在。「台獨」的發展和當局某些人士的分裂傾向,已成為影響島內政局安定和兩岸關係平穩發展的一個突出因素。

李登輝上台後的7年,是海峽兩岸關係發生巨大變化的7年。當然這種變化從蔣經國生前即已開始,蔣經國決定1987年11月2日開放台灣老兵赴大陸探親,是打開兩岸交流大門的關鍵性一步。目前兩岸人員交往已全方位展開,各種文化、體育、學術交流也方興未艾,兩岸經貿往來更是日趨密切;以「辜汪會談」為標誌,兩岸事務性接觸商談也已步入了制度化軌道,但關鍵性的兩岸直接「三通」迄今遲遲未能實現。在兩岸政治性商談和高層會晤方面,也顯然因缺乏互信和共識而未獲進展,看來兩岸之間政治上僵局短期內仍難以打破。

兩岸關係出現上述狀況的主要原因,還是在於台灣當局的大陸政策。實踐證明,只要台灣當局能堅持一個中國原則和兩岸統一的目標,兩岸關係儘管會有小的曲折,但總體上會向前發展。反之,台灣當局如果堅持推行「兩個中國」或「一中一台」政策,兩岸關係就必然會受到嚴重影響甚至倒退。這一點從李登輝訪美後兩岸關係出現的緊張局面便可得到證實。因為一個中國原則是發展兩岸關係、推進祖國統一的基本前提,搞「台獨」、搞分裂到頭來只會把台灣人民引向災難。

1995年7月於北京

從世界經濟區域化趨勢看兩岸經貿合作前景

近年來,海峽兩岸關係不時因政治因素出現各種波折,甚至出現短時間的緊張。兩岸的經貿合作會不會受此影響出現冷卻或倒退,這是兩岸工商界人士普遍關注的問題。筆者對此持謹慎樂觀的態度,認為從發展趨勢看,儘管兩岸政治上分歧對經貿交流會產生某些影響,但這種影響是暫時的。海峽兩岸的經貿合作將繼續向前發展,並將成為推動兩岸關係良性互動的一個重要因素。本人作出以上判斷,主要有以下三方面依據。

一、世界經濟區域化、集團化趨勢在進一步發展,這一趨勢將在客觀上推動兩岸經貿合作進一步加強

近年來,世界經濟一體化和區域化、集團化進程在不斷發展,歐洲、美洲和亞太經濟合作進入新階段,各國在經濟上相互依存度不斷增強。擁有3.4億人口、經濟發達的歐共體統一大市場在1993年正式啟動後,去年歐洲經濟和貨幣聯盟的發展已進入第二階段,並擴大了奧地利、瑞典、芬蘭三個新成員國,目前還在向東歐擴展。世界上最大的、擁有3.6億人口、超過6萬億產值的北美自由貿易區已於1994年正式運轉,它開創了發達國家和發展中國家共同建立區域性經濟集團的先例。受此鼓舞,去年美洲國家首腦會議又決定2005年建成美洲貿易自由區,以實現整個西半球的自由貿易和經濟一體化。在亞太地區,亞太經合組織成員由15個擴大到18個,總產值已占世界60%以上,貿易額占40%以上。再看鄰近中國的東南亞地區,7月底東盟正式吸收越南為其成員國,東盟自由貿易區的

範圍也在不斷擴大，擬建立一個包括印支三國和緬甸在內的東南亞十國共同體，實現整個東南亞經濟一體化。與此同時，各個地區的不同規模的次區域性經濟合作也在迅速發展。由此可見，以世界經濟一體化和區域集團化為主要特徵的全球性經濟合作呈現高漲勢頭，經濟越來越成為世界上相互關係的重要因素。面對這一形勢，海峽兩岸及港澳地區在經濟上更加需要密切合作。尤其是以出口為主要導向的台灣經濟，在海外市場方面今後將會面臨日益增大的壓力和嚴峻的挑戰。這一客觀形勢將會推動海峽兩岸及港澳地區的經濟合作進一步發展，以因應世界經濟區域集團化發展的趨勢。

二、中國大陸堅持改革開放和實行市場經濟體制，為兩岸經貿合作提供了歷史性機遇

與西方世界經濟發展普遍緩慢的情況恰恰相反，近幾年來，中國大陸經濟一直以兩位元數高速度增長。1994年，中國大陸國民生產總值達5200億美元，經濟增長率達11.8%，成為世界上經濟發展最富活力、速度最快的國家；對外貿易達2367億美元，進入世界前10名；外匯存底已突破600億美元。中共十四大提出建立社會主義市場經濟的治國方針，為海峽兩岸經濟合作提供了更加有利的條件。海內外經濟學家對中國大陸21世紀的經濟發展前景普遍看好，認為中國大陸當前政局穩定，中央第三代領導集體已順利地承擔起領導全國人民的歷史使命；商品經濟空前活躍，吸引外資工作也取得顯著成效，尤其是12億人口的大市場，更是經濟發展的巨大潛在動力。隨著美、日、韓和東南亞國家紛紛來華投資設廠，逐鹿神州，有眼光的台灣工商界人士都認為大陸市場「商機無限」，必須抓住這一歷史性機遇，採取更加積極的措施，擴大對大陸的投資貿易，加強海峽兩岸的經貿聯繫，以經濟合作代替政治對抗。

三、大陸與台灣經濟上的互補性，使兩岸經濟合作進一步擴大成為必然的趨勢

近年來，海內外不少學者主張建立包括台港澳與大陸聯合在一起的中國經濟圈，以適應日益發展的國際經濟區域化、集團化趨勢。筆者認為，面對21世紀的經濟發展趨勢，海峽兩岸包括港澳地區在經濟上必須而且可以相互密切合作。因為這種合作是互惠、互利、互補的，儘管有互相依存的因素，但大可不必擔心造成互相依賴而受制對方。目前，整個世界經濟發展都在慢慢超越意識形態的藩籬，作為一個國家的兩岸同胞更無理由因政治上的人為因素而影響雙方經濟上的合作。李登輝先生在1991年底就提出，「台灣的經濟發展應以大陸為腹地」；前台灣「經濟部長」、現任「陸委會」主委蕭萬長先生1992年底在發表公開演講時也表示，「台灣應突破政治障礙和意識形態爭議，將中國大陸華南地區發展成為台灣經濟的腹地」，蕭還認為，「從主客觀環境來看，台灣與大陸經濟臍帶根本切不斷」。這一觀點無疑應該肯定而且是可取的。由於台灣與大陸同宗同族，語言相通，習俗相近，從地緣上講是一衣帶水，近在咫尺，與外國對華投資者相比，具有得天獨厚的有利條件。台灣有充裕的資金和經營管理上的經驗，而大陸既有充沛的勞力和豐富的資源，也有高科技領域優勢和相對規模的工業基礎，只要互相合作，互通有無，實現民族振興，真正使21世紀成為中國人的世紀也並非神話。至1994年，兩岸轉口貿易已達170多億美元，台商在大陸投資達28000多家，投資金額達240多億美元。現在台灣不僅中小企業者，而且不少大財團也已經或正在進軍大陸。他們看到了改革開放後大陸市場的巨大潛力，看到了台灣投資環境的局限性，認識到真正要使自己將來成為「世界級的大企業家」，必須到大陸求發展。因而他們得出這樣的結論：在當今世界，台灣不與大陸結合，

在經濟上就難有大的作為。

鑑於以上分析，本人堅信，不管台灣局勢會有何種變化，兩岸各種交流尤其是經貿領域的合作將會繼續不斷向前發展，這是誰也阻擋不了的歷史性的必然趨勢。

1995年9月

參加香港中文大學《發展亞太經濟、弘揚中華文化、邁向21世紀》學術研討會時提交的論文

二、陳水扁時期

反對「台獨」，是為了堅持和平統一

本刊記者侯吉諒獨家專訪新任國台辦副主任王在希，澄清了外界疑慮。王在希的軍事背景身分來從事對台工作，是否有特殊含義？兩岸關係未來的發展會有什麼樣的變化？這些大家所關心、注目的話題，王在希都做了詳實而第一手的解說。王在希表示，「我既不是強硬派，也談不上溫和派，我是務實派。如果在我背景上做文章，我認為這並不科學，也不準確」。以下是採訪全文：

侯吉諒（以下簡稱侯）：首先請教您一個問題，對台灣人民來說，您的軍事背景實在教人好奇又敏感。但是其實您是台灣問題的專家，您在1996年也曾經出版過一本書《台海形勢回顧》，對海峽兩岸問題有許多深入看法。有軍人背景從事台海工作，有無特殊意義？或是說，您的專業與背景在對台工作上有無特殊作用？

王在希（以下簡稱王）：我想強調兩點：第一點，我的職務調動與我的背景沒有必然關係，我這次出任台辦副主任的職務，從我的背景來說也沒有特殊意義。第二點：我想強調，台灣媒體沒有必要在我背景上做文章。中央調我到台辦工作，只是因為工作需要，與我原來長期研究台灣問題有關。從90年代以來，在大陸或香港，一些大型重要的兩岸關係研討會，我多有參加。1992年我曾參加在香港中文大學主辦的「九十年代兩岸關係研討會」，與台灣一些知名學者，包括海外的學者，都有交流。

　　長期以來，我從事台灣問題的研究，所以職務變動與長期對台研究有關，而非軍方背景的緣故。如果在軍方背景上做文章，將我劃分為強硬派，或者什麼派？我認為這並不科學，也不準確。我既不是強硬派，也談不上是溫和派，我是務實派。

　　有些台灣同胞，一看到有軍人背景的人做對台工作，立刻會聯想到「武力」，也許大家是從這個角度來思考。這點我想你可以轉告台灣同胞放心，不會因為我的職務變動，在大陸對台政策上就會有什麼變化。我們堅持和平統一，堅持一個中國原則，這個基本的方針政策是不會改變的。我們會始終盡最大的努力，爭取透過和平談判的方式，來完成兩岸的統一，避免發生戰爭給台灣同胞帶來傷害，這是我們的基本方針原則。

　　台灣問題只有在迫不得已的時候，如「台獨」分子一定要搞分裂，搞「台獨」，這就不是我們的問題了，到那時候我們將迫不得已用武力來解決台灣問題，希望台灣同胞也能理解。是否戰爭是台灣當局的問題，而非我們喜歡使用武力。

　　在兩蔣時代，雖然台灣說要「反攻大陸」，大陸方面說要「解放台灣」，但有一個重要共識和交集，即中國只有一個，世界上只

能有一個中國,雙方爭的是究竟誰代表中國。

侯:兩岸關係您的研究的確深刻。所以,您也清楚,其實兩岸關係長期維持著一種微妙的互動,其中無論是正面或是負面的,其實都很微妙。現在,台灣新當局已經運作了幾個月,從您的角度來看,您對新政府兩岸關係政策的期待,主要在哪幾方面?台灣應該先與大陸解決哪些問題,海峽兩岸才能更有效地合作發展?

王:這個問題是一個重要的問題,也是當前兩岸同胞關注的問題。您剛才用微妙兩個字來形容兩岸關係,其實我們可以知道兩岸關係在發展過程中一直不是很平穩,常常會產生一些風波。有時候比較緊張,有時候比較緩和。

我認為兩岸關係無論怎麼變化,有三點值得注意。第一點:所有的狀況,您可以去研究,兩岸關係出現緊張,沒有別的原因,常常就是台灣方面少數領導人,背離「一個中國」的原則,想要搞分裂,搞「台獨」。引起兩岸緊張的原因也許有方式或時間上的差異,但從本質上來看,無論是1995年李登輝先生到康乃爾大學訪問,到國際社會去製造「兩個中國」,到後來拋出「兩國論」等等,都是台灣一些領導人分裂的言論或舉措引起的。只要台灣方面領導人在「一個中國」問題上把握好,兩岸關係會緩和下來。所以兩岸關係緊張,往往沒有別的原因,都是因為台灣領導人在一個中國問題上,在統「獨」問題上製造麻煩。所以我認為如果兩岸希望長期有緩和的局面,關鍵是台灣當局領導人在「一個中國」的問題上必須有很明確的態度。在這個問題上,如能達成一個明確的共識,我認為兩岸關係應該可以緩和。

第二點:由於海峽兩岸的關係經常有一些波動,所以國際輿論常造成一種誤解,好像大陸對台方針常常在變化,有時候會強硬起

來,有時候又好像比較緩和。事實上,祖國大陸方面會由於台灣方面分裂的傾向,不得不表達我們反對分裂祖國的堅定立場。包括我們有時會嚴詞批判分裂的言行;包括軍方在海峽地區舉行演習;包括所有我們對「台獨」勢力的一些打擊。這些動作並不表明,中國對台政策方針有任何變化,批判「台獨」的言行是為了更好地堅持和平統一。反「台獨」與堅持「和平統一、一國兩制」的原則是沒有衝突的。堅持和平統一必然要反「台獨」,反「台獨」的目的也就是要達成和平統一的目標。

第三點,就是一個中國原則的問題,這個問題也是使台海兩岸陷入僵局的最根本原因。在這個問題上,海峽兩岸,尤其是國民黨本來與中國共產黨是有共識。在兩蔣時代,儘管兩岸軍事上有衝突,在外交上有鬥爭,在政治上有分歧,但從來沒有「一個中國」的問題。當時雖然台灣說要「反攻大陸」,大陸方面說要「解放台灣」,但前提是中國只有一個。世界上只能有一個中國,包括在國際社會上,當時兩蔣時代,無論是哪一個國家,只要有一國與兩岸哪一邊建交,另一邊一定馬上斷交,所以在國際上一定是一個中國,沒有兩個中國。

大陸方面對台灣當局新領導人的態度是「聽其言、觀其行」六個字,我認為這最大限度地體現了中國大陸對台灣新領導人的誠意與期待。

所以這一點本來不是個問題。如果李登輝先生不健忘的話,我記得他當初就講過「一個中國」這樣的話。但是我後來聽說,他否認曾經提過「一個中國」。事實上白紙黑字,有許多檔案資料大家可以去查閱。但確實在90年代以後,由於李登輝先生要實行將台灣從祖國分裂出去的這種意圖,慢慢地在「一個中國」的問題上起

變化。

我曾經寫過一篇文章，一九九二年在香港，是比較早的，感覺到李登輝先生有這種趨向。我最早提出來台灣當局在偏離、背離一個中國的原則。果然，以後台灣官方逐漸提出來，什麼「階段性兩個中國」呀等等，發展到後來李登輝公開地把海峽兩岸說成是「國與國」的關係，還加了一個限制詞，說是「特殊的」，但「特殊的」也是「國與國」呀。也就是說他認為現在台灣和大陸基本上是「兩個國家」，這使一個中國的原則在海峽兩岸產生了根本分歧。

所以在一九九〇年代的中後期，兩岸關係時緊時鬆，這是一個根本原因。那麼如何解決這個問題，我也回到你剛才所提到的問題，也就是說台灣現在新的領導人上台以後，祖國大陸方面已經採取了最寬容務實的態度。台灣方面新領導人，在統「獨」問題上，有很深的「台獨」背景。他原來說過什麼話，是什麼派系，大家都很清楚。儘管如此，我們並不因為他過去說過什麼話、做過什麼事就完全否定他，不給他機會。所以從3月18日選舉結果揭曉後，大陸方面的態度很明確，就是六個字：「聽其言，觀其行」。這六個字，我認為最大限度地體現了中國大陸對台灣新領導人的誠意與期待。因為從3月18日選舉之後，到5月20日就職的時候，還有一段時間。並且5月20日還有一篇受到國際矚目的「就職演說」。因為「就職演說」中他將說明他的施政方向，尤其是處理兩岸事務的方針和主張。所以大陸方面提出「聽其言，觀其行」，實際上就是告訴你，給你一個時間、機會和期待。

關於「一國兩制」，台灣還是可以自己選舉領導人，台灣的社會制度也可以不改變，包括稅收、金融、政治、經濟制度，我們不會去干預，台胞的生活習慣也不會改變。

我們對台灣新領導人是什麼期待呢？在一個中國的問題上希望他能有一個積極的回應。但實際情況，我不諱言，令人有一點失望。陳水扁先生在520的講話裡面，在一個中國的問題上，他基本上採取了一種迴避或模糊策略。他沒有從正面來回答你的問題，只是說了一些模棱兩可的話。所以他現在基本上是在打太極拳，在拖延，沒有展現誠意，不想坐下來好好和你談一個中國原則的問題。

在台灣方面，一直有部分人士，不能理解為何大陸方面不願意在一個中國原則上退讓，這一點我想台灣的媒體也有責任幫我們向台灣同胞解釋清楚一個中國原則的意涵。因為台灣原本就是中國的一部分，由於國共內戰的原因，造成長期分裂的局面，所以海峽兩岸關係發展的目標，最根本的就是要儘快統一。我們提出來的，就是儘量以和平方式統一，並且統一以後是實行「一國兩制」，一個很長時期不去改變台灣人民的生活方式。關於台灣的領導人，台灣可以自己選舉，台灣原來的社會制度也可以保留，包括稅收制度、金融制度、政治制度，我們不會去干預。

至於財政，鄧小平生前也有講到，我們肯定中央政府不會到台灣去收一分稅，要是台灣在經濟發展上有什麼困難，中央政府方面還可以資助。而且大陸不會向台灣派遣官員，反倒是台灣的政治人物，可以到大陸中央政府出任職務。台灣在一切實際運作上不會有任何改變。實際上台灣的生活環境不會發生什麼變化，工商界照樣可以經商、賺錢。

如果台灣走上分裂的道路，要脫離祖國，要尋求「獨立」，實際上你還是無法「獨立」，還是要尋求依靠某一個大國。應該說，台灣若從中國分裂出去，12億5千萬大陸同胞是不可能接受的，必然會造成大家不願意看到的局面。過去也許因為國民黨長期宣傳的

結果，使得人民對統一有一些誤解、疑慮和恐懼，這我可以理解，但我們可以談。

總之，什麼問題我們都可以商量，兩岸的什麼問題都可以談。但堅持「一個中國」原則是大陸方面最基本的原則，也是政治的最後底線。

小平說過香港可以50年不變，台灣還可以更長一些。這一代，甚至幾代，都可以不改變台灣的生活方式。所以「和平統一、一國兩制」，應該是一種最佳的選擇，我們難道要去選擇武力統一，不選擇和平統一嗎？我們的要求就是台灣當局必須接受一個中國原則，認同「一個中國」。所以堅持「一個中國」這一立場，祖國大陸不會後退也無法後退。

我這樣講，並不是對台灣同胞施壓，因為大陸和台灣本來就屬於一個中國。少數人要搞分裂，就祖國大陸而言，政府領導層不能接受，大陸人民也不能接受。你們媒體可以到大陸去走訪，並不是我在這裡搞宣傳，你們可以去問問祖國大陸普通的民眾，像計程車司機，街道市民，瞭解他們對台灣的看法。

台灣《兩岸雙贏》雜誌2000.9獨家專訪王在希（一）

台灣近現代史對台灣民眾心態的影響

今天，首先我想和大家談一下我平時一直在思考的一個問題，即關於台灣近現代史對當前台灣民眾心態的影響，這與我們目前的對台工作和祖國和平統一有密切的聯繫。同時，我還想借此機會，談一下新形勢下如何做好對台工作。

黨的十六大對今後一個時期的工作都做了部署，回顧總結了13年來尤其是近五年來黨的工作。其中「一國兩制」和台灣問題作為報告的第八部分，從篇幅上講，比十四大和十五大中的相關部分都要長，有將近1300字，這說明中共中央對台灣問題的高度重視和台灣問題在我們國家發展中的重要性。江澤民總書記在作十六大報告時，鼓掌最熱烈、持續時間最長的就是在講到台灣問題和國家統一的時候，特別是當講到「國家要統一，民族要復興，台灣問題不能無限期地拖延下去」時，全場報以熱烈的掌聲，反映了我們的黨員和全國人民對台灣問題高度的關注和對和平統一的期待。

　　黨的十六大報告對台部分，其基本精神，概括起來是「五個堅持、三點新意。」

　　五個堅持，一是繼續堅持「和平統一、一國兩制」的方針，這是戰略方針，是基本方針，不會因為海峽兩岸形勢的一時變化而改變。二是堅持一個中國的原則，堅決地反對「台獨」分裂，在一個中國的原則問題上，我們是決不動搖的，我們反對任何形式的謀求「台灣獨立」或「一邊一國」的言行。三是堅持在一個中國的原則基礎上開展兩岸對話和談判，儘管台灣當局到目前為止還不承認一個中國，但是我們仍然希望兩岸能夠重啟對話和談判。四是堅持不以政治分歧去影響兩岸正常的民間往來，也就是說，要進一步擴大兩岸的民間交往，官民分開。五是堅持寄希望於台灣人民。

　　五個堅持主要體現了我們黨對台政策的連續性、一貫性和穩定性。儘管十六大實現了黨的領導新老交替，人事上有了重大調整，但是我們對台的基本方針政策並沒有改變。由於情況是不斷變化的，十六大的對台政策在某些方面也相應作了一些調整，提出了新的主張，主要反映在以下三個方面。

1.把國家的發展、民族的振興和國家的統一聯繫在一起。

十六大報告中，江澤民總書記特別強調了在新世紀頭一二十年是我們必須緊緊抓住的、而且是可以大有作為的戰略機遇期。也就是說，對未來一二十年，我們一個基本判斷就是世界大戰打不起來，保持一段時間的國際環境和周邊環境和平穩定是可能的。同時，這一二十年也是世界經濟發展的一個關鍵時期，整個世界產業結構在調整，高科技在迅猛發展，經濟全球化、經濟發展模式的多樣化和世界多極化也都在發展，而且中國通過20年的改革開放已經奠定了一個很好的基礎，如果說我們能夠抓住未來一二十年的發展機遇，可想而知中國的經濟將會上一個大的台階。

2000年中國GDP首次突破1萬億美元，2002年預計GDP將超過10萬億人民幣，達到1.2萬億美元，年增長幅度為7%～8%，到2010年中國GDP翻一番不會有什麼問題，到2020年再翻一番。目前，美國的CDP為10萬億美元，占全球GDP總量的33%，中國占3.5%。如果我們能夠平穩地發展20年，中國的經濟總量就有可能趕上或超過今天日本的水準。日本現在的GDP為4萬億美元，而且日本經濟已經有十年徘徊，基本上不增長。我曾經聽一位經濟學家談到這樣一種理論，一個國家的經濟發展有週期性，從發展到鼎盛一般需要40年的時間，而中國經濟真正快速發展是從1992年鄧小平南方談話開始的，所以比較理想的情形是，在2030年前中國能夠一直保持政治的穩定和經濟的持續增長，中國就很有希望成為一個經濟大國和強國。中國目前排在第七位，除了美國、日本外，前三到六位的德國、英國、法國、義大利，年GDP均不超過2萬億美元，如果到2010年中國能實現GDP2萬億美元，就可能躍居世界第三位。所以江澤民總書記強調要把發展作為我們執政興國的第一要務。一定要

高度重視經濟發展，這也是我們大家都願意看到的一個前景。發展經濟是我們的首要利益，但是解決台灣問題、完成國家統一，關係到我們國家的根本利益和核心利益。所以十六大報告同時強調解決台灣問題和發展經濟、創造一個和平的國際環境是我們在新時期的三大重要任務，指出「國家要統一，民族要復興，台灣問題不能無限期地拖延下去」。但有些人在這個問題上理解有偏差，認為今後10～20年我們主要是發展經濟，台灣問題可以暫時擱置。這樣理解是片面的。我們必須要將國家發展這一首要利益與國家統一這一根本利益結合起來。一方面通過經濟的發展，為我們及早地解決台灣問題奠定一個堅實的基礎。另一方面，在發展的同時，必須加緊做好解決台灣問題的各項工作，要妥善地處理好台灣問題，要穩定台灣海峽兩岸的局勢，為我們抓住機遇、加速發展，創造一個良好的環境。這兩個問題是互相聯繫的。所以我們第一要抓住機遇，加快發展；第二要妥善處理好台灣問題，堅決地遏制住「台獨」分裂的勢頭，使海峽兩岸的局勢盡可能地保持穩定，這樣才能抓住機遇、加快發展，為台灣問題的解決創造條件。這是我想講的十六大精神裡很重要的一點。

2.關於一個中國原則的表述，即「新三句」，在十六大報告中被固定下來。

過去我們關於台灣問題的表述，在國際場合和外交上用三句話，就是「世界上只有一個中國，台灣是中國領土不可分割的一部分，中華人民共和國政府是代表全中國的唯一合法政府」。在處理兩岸關係的時候，近年來，我們在不違背一個中國的原則下，做出了新的表述，將第三句改為「中國的主權和領土完整不容分割」。而錢其琛副總理在接見台灣同胞時，將第二句表述改為「大陸和台

灣同屬一個中國」。這樣的表述更為務實，更加有包容性，也更能為廣大台灣同胞接受。2002年3月，朱鎔基總理把「新三句」寫入政府工作報告中。現在，又正式寫入江澤民總書記的十六大報告中，更加體現了它的權威性。

3.關於兩岸談判的主張。

陳水扁上台之後，江澤民主席曾多次講過，不管台灣由何人當政，我們都願意與他們談判，但談判要有一個前提，即在一個中國原則基礎上，什麼都可以談。那麼，究竟什麼問題可以談呢？在十六大報告中提出了三個問題可以談：

第一，可以談正式結束兩岸敵對狀態問題。

第二，可以談台灣在國際上與其身分相適應的經濟、文化及社會活動空間問題。近些年來，台灣當局攻擊大陸打壓台灣的「國際生存空間」。實際上，我們的對台方針政策是很明確的，對台灣和外國開展民間的往來，如經貿、文化、體育交流等等，我們從不持異議，我們反對的是台灣當局在國際社會官方性質的往來，反對它在國際社會製造「兩個中國」。十六大報告提出我們可以談「台灣地區在國際上與其身分相適應的經濟、文化、社會活動空間問題」，表述十分嚴謹，說明我們是理性的，是講道理的。

第三，可以談台灣當局的政治地位問題。這句話雖然簡短，但很重要。從1949年以後的台灣國民黨當局，到2000年「大選」台灣本省人執政，我們叫「台灣當局」，即台灣的當政者。它在談判時當然需要一個身分，但它想以「中華民國」的身分來與我們談，這就不行。如果允許這樣談，就等於我們承認了「兩個中國」。香港、澳門問題已經解決，現在的地位是明確的，是「高度自治的特別行政區」。台灣問題還沒有解決，台灣當局的地位如何呢？我們

現在提出，只要在一個中國的原則前提下，關於台灣的政治地位問題，我們可以談。

總之，十六大報告關於台灣問題論述非常好，特別強調了我們反對「台獨」的堅定立場，強調我們要義無反顧地捍衛國家主權和領土完整，表明了我們堅定的決心，也表達了我們願以最大的誠意、盡最大的努力去爭取和平統一，但是我們決不承諾放棄使用武力。十六大報告對台部分不僅反映了我們黨13年來行之有效的、被實踐證明是正確的對台基本戰略、方針、政策，同時又根據台灣形勢的變化，體現與時俱進的精神，作出了一些新的調整，提出了一些新的主張，明確了今後我們對台工作的總體思路和重點。

下面，我想談談今天的主題，即中國近代史特別是台灣近500年歷史對台灣民眾心態的影響。

台灣民進黨是一個公開主張「台灣獨立」的政黨。它的黨綱中明確地寫著要「建立主權獨立的台灣共和國」。就是這樣一個政黨，居然在2000年台灣「大選」中獲勝，而且經過兩年半的風風雨雨，基本上在台灣站住了腳跟，並繼續推動「台灣獨立」的分裂活動。2002年8月3日，陳水扁公開鼓吹海峽兩岸是「一邊一國」。他在對「台獨」組織「世台會」年會發表講話時，表達了三點意思：（1）「台灣是一個主權獨立的國家，現在的名字叫中華民國」；（2）「台灣與對岸的中國是一邊一國，要分清楚」；（3）「要認真思考在台灣進行公民投票的重要性和緊迫性」。這三句話完整地體現了陳水扁的「台獨」思路。

陳水扁提出大陸和台灣是「一邊一國」後，台灣島內有相當部分的民眾，尤其是台灣本省籍的民眾，認同這種歪理。最近一個時期，李登輝又大放厥詞，講「台灣從來就不是中國的一部分，台灣

的文化也不屬於中華文化,而且講台灣有自己500年的歷史」。在台灣當局的誤導下,台灣現在出現一種「文化台獨」。在台灣教育領域中,從小學開始,歷史課不講中國歷史,只講台灣500年歷史,以此來突顯台灣本來就是一個「國家」。在大學裡,中國文學被歸入外國文學。「文化台獨」潛移默化地影響著台灣青少年,逐漸使台灣同胞在這方面的認識模糊了。而青少年代表著台灣的未來,一旦他們對中國文化的認同和對中華民族的情感消失了,祖國的統一怎麼辦?

目前台灣有不少人、尤其是在台灣中南部地區的本省同胞,對主張「台獨」的民進黨表示同情與支持,對陳水扁當局「台獨」分裂言論不以為然,這是為什麼呢?我想這與近500年來台灣歷史的背景有密切關係。我認為要搞清台灣本省民眾這種複雜的心態,首先要瞭解台灣近現代史的發展。

史書記載,大陸向台灣移民最早是在1700年前,三國吳王孫權派大將衛溫率領萬餘人東渡台灣。這段歷史不僅正史有記載,而且還有旁證。吳丹陽太守沈瑩通過到過台灣的官兵和由官兵帶回的台灣人的述說,編寫了《臨海水土志》。據記載,當時有一萬多人抵台,但由於瘟疫死亡過半,最後剩下數千人返回大陸。漢人大規模向台灣移民應是在宋朝以後,先是進入澎湖地區,在澎湖地區開發後,又向本島進發。比較清楚有文字記載的祖國大陸向台灣大規模移民是500年前明朝的中後期,這就是台灣教科書中所謂500年歷史的開始。當時,福建的閩南人迫於生計,到台灣去開發,開荒種地。鄭成功的父親鄭芝龍曾經福建巡撫批准,招募大批的饑民到台灣去墾荒,這奠定了後來鄭成功退守台灣、反清復明的基礎。後來,鄭成功驅逐荷蘭人,收復了台灣,大陸向台灣移民曾經形成一

個高潮。17世紀後，漢人在台灣的規模越來越大。到17 世紀末，台灣漢族人口已超過10萬人，到1893年（清光緒十九年）台灣人口已達到254萬人。1945年台灣回歸祖國時，人口超過600萬。

目前在台灣的2230萬人口當中，閩南人占74%，從廣東梅縣、潮汕地區和閩西過去的客家人占12%。1949年隨蔣介石去台灣的國民黨軍政人員及平民約200萬人（其中軍隊66萬人，政府官員和平民140餘萬人），發展到現在有300 多萬人，即所謂的外省人，他們約占台灣人口12%。在台灣還有2%是少數民族，被稱為「原住民」。關於「原住民」的來源，一直是一個有爭論的問題。「台獨」分裂分子稱「原住民」是從菲律賓、澳大利亞和琉球來的，就是不承認是從大陸來的。最近發現了確鑿的證據，表明台灣至少有四個少數民族與我們海南島黎族的語言和風俗習慣完全一致，而黎族最早是從閩南遷移到海南的。也就是說，很早以前，閩南人有一支進入了台灣，還有一支進入了海南。為了證實這一點，不久前通過對兩地人種基因進行測驗，得出的結果是完全一樣的。

台灣同胞中74%的閩南人和12%的客家人構成了台灣本省籍同胞主體，近500年來，他們的遭遇確實很坎坷，所以錢其琛副總理2001年1月24日在紀念江澤民同志提出的八項主張時，講了一句語重心長的話，他說，我們要充分理解台灣同胞在長期的、特殊的歷史條件下所形成的複雜心態。

台灣同胞當初到台灣移民沒有別的目的，就是為了謀生。他們很多都是福建等地的無耕地農民，迫於生計，到台灣開荒種地，卻沒有想到在其後的歷史發展中，他們遭到了坎坷命運。這些農民一家一戶，沒有武裝，很容易遭到外敵入侵。先是明朝中後期的倭寇之禍。繼而1604年荷蘭殖民主義者侵入澎湖，10月，明朝派福建都

司沈有容率兵前往，要求他們撤走。受殖民利益驅使的荷蘭人不甘心就此退出，1622年又捲土重來。雖然1623年、1624年明朝派出軍隊驅逐荷蘭人出澎湖，但此時明朝已無力顧及台灣本島防務。1624年，荷蘭人進占台灣。不久，西班牙人也侵占了台灣北部和東部的一些地區，但於1642年被荷蘭人打敗。直至1661年，鄭成功率領25000名水師、乘坐400餘艘艦船從金門出發，經澎湖，攻下了台灣。鄭成功作為民族英雄，驅逐荷蘭人，收復台灣，功不可沒，但是他也開了與中央政權割據的先例，在一個時期內客觀上形成了一個相對獨立的封建地方割據政權。

　　至清朝康熙年間，隨著清朝國力的興盛，清政府決定要收復台灣。1683年，福建水師提督施琅率領2萬餘官兵，從福建東山島出發，進攻澎湖，一舉殲滅鄭氏小朝廷水師主力。當時在台灣主政的鄭成功孫鄭克爽驚恐萬狀，召集文武大臣商議，有三種意見，一種主張逃亡到呂宋（現在菲律賓），建立流亡政府；一種主張寧為玉碎，不為瓦全，奮戰到底；第三種認為逃亡不可取，抵抗是以卵擊石，主張與施琅談判，最大限度爭取保住權益。最後，鄭克爽採納了第三種意見，經過討價還價，達成歸順協定。清朝收復台灣對於中華民族的貢獻是巨大的。清朝收復台灣後，將清王朝專制統治帶入了台灣。

　　1894年清政府在中日甲午海戰中慘敗，於1895年在日本馬關簽署了喪權辱國的《馬關條約》，被迫將台灣割讓給日本。當時，台灣同胞情緒激昂，義憤填膺，自發地集會、遊行，上書請願，反對割讓。在日本侵占台灣的過程中，遭到了台灣人民自發的武裝反抗。日軍歷時5個多月，才最終占領台灣，付出了死亡4800餘人、傷12000餘人的代價。台灣同胞寫下了可歌可泣的、悲壯的歷史篇

章。日本占據台灣後，推行「皇民化運動」，強迫台灣同胞學日文，講日語，不准說漢語，過日本人的生活。在日本統治的50年（1895～1945年）中，台灣同胞仍然不斷地進行反抗日本殖民統治的武裝鬥爭。但是「皇民化運動」也的確在台灣培養了一批親日勢力，李登輝就是其中的一個典型。有的還為日本殖民侵略辯護，稱如果沒有日本的殖民統治，台灣經濟就不會有現在的發展，是日本給台灣帶來了工業文明、修建了鐵路，等等，這種觀點顯然是錯誤的。

1945年日本戰敗，根據《波茨坦公告》和《開羅宣言》，台灣重新回到祖國的懷抱。台灣同胞興高采烈，殺豬宰羊迎「王師」。但是令台灣同胞失望的是，國民黨進入台灣後，並沒有為台灣同胞做多少好事，而是幹了許多壞事。首任台灣行政長官陳儀接受日軍投降後，認為在台灣堅持抗日的精英有共產黨的嫌疑，不能被任用。國民黨也由於在大陸的軍事節節失利，在台灣「恐共」情緒日盛，堅持「寧可錯殺一千，也不放過一個」，製造了許多血腥事件。1947年2月27日，台灣省專賣局緝私人員和員警在台北查緝私煙時，打傷一名女煙販，打死一名圍觀群眾。2月28日，許多群眾到長官公署請願，衛兵公然向徒手群眾開槍射擊，當場打死打傷多名民眾。隨後，陳儀下令實行戒嚴，軍警上街巡邏，又打死了不少群眾，使得整個台灣的局勢失控，導致台灣全島罷課、罷市、罷工。國民黨台灣地方政府十分恐慌，一不做，二不休，實施血腥鎮壓。全島各地都出現了各種形式的抗官和盲目毆打外省人的暴力排外事件。台灣民眾開始提出要剷除國民黨在台灣的專制統治，要求實行台灣地方民主自治。國民黨政府將台灣民眾的反對專制統治、要求民主、要求地方自治的主張，統統汙衊為「企圖顛覆政府，奪取政權，背叛國家」，冠以「顛覆罪」、「通匪罪」，進行了殘酷

的鎮壓，把許多台灣的知名人士和大批的民眾殺害。「二二八」事件中死亡人數至少有幾千人，還有不少人失蹤，許多老一輩的台籍精英、抗日志士都被鎮壓了。從此，在台灣人民和國民黨當局之間、本省籍與外省籍之間種下了仇恨的種子，產生了嚴重的省籍隔閡，給當代的台灣政治留下了深重的陰影。

自1949年5月20日始，台灣宣布全省戒嚴，並持續了38年時間，這在世界上也是沒有先例的。國民黨政府封鎖了台灣全省，限制人員出境，實行軍事管制，封鎖大陸的消息，並嚴禁新聞、言論、出版、罷工和遊行示威自由，剝奪了台胞所有的民主權利。國民黨為了維護其統治，在台灣發起了「防諜肅奸」的活動，製造了許多的「匪諜案」、「叛亂案」。據不完全統計，僅在1949～1952年，因「共匪」之名被槍斃的就有4000多人，被判處有期和無期徒刑的達8000～10000人，而被祕密處決的更是無法統計，這使台灣不少愛國、進步人士被殺害殆盡。

「自由中國」事件1950-60年代影響較大的一個政治事件。《自由中國》原是胡適和雷震辦的一個雜誌，以「自由、民主、反共」為綱領，發表了許多關於反對黨問題的文章。1960年雷震召集了一些本省政治人物，籌組了一個「中國地方自治研究會」，準備成立一個反對黨──「中國民主黨」。尚未成立，國民黨當局就以「配合中共統戰陰謀」、「涉嫌叛亂」的罪名將其人員逮捕。但這個事件對台灣後來的民主運動起了一定的啟蒙作用。

1960年代以後，在台灣出現了一股「黨外勢力」、「黨外運動」。因為國民黨不允許在台灣存在別的黨派，就將國民黨以外同國民黨持不同政見的人士統稱為「黨外人士」。「黨外運動」包括分離運動、自治運動、反對運動、社會運動、本土運動和民主運

動,是不同政治力量組合成的反國民黨聯合陣線。其成分非常複雜,有主張統一的,也有主張「獨立」的。

1977年11月,台灣首次出現地方公職人員選舉。1978年底,大陸方面正式提出「和平統一」口號,取代過去的「一定要解放台灣」。蔣介石生前曾交代蔣經國,不能與大陸談判,稱「談判就是投降」。所以蔣經國實行「三不」政策,即與大陸「不接觸、不談判、不妥協」。但蔣經國面臨的一個非常困惑的問題是:一方面不能與中共談判,另一方面反攻大陸又行不通,於是他提出實行「本土化運動」。

1947年,國民黨在南京曾召開「國民大會」,通過了「中華民國憲法」,選出了3000多名「國大代表」。1949年蔣介石退往台灣時,將其中2000多名「國大代表」也帶到了台灣,這是蔣介石在台灣彰顯其統治合法性的一個重要的「法統」依據。但隨著時間的推移,「國大代表」生老病死,開始自然凋零,國民黨不得不進行「國會」改造,將尚存的原「國大代表」定為終身代表,再由新增、補選的代表來補充已缺的空額,這就開了台灣選舉的先例。台灣黨外人士緊緊抓住這個機會,通過競選國代活動,既揭露國民黨的反動統治,又提出自己的民主主張,並乘機發展黨外勢力。在1977年第一次選舉中,黨外人士就獲得了30%多的選票。不過,直到民進黨主席陳水扁2000年「大選」時,取得的選票還只有39%。民進黨執政後,「立委」選舉也只獲得41%的選票。「台獨」主張限制了民進黨取得半數以上的選票,因而陳水扁一直設法爭取中間選票。

蔣經國推行本土化政策,原本是想在台灣本土找一些親國民黨的人士來點綴國民黨政府,想仍然由國民黨掌握核心權力,讓台灣

本省人出任一些不太重要的職位,但這一走鋼絲舉措的最大弱點在於人是難以預測的,是難以控制的。李登輝就是一個典型,他49歲加入國民黨,從不發表自己的政見,與蔣經國絕對保持一致,表現得老實、可靠、穩重,在政治上十分忠貞,所以能夠博得蔣經國的信任,被選為副總統。然而就是這樣一個人,在骨子裡早已有著「台獨」理念,不達「台獨」目的誓不甘休,他當選總統後就開始不顧一切地搞「台獨」分裂活動。

　　國民黨的本土化政策和地方選舉為黨外勢力的發展提供了一個契機。黨外人士開始通過辦自己的雜誌,來製造輿論,來建立自己的陣地,大力發展自身勢力。當時,在中美建交前,黨外人士在高雄辦了一個重要雜誌,即《美麗島》,專門揭露國民黨政治的黑暗,而且在台灣全島的各個縣市設立服務處,也就是黨外人士的聯絡處,成為他們組織群眾的網路。1979年12月10日,《美麗島》雜誌在高雄組織了一次聲勢浩大的紀念世界人權日慶祝大會,並在當天晚上舉行了火炬遊行,喊出了「解除戒嚴,開放言論自由和集會自由」的口號,參加和圍觀的群眾達到2萬多人。這一舉動震驚了國民黨,於是國民黨派出大批鎮暴部隊進行鎮壓,與遊行的群眾發生了大規模的衝突。這就是台灣當代史上著名的「高雄事件」,又稱「美麗島事件」。後來,國民黨以「具有叛國意念,共謀顛覆政府,與海外叛國分子勾連,策劃暴力奪權」的罪名查封了《美麗島》雜誌,逮捕了黨外人士150多人,其中有40多人被判重刑。經過此事件,儘管又新成立了「黨外編輯作家聯誼會」、「黨外公職人員公共政策研究會」等組織,但黨外勢力基本上被一網打盡,遭到重創。由於美國出面干預、力保那些搞「台獨」的本省籍人士,使之得以從寬發落,而那些支持大陸的、親共的、擁護統一的人士則多被殺害。最後結果,「台獨」分子被保留下來,「戒嚴令」取

消後被釋放出獄，成為台灣目前「台獨」活動的骨幹。此外，在「高雄事件」中，有一批年輕的律師，如陳水扁、謝長廷、蘇貞昌等出面進行辯護。這些人瞭解政策，也善於保護自己，後來就取代了被捕的黨外人士，在黨外運動中獲得領導權，策略地組織台灣的反蔣人士繼續搞運動，所以黨外運動反對國民黨專制統治、爭取民主、爭取自由的勝利果實，最後落到了一批為「美麗島事件」辯護的律師手裡，他們也成為後來民進黨的當權派和實力派。

今天在這裡回顧台灣近500年的歷史，我想說明什麼問題呢？就是台灣同胞在經歷了這些坎坷之後，將清政府和國民黨的專制統治與中國大陸聯繫起來，提出這樣一個問題：為什麼我們台灣同胞不能自己當家作主？為什麼總是由「外來」的政權來統治我們？李登輝就是在這個問題上大做文章，提出「國民黨是外來政權」，台灣應擺脫「外來統治」，爭取自己來當家作主，自己領導、管理自己。這種思想，這種情緒，是和台灣近500年的歷史分不開的，學者稱之為「出頭天」思想或「台灣意識」，我們把它稱為「台灣同胞要求當家作主的願望」。要求民主、要求自治是台灣同胞的普遍共識。而這種民主意識的產生和發展，也與20世紀後期台灣經濟的發展和全球化的進程是分不開的，也與台灣民眾受教育程度的提高有密切的關係。但可悲的是，台灣民眾這種特殊的、要求自己當家作主的「出頭天」思想，後來被「台獨」分裂勢力所利用，並發揮得淋漓盡致。受美國、日本等國際反華勢力豢養的「台獨」分子，利用了台灣島內民眾的這種心態，放手搞「台獨」。李登輝竭力宣傳「台獨」思想，與陳水扁互相配合，互相呼應，稱只要台灣有「外來政權」，就沒有自己的民主和自由；如果台灣同胞要自由、民主，就首先必須獨立；沒有獨立，就沒有民主、自由；如果與大陸統一了，實行「一國兩制」，台灣就絕對沒有了民主和自由，理

由是「共產黨沒有民主和自由」。陳水扁則稱「一國兩制」就是「把台灣變成中華人民共和國的一個省，就是由中共來統治台灣，就是吞併台灣。」國民黨的長期反共宣傳也產生了嚴重的誤導作用，使台灣同胞以為共產黨是沒有民主、自由的，對共產黨產生很大偏見，對大陸抱有戒心、疑慮甚至恐懼心理。

　　台灣500年來長期遭受外國殖民統治和來自大陸的封建、專制統治，有些同胞產生了對大陸同胞的盲目厭惡和憎恨，把國民黨的專制統治與大陸同胞混為一談。也許有人不贊成我的這種觀點，因為目前每年台胞有300萬人次到大陸來觀光旅遊、經商興業，已經親眼目睹了大陸的現狀，怎麼會不瞭解大陸的真實情況呢？這其中有著複雜的原因。首先，台灣2200多萬同胞，真正到過大陸的不到500萬人，不到台灣總人口的1/4，而在台灣中南部地區廣大的農民、普通的市民大多沒有來過大陸。其次，到大陸來的許多台胞是來經商的。他們在大陸經商的過程中，接觸了大陸各級基層政府，我們存在的一些腐敗現象、官僚作風造成了很惡劣的影響。第三，台灣當局長期誤導台灣民眾，宣傳中共的政策多變，使台灣民眾不敢輕易相信大陸的「一國兩制」政策真會保持不變。最主要的是台灣當局民進黨陳水扁等「台獨」勢力一直挑撥省籍隔閡。李登輝聲稱長期以來都是「外來政權」統治台灣，自己是500年來第一個真正的台灣本省領袖。陳水扁則宣傳李登輝是繼承國民黨的體制，他才是由台灣民眾選舉產生的第一個真正的台灣領袖。李登輝還認為，台灣本省人好不容易才爭得了台灣的最高權力，不能讓外省人捲土重來。所以他作為國民黨主席，在2000年台灣「大選」中，居然不支持本黨的候選人連戰、宋楚瑜，反而去支持民進黨的陳水扁當選，因為他們在「台獨」立場上是一致的。總之，每逢選舉，「台獨」分子就設法製造省籍情節。2001年台灣「立委」選舉，民

進黨在發展經濟方面毫無政績，股市指數從9000多點跌到3000多點，　2001年台灣GDP增長率下降了7個百分點，負增長2%，這是台灣經濟50多年來沒有過的記錄。就是以這樣的政績，民進黨仍然在選舉中大獲全勝。陳水扁詭稱其上台後經濟搞不好的原因，是國民黨在搗亂；失業率升高，不是因為他沒把經濟搞好，而是因為外省人不可靠，國民黨都到大陸去投資了。本省人在台灣總人口中占到86%，其中不少人誤以為陳水扁是代表本省人的，而國民黨是代表外省人利益的。所以，我們怎樣去做台灣人民的工作，如何去爭取台灣民心，怎樣才能把占台灣80%以上的本省同胞爭取過來，成為當前我們解決台灣問題最大的一個難點。

如上所述，「台獨」勢力正是利用了台灣島內的省籍情結、利用了台灣同胞「出頭天」的思想，將樸素自發的台灣意識向「台獨」方向引導，造成了我們統一前景的嚴峻形勢。

最後，我想講一下新時期的對台工作。黨的十六大對今後一個時期對台工作提出了明確的指導思想和總體要求，我們要全面地貫徹十六大的精神。今後一個時期的對台工作，我覺得主要應把握好以下五個方面：

第一，我們要毫不動搖地堅持一個中國的原則，堅決地反對陳水扁「台獨」分裂勢力的活動，要把遏制「台獨」放在我們對台工作的一個更加突出的位置上。如果我們不能有效地遏制「台獨」勢力的發展，就會影響我們的戰略目標的實現，就會影響我們國家的「四化」建設、改革開放和經濟發展。我們要從戰略全域上充分認識「台獨」分子「一邊一國」論的危害，要從史學的觀點提出我們的論據，來做好台灣人民的工作，爭取台灣民心。

第二，要繼續擴大兩岸各項民間交流和人員往來，積極推進兩

岸的直接「三通」。在當前兩岸政治處於僵局的情況下，我們對台的一項重要工作，就是要擴大兩岸的民間交流。擴大交流也為我們做台灣同胞的工作創造了條件。現在，台灣同胞每年到大陸有300多萬人次，平均每天有近萬名台胞進出大陸。兩岸間的貿易現在已經發展到一個很大的規模。2001年海峽兩岸的貿易達到323億美元，其中我們向台灣出口50億美元，台灣向大陸出口273億美元，台灣通過兩岸貿易，全年從大陸獲取223億美元的貿易順差。2002年上半年，兩岸貿易仍然在繼續高速增長，達到180億美元，全年有望達到400億美元。還有一個可喜的現象，2002年上半年的統計資料表明，祖國大陸已經首次取代美國成為台灣最大的出口市場和最大的貿易順差來源地，台灣向大陸出口的貿易額已經占其出口總額的25%。50多年來，台灣對美國的貿易一直處於第一位，2002年上半年，台灣對美國的出口下降至21%，對大陸的出口上升至25%，這是一個歷史性的變化。兩岸經貿關係的發展對密切兩岸關係起到了積極作用。當前，台商到大陸的投資勢不可擋。李登輝掌權時有一個政策，規定台商到大陸5000萬美元以上的專案不准投資，高科技產業不准投資，只能是勞動密集型產業。民進黨上台後，對台商到大陸的投資不得不放寬限制。截止到2001年底台商投資大陸總額據統計達600多億美元，實際到位的資金為300多億美元，台灣對大陸的投資在大陸引進境外資金中已列第四位。台灣目前在大陸有54000多家企業，在大陸從事工商管理的人員及其家屬號稱「百萬大軍」，僅在上海和蘇州一帶，台商就有30多萬人。隨著兩岸經貿聯繫的日益擴大，要求兩岸直接「三通」的呼聲也不斷高漲。從1981年葉劍英提出實現和平統一的「九條」、倡議兩岸「三通」，20多年來台灣當局不予理睬，現在實現兩岸「三通」已不僅僅是我們的倡議，更是台灣島內同胞的迫切要求。因為不能直

接通航,台灣每年損失的運費就達1000億台幣(約30億美元)。2002年,台灣當局面對島內壓力,不得不同意台商包機回台過春節,但仍有所限制:(1)台灣的民航飛機可以飛往大陸,但大陸的民航飛機不能飛台灣;(2)可以一機到達目的地,但中途必須在香港或澳門落一下地;(3)包機只在春節前後的兩周開放,須提前十天申請。目前台灣島內民眾明確贊成兩岸「三通」的占70%,我想何時台灣島內主張統一的呼聲也像現在主張兩岸「三通」的呼聲一樣高漲,那麼兩岸統一也就容易實現了。

第三,我們要繼續加強與台灣所有反「獨」的、贊成一個中國的政黨和團體的交流,打擊頑固的「台獨」分裂勢力,同時歡迎民進黨廣大成員以適當的身分來訪問大陸。對台灣的任何政黨,只要是反「獨」的,認為台灣與大陸同屬於一個中國的,只要是贊成發展兩岸關係的,我們既往不咎。在國家統一大業的問題上,我們需要共同攜手努力。另一方面,我們還需要把民進黨廣大一般成員與少數頑固的「台獨」分子區別開來。民進黨已從1999年的20萬黨員發展到2002年的50萬黨員,我們不能將這50萬黨員一概視之為「台獨」分子,所以一定要區別對待。對於廣大的民進黨一般成員,我們歡迎他們到大陸來走走看看,慢慢地消除他們過去對大陸的誤解。

第四,必須要切實地做好台灣人民的工作。不爭取台灣人民,統一大業無從談起,所謂「得民心者得天下」,自古如此。所以,我認為:(1)中國共產黨是代表中國最廣大人民群眾的利益,理所當然地應代表廣大台灣同胞的利益,要體現祖國大陸對台灣同胞的關心。中國共產黨過去推翻三座大山,在大陸推翻國民黨政權,靠什麼?從根本上來說,我們是靠人民群眾的支持,贏得了民心,

解決台灣問題也是同樣。（2）做台灣人民的工作，必須要理解台灣民眾的特殊心態。台灣人民在歷史上遭受了非常坎坷的、不公平的待遇，他們對大陸同胞有一些誤解，有一些怨恨，有一些疑慮，我們不能去苛求他們，應該理解他們。在這方面，研究歷史是十分重要的。（3）做台灣人民的工作，必須動員全社會的力量，動員各行業、各地區、各部門、各個學者、專家、官員。做台灣人民工作是全黨、全社會的共同責任，大家要維護好祖國大陸的形象，維護大局。（4）做台灣人民的工作要講究方法。我們要以尊重台灣同胞的態度，以平等的態度去交往，以消除台灣同胞的疑慮，增進台灣同胞和大陸同胞之間的理解。

第五，做好國際社會工作，使「台獨」在海外沒有市場。目前，廣大的華僑、華人都站在祖國大陸一邊。最近兩年裡，海外華僑已經成立了120多個統促會，都表示反對「台獨」分裂。我們的外交活動也十分成功，世界上現在有165個國家與中國建交，都聲明堅持一個中國的原則。即使與台灣維持所謂「邦交」的27個國家，也不承認「一邊一國」，只是在誰代表中國的問題上有分歧。陳水扁「一邊一國」論頒布後，在全世界沒有得到任何呼應。

總之，解決台灣問題，我們應該有信心。隨著我們綜合國力的繼續增強，國際威望的不斷提高，民主法制的不斷完善，台灣終會回到祖國的懷抱，祖國統一是必然趨勢。現在「台獨」分子擔心形勢變化越來越有利於統一，於是加緊搞分裂，實際是一種恐慌的表現。所以，目前我們應該著眼大局，抓住機遇，集中精力，發展經濟，同時做好對台灣的各項工作，尤其是爭取民心的工作，爭取儘早實現和平統一。對於台灣問題，我們大家要有責任感、使命感、緊迫感，但也不能操之過急。只要我們按照中央的各項方針政策，

積極主動地做好對台工作，祖國最終一定會實現統一。

2002年12月28日

在中國社科院當代中國研究所作報告全文刊載於《當代中國史研究》2003年02期

李登輝與九十年代台灣政局

筆者在1990—1995年間撰寫的有關台灣問題的政論文章，從一個側面反映了這一重要時期台灣政局和兩岸關係的發展變化，而這一變化集中體現在台灣當局對一個中國原則的動搖、偏離直至背棄的過程。瞭解這一段歷史，對我們瞭解「台獨」分裂勢力在台灣島內發展、坐大及蔓延的複雜、深刻背景，尤其對瞭解李登輝其人，頗有裨益。

記得在1992年7月間，那是一個盛夏，香港中文大學舉辦了一個「九十年代之兩岸關係研討會」，中大副校長金耀基先生親臨會議，台灣知名企業家高清愿、高育仁先生也曾給予積極支持，希望能借此打開兩岸「三通」的大門。兩岸參加此次研討會的有不少重量級人士，台灣方面與會的有丘宏達、沈君山、田弘茂、高英茂、陳忠信等學者；大陸方面有姜殿銘、范希周、李宏碩、郭相枝、郭炤烈先生等，我也有幸參加了此次研討。就在那次會上，時任中國社科院台研所所長的姜殿銘先生和我都強烈覺察到海峽兩岸關係在出現根本變化，台灣當局的大陸政策已明顯地開始偏離一個中國的軌道。當時我意識到這是一個重大的動向，回北京後我立即撰寫了一篇《堅持一個中國原則不能動搖》的文章，發表在《瞭望》雜誌上。不久中共十四大在京召開，我結合學習十四大江澤民總書記報

告，又在《人民日報》上發表了《堅持一個中國，促進兩岸統一》的短文。此後，海峽兩岸圍繞一個中國原則的鬥爭日益公開化，兩岸之間的政治分歧，也從80年代之前的「法統」之爭，慢慢轉化為堅持還是背棄一個中國原則的統「獨」鬥爭。

李登輝是1988年1月蔣經國病死後，採取各個擊破的方式，逐步掌控台灣高層權力的。上台之初，由於立足未穩，對內對外基本上都沿襲蔣氏父子的各項政策。進入90年代，隨著其在台灣高層的權力地位日趨鞏固，開始對國民黨長期堅持的一個中國政策進行調整，從「一國兩府」、「一國兩實體」、「階段性兩個中國」到「一個分治的中國」，到最後「兩國論」出籠，充分體現出李登輝堅持「台獨」分裂立場的本質。現在，恐怕再也沒有人會懷疑李登輝是搞「台獨」的了。而在當時，由於他一邊搞分裂，一邊又講些「一個中國」和「統一目標」的話，使得不少人在很長一段時間內看不清其廬山真面目，甚至不敢相信李登輝真的是在搞「台獨」。當然，認識一個人，總得有一個過程，一件事情本質的暴露，也需要一個過程。直至目前，對李登輝是一開始就是混入國民黨內、騙取蔣經國信任的「台獨」分子，還是由於後來受內外各種因素影響而蛻變為「台獨」分子，還有爭論。這些，都是可以繼續探討的話題，儘管已不太重要。

李登輝在早期推行「台獨」分裂路線時，其特點是「形統而實獨」，表面上不時講一些「統一」之類的假話，實際上則在一步一步地搞「台獨」。回顧90年代前期這段歷史，人們不難發現，李登輝是靠打著「政治民主化」和「權力本土化」這兩面旗幟，騙取台灣的民心，同時也確實誤導了台灣民眾。他一方面蓄意利用台灣同胞由於歷史原因形成的、要求當家作主的「出頭天」思想，為其推

行「台獨」分裂路線服務；另一方面又利用廣大台灣同胞對蔣氏父子獨裁專制統治的不滿情緒，刻意製造省籍情結，挑動族群不和。他在這方面，堪稱高手。但他的真實面目一旦徹底暴露，他的能量就反而減弱，這也是李登輝下台之後雖不遺餘力、拼命掙扎，反而影響力日趨弱化的根本原因。從歷史上看，一切反動、漢奸人物，在其面貌未完全暴露時，最具欺騙性，也最具危險性和破壞性。但他們總是高估自己，最後以失敗告終。這是一條鐵律。

李登輝推行「台獨」路線所產生的後果是相當嚴重的。正是他的所作所為，使得原本分散在美、日等國外的「台獨」勢力進入島內，並使得島內的「台獨」分裂勢力日益坐大，迅速膨脹，最後掌控了台灣的核心權力。主張「台獨」的民進黨能在2000年上台執政，與李登輝暗中分裂國民黨、支持民進黨是分不開的。

回顧一下90年代台灣政局和兩岸關係的發展變化，對我們今天觀察、思考台灣問題，進一步開展對台灣問題的研究，很有價值。

當然，台灣問題是複雜的，也是在變化的。它的複雜性，首先在於其特殊的歷史背景，其次也由於它背後的複雜國際因素。

大陸將台灣問題作為一個專門的學術研究領域，廣泛、公開地展開研究，始於80年代後期，即小平同志提出「和平統一、一國兩制」的對台方針之後。進入90年代後，隨著對台研究機構紛紛成立，祖國大陸關心和研究台灣問題的學者專家也越來越多，研究領域也從政治、歷史擴大到經濟、文化、軍事等各個領域，對此，本人感到特別欣慰。我在1995年出版《台海形勢回顧》一書，當時大陸學者對台灣問題研究專著甚少，出版後受到海內外關心和研究台灣問題的學者專家及有關人士的重視，香港一些媒體也專門為此書作了介紹。

孫中山先生有句名言：「世界潮流，浩浩蕩蕩，順之者昌，逆之者亡。」具有5000年文化傳承的中華民族，具有強大的凝聚力。無論是站在歷史的角度，還是從海峽兩岸的地緣關係看，搞「台獨」分裂活動，充其量只能在茫茫滄海中掀起一個小小浪花，不可能也無法改變歷史巨輪在大海上前行的航向。

2003年5月於北京

努力開創兩岸關係發展新局面

這次論壇是繼去年3月深圳論壇之後，兩岸學術界共商合作大計、共謀發展遠景的一次盛會。與會代表很多是在海內外享有盛名的重量級學者，大家克服非典疫情的影響，踴躍赴會，充分展現了對發展兩岸關係的高度熱忱和期待。兩岸學術交流是兩岸民間交流的一個重要方面，並且對其他各項交流起著重要的推動作用。目前兩岸各項交流正在逐步恢復和展開。借此機會，我謹代表中共中央台辦、國務院台辦，對此次論壇的成功舉行表示熱烈祝賀！

這次論壇的主題是：「當前兩岸關係和發展前景」。兩天來，各位專家學者緊扣主題，各抒己見，暢所欲言。儘管在某些問題上看法有些分歧，觀點不盡一致，但大家都抱著不以己見強加於人、不因分歧而影響兩岸關係發展的共同願望，相互切磋，坦誠交流，求同存異，取得了若干重要共識。第一，大家認為，目前兩岸關係仍面臨一些困難和問題，應該予以足夠重視，但這不會改變兩岸關係發展的大趨勢，兩岸關係蘊蓄著新的發展機遇。第二，這次抗擊非典，給了我們一個重要啟示，即兩岸中國人血濃於水，互相的利益密不可分，兩岸合作可以創造雙贏。兩岸同胞只要超越成見，同

心協力，多一些包容，多一些關愛，就沒有戰勝不了的困難。第三，目前當務之急，是採取務實措施，排除各種干擾，儘快使兩岸關係重新回歸正常的發展軌道。這些共識的達成，使我們感到十分欣慰。它再次說明，發展兩岸關係是符合兩岸同胞根本利益的，是深得民心的。

今年上半年，突如其來的非典疫情，使兩岸同胞同受其害，兩岸關係也經受了嚴峻的考驗。在抗擊非典疫情的鬥爭中，兩岸同胞同舟共濟，守望相助，充分彰顯了中華民族強大的凝聚力和生命力。在台灣疫情發生後，胡錦濤總書記、溫家寶總理等領導人非常關心台灣同胞的健康和生命安全；大陸各地、各部門和人民團體也紛紛採取行動，力所能及地幫助在大陸台胞包括台資企業在內的非典預防工作，先後向台灣捐贈了1000多萬元人民幣的防治非典物資，並交流防治非典技術。廣大台灣同胞，不論是生活在島內的，還是工作在祖國大陸的，也都通過各種方式充分表達自己的愛心。兩岸同胞在共同抗擊非典疫情中表現出來的骨肉情、同胞愛，是非常真誠的，是發自內心的，絕無任何政治意圖。台灣當局極少數人企圖借疫情製造事端，這種做法顯然有悖情理，也是違背民意的。特別值得注意的是，最近一段時間，台灣有人利用「公投」問題大做文章，企圖進一步惡化兩岸關係，這是一個非常危險的動向。我們一向尊重台灣同胞要求當家作主的願望，理解台灣同胞渴望民主自由的心情，支持台灣同胞主張發展政治民主的要求。但是，我們決不允許極少數人蓄意利用「公投」進行分裂祖國的活動，堅決反對任何挑戰一個中國原則的所謂「公投」。我們相信，利用「公投」搞「台獨」分裂活動的終究是少數，廣大台灣同胞一定能夠明辨是非，洞察其奸。

我們欣慰地看到，今年上半年，兩岸各項交流與人員往來，雖然受疫情的影響增速減緩，但在兩岸同胞的共同努力下，它沒有改變兩岸關係發展的勢頭。據最新統計，上半年除人員往來有所下降外，其他各項交流與合作仍然呈現出持續增長的良好勢頭。一時一事的局勢變化，不會也不可能影響兩岸關係發展的大趨勢。

各位朋友都很關心當前祖國大陸的經濟形勢，在這裡我也可以告訴大家，上半年儘管由於非典疫情，使經濟發展尤其是旅遊、交通和服務業受到一定影響，但從整體上看影響不大，工農業生產、進出口貿易呈現穩定增長的良好勢頭。據統計，上半年國內生產總值增長8%以上，實現全年經濟增長7%的預定目標是基本可以預期的。我們對祖國大陸21世紀的發展前景充滿信心。

為了儘快恢復海峽兩岸的各項交流，進一步促進兩岸關係發展，我提出以下四點建議。

第一，應把兩岸經貿交流與合作擺在更為突出的位置上。幾年來，實踐證明，進一步加強和促進兩岸經貿合作，對振興兩岸經濟具有十分重要意義，也是兩岸同胞的當務之急，可以說有百利而無一害。為此，一切限制兩岸經濟合作的人為障礙，都應當儘快拆除；一切干擾和影響兩岸經貿交流的政治分歧，都應當暫時擱置，並逐步化解。為保證兩岸經貿關係健康有序地發展，有必要在總結過去經貿交流、合作的基礎上，儘快建立起兩岸經濟合作的機制。

第二，排除各種障礙，早日實現兩岸全面、直接「三通」。儘快實現兩岸直接「三通」，是兩岸同胞的迫切願望，也是兩岸交流交往的客觀需要，更是我們與台灣廣大台胞的重要共識。在目前兩岸每年有300多萬人次客流量、400多億美元物流量的情況下，早日實現兩岸直接「三通」，兩岸都能從中得到實惠，台灣每年可節省

運輸成本數十億美元。兩岸「三通」是經濟問題，完全可以通過兩岸民間組織協商解決。在這種協商中，可以不涉及一個中國的政治含義，雙方只要能達成簡單易行的辦法，並各自得到確認，就可以儘早通起來。這既可為實現兩岸經濟合作拓展更廣闊的空間，又可增進互信，累積共識，為今後的對話與談判創造條件與氛圍。為此，我們真誠地希望兩岸同胞同心協力來推動，更希望今天在座的學者專家，共同為兩岸全面、直接「三通」獻計獻策。

第三，努力創造條件，儘快恢復兩岸對話與商談。在一個中國原則基礎上，早日恢復兩岸對話與談判，是我們的一貫主張，也是兩岸關係正常化的一個重要標誌。但是台灣民進黨當局三年來拒不接受一個中國原則、不承認「九二共識」，致使兩岸對話與談判遲遲不能恢復。為打破僵局，在對話與商談問題上取得突破，江澤民同志在中共十六大再次鄭重呼籲，「在一個中國原則的基礎上，暫時擱置某些政治爭議，儘早恢復兩岸對話和談判」，並且具體提出「三個可以談」。我們真誠希望台灣方面考慮我們的倡議，並做出積極的回應。只要承認兩岸同屬一個國家，一切問題都好商量。某些長期存在的政治分歧，一時解決不了，可以而且應當先擱置起來。我相信，只要坦誠相見，多接觸、多交流、多溝通，就一定可以找到解決兩岸關係癥結問題的妥善辦法。

第四，兩岸攜起手來，努力實現中華民族的偉大復興。實現中華民族的偉大復興，是全體中華兒女的共同願望。促進中華民族的發展壯大，使中華民族巍然屹立於世界民族之林，為人類文明作出更大的貢獻，是全體中華兒女的共同期待與責任。我們黨把推進現代化建設、完成祖國統一、維護世界和平確定為進入新世紀必須完成的三大任務，就是為了更好地實現中華民族的偉大復興。實現中

華民族偉大復興，對祖國大陸人民有利，對台灣同胞有利，對海外僑胞有利。每一位中華兒女都應當以此為念，並為之做出積極的貢獻。

國家要統一，民族要復興，台灣問題不能無限期地拖延下去。在當前兩岸關係發展的重要時刻，希望大家能進一步發揮聰明才智，通過學術交流，為促進兩岸關係發展，為早日實現祖國統一做出新的貢獻。

2003年7月

在海研中心「兩岸關係論壇」上講話

「公投制憲」是一項極其危險的舉動

陳水扁把「公投、制憲」和「一邊一國」作為這次選舉的主軸，是在走一著險棋，說他玩火也不為過。因為陳水扁上台執政三年多來，經濟持續不景氣，失業率不斷增高，台灣同胞的實際生活水準不升反降。在這種情況下，他心裡很虛，他最怕他的對手打經濟牌，所以搶先出招，主動出擊，高分貝地製造「公投」、「制憲」聲浪，到處鼓吹「一邊一國」，企圖刺激大陸，讓大陸作出過激反應，然後他又可以汙衊「大陸打壓台灣」，藉機製造悲情，挑起兩岸關係緊張，激化統「獨」矛盾和省籍矛盾，同時把自己裝扮成為台灣人民打拼的「英雄」，達到競選連任的目的。這些早在我們意料之中，我們不會上這個當。陳水扁這樣只為自己連任，不顧台灣同胞利益，把廣大台灣人民作為賭注，把台灣同胞推到與祖國大陸衝突的邊緣，這不是一個政治家應有的作為，是極不道德的，是在破壞台海和平。

台灣人民是中華民族大家庭的重要成員，是優秀中華兒女的一部分。同樣，台灣人民近50多年來創造的經濟上的成就，來之不易。怎麼樣來保護它，並使之發揚光大，這才是中國人應有的思考。陳水扁、李登輝的所作所為，是要把台灣同胞多年來艱辛取得的成果毀於一旦。

　　李登輝為了給「台獨」分裂勢力壯膽，為了消除中間選民對他們搞「台獨」的憂慮，一再宣傳中共不會打台灣，也不敢打台灣，而且還說什麼「中共是紙老虎」；宣傳如果大陸對台動武，美國會保護台灣。這是很危險的，也是一種極不負責任的說法。他們是在欺騙台灣老百姓，欺騙台灣同胞支持他們搞「台獨」。台灣同胞千萬不可上當。因為「台獨」是一條底線。我們一再表示，我們希望和平解決台灣問題，因為台灣同胞是我們的骨肉兄弟，我們不願看到兵戎相見。但最終能否實現和平統一的目標，並不是完全取決於祖國大陸方面。如果台灣的當權者，與社會上「台獨」分裂勢力相互勾結一起公開搞「台獨」，公然向祖國大陸挑釁，向一中原則挑釁，那武力恐怕就難以避免。我們經常說「台獨」就是戰爭，也就是這個道理。如果認為直接的搞「台獨」也不會打，這會付出很大的代價。如果認為他們搞「台獨」美國會出來保護，更是十分天真也是極其危險的想法。美國人會保護他們自己的國家利益，但絕對不會去保衛「台獨」，更不會為「台獨」而流血犧牲。

　　打著民主的旗號搞「台獨」，利用民意搞分裂，這也是陳水扁的一大特色。根據聯合國1947年的決議，只有殖民地人民，經聯合國認可，獲得宗主國同意，方可用公民投票的方式，來決定是否獨立。而台灣現在不是殖民地，無論從歷史上、還是從法理上看，都是中國神聖領土不可分割的一部分。海峽兩岸同屬於一個中國，過

去兩岸一直有共識。即使在李登輝當政後的1991年台灣「國統會」正式通過的「國統綱領」，也明確宣示「台灣固為中國一部分，大陸也是中國一部分」，並把統一列為最終目標。因此在台灣，任何人企圖用「公投」的方式，達成「台獨」分裂的目的，都是不能容忍的，也是非法的。陳水扁當局推動「公投立法」，只為其今後搞「台獨公投」提供法律依據，圖謀通過公投來實現「台獨」主張。

其實，提出「公民投票決定台灣前途」，利用「公投」搞「台獨」，是民進黨、也是「台獨」分子長期以來的一貫主張。早在1970—80年代，「台獨」分子就提出「制定新憲法、建立新國家」。陳水扁上台時，為穩住陣腳，曾作出「四不一沒有」承諾，其中就有「不搞統獨公投」的一條。任期未滿，他就大張旗鼓地推動公投，這完全暴露了陳水扁的「台獨」分裂本質。陳水扁一邊鼓吹「公投制憲」，以穩固基本教義派選票；一邊又說他「四不一沒有」立場沒有變，企圖欺騙、愚弄廣大善良的台灣民眾，其用心昭然若揭。

我曾多次講過，我們尊重並理解台灣同胞要求當家作主的願望，但堅決反對有些人利用「公投」搞「台獨」分裂。要求民主和搞「台獨」分裂是兩碼事。要求民主是台灣人民的基本權利。現在的問題是，陳水扁打著民主的旗幟推動公投，以「公投」的形式搞「台獨」，同時還把反對「台獨公投」的人扣上「反民主」的帽子。值得注意的是，在台灣有些原來一直堅持反對「公投立法」的代表人物，不能堅持把「公投台獨」的危害，光明正大地告訴人民，反而隨波逐流，助長陳水扁當局在「台獨」的道路上鋌而走險。政治人物最重要的是堅定地站在人民的立場，為維護人民利益，敢講真話。不信邪，有風骨。只顧眼前利益，不負責任，不顧

道義，是極其不可取的。

對台灣領導人的選舉，我們一直認為是台灣內部的事情，我們不會介入。但對利用選舉大搞「台獨」分裂活動，我們將旗幟鮮明地堅決予以反對，這是我們的一貫立場。

2003年11月

遏制「台獨」分裂 維護台海和平

香港是最早成功實踐「一國兩制」偉大構想的地方。此次論壇在香港舉行，對我們親身體會「一國兩制」的實踐，有著特別的意義。我謹代表國務院台灣事務辦公室表示熱烈的祝賀！

當前台海局勢複雜，兩岸關係形勢嚴峻。大家都在高度關注兩岸關係的發展前景，關注我們的對台政策主張。在此，我想就當前兩岸關係與中國統一問題，講幾點看法。

5月17日，中央台辦、國務院台辦受權就當前兩岸關係發表聲明。這份聲明充分展示了中國政府和中國人民在一個中國原則基礎上發展兩岸關係的極大誠意，同時也充分表明了我們維護國家主權和領土完整的堅定信心。海內外普遍認為這一聲明具有新意，富有建設性。在此，我要特別強調以下三點：

第一，我們堅持「和平統一、一國兩制」的基本方針，真誠維護台海和平與穩定。長期以來，中國共產黨和中國政府堅持「和平統一、一國兩制」的基本方針和現階段發展兩岸關係、推進祖國和平統一進程的八項主張，採取了一系列措施，切實地促進了兩岸關係的發展。兩岸之間往來日益擴大，交流更加頻繁，經貿合作不斷

深化。儘管這些年來,「台獨」分裂勢力一再蓄意阻撓和破壞兩岸關係的發展,一再肆意對祖國大陸和一個中國原則進行挑釁,我們仍從中華民族的根本利益出發,始終堅持「和平統一、一國兩制」的基本方針,以最大的誠意,盡最大的努力,維護台海和平穩定,發展兩岸關係,爭取和平統一的前景。我們在聲明中提出,未來四年,無論什麼人在台灣當權,只要他們承認一個中國原則,停止「台獨」分裂活動,兩岸即可展開協商談判。我們還首次提出建立兩岸軍事互信機制;提出雙方共同構造兩岸關係和平穩定發展的框架;宣導建立緊密的兩岸經濟合作安排等許多改善和發展兩岸關係的務實措施。

我們堅信,「和平統一、一國兩制」是妥善解決台灣問題的最好辦法,符合全體中華兒女的共同利益,符合中華民族的根本利益。我們希望與台灣同胞共謀發展,迎接美好、光明的未來。只要和平統一還有一絲希望,我們就不會放棄和平的努力。

第二,我們反對「台獨」分裂的立場非常堅定,決不會容忍「台獨」。近幾年來,「台獨」分裂活動日趨猖獗,「台獨」分裂步伐日益加快。尤其是陳水扁上台四年以來,公然拋出兩岸「一邊一國」的分裂主張,不斷鼓噪「台灣正名」、「去中國化」,竭力挑釁大陸和台灣同屬一個中國的現狀,甚至提出了「2006年催生新『憲法』,2008年實施新『憲法』」、「把台灣建成正常、完整和偉大的國家」這一走向「台獨」的時間表。事態的發展表明,「台獨」分裂勢力正在有計劃、有預謀地運用各種手段,謀求實現「台獨」的目標,「台獨」分裂已成為現實的危險,兩岸關係已經到了危險的邊緣。從中華民族的根本利益出發,我們對「台獨」分裂勢力提出了嚴重警告,指出了擺在陳水扁面前兩條不同的道路。一條

是懸崖勒馬，停止「台獨」分裂活動，承認兩岸同屬一個中國，促進兩岸關係發展；一條是一意孤行，妄圖把台灣從中國分割出去，最終玩火自焚。最近一個時期，台灣當局表面上在推動「台獨」分裂方面調門有所降低，行動有所收斂，但另一方面又縱容以李登輝為代表的頑固「台獨」分裂勢力，公開鼓吹「公投制憲」，公然推動「手護台灣大聯盟台灣制憲活動」。實際上，陳水扁當局依然沒有放棄通過「憲改」謀求「台灣法理獨立」的分裂步驟，依然沒有停止走向「台獨」的時間表。最近，台灣當局不顧台灣眾多的反對聲浪，執意大規模向美國購買先進武器，大搞所謂「務實外交」。台灣當局的所作所為，不能不引起全體中華兒女的高度警惕。

「台獨」沒有和平，分裂沒有穩定。維護國家主權和領土完整是13億中國人民的共同意志和堅強決心，中國政府和人民決不會允許任何人以任何手段將台灣從中國分割出去。如果陳水扁誤判形勢，頑固堅持「台獨」立場，甚至鋌而走險製造「台獨」重大事變，我們將採取一切必要手段，來捍衛國家主權和領土的完整，完全徹底地粉碎「台獨」分裂圖謀。

第三，我們希望全體中華兒女團結起來，共同遏制「台獨」分裂。廣大台灣同胞、港澳同胞、海外僑胞的命運與祖國的命運是緊密相連的。祖國尚未完全統一，是進入21世紀後中華民族最大的不幸。建設一個統一、強大、和平的中國，是全體中華兒女的共同期盼。近幾年來，面對台灣局勢的複雜變化，出於對祖國統一大業的高度責任感，廣大港澳同胞、海外僑胞紛紛開展反對「台獨」分裂圖謀、促進祖國統一的活動。我們對此表示由衷欽佩，並將一如既往地支持這一愛國行動。當前我們最緊迫的一項共同任務就是，堅決制止旨在分裂中國的「台獨」行徑，維護台海地區和平穩定。我

們堅信，只要全體中華兒女萬眾一心，堅定捍衛國家主權和領土完整，「台獨」勢力的分裂圖謀就不可能得逞，祖國也一定會實現完全統一。希望海內外全體中華兒女團結起來，為中華民族的偉大復興，共同作出不懈的努力。

2004年8月

在香港「中國和平統一論壇」上的講話

憶汪道涵會長二三事

汪老逝世的消息傳出後，眾多的海內外人士紛紛自發前來送老先生最後一程，表達他們對老先生無限懷念和崇敬的心情，場面十分感人。港台媒體更是普遍在頭版顯著位置大幅報導，除介紹老人家生平和為兩岸關係作出的傑出貢獻外，還紛紛發表評論，高度評價和肯定老先生幾十年如一日、終生為國家民族鞠躬盡瘁的高貴品質和愛國情懷，頌揚老先生為兩岸和平發展所作出的特殊貢獻。即使是一些敵對勢力，基本上也沒有對老先生進行攻擊。因為，在當時任何對汪老的不敬言論，都會招致社會輿論的強烈譴責，由此可見汪老的人格魅力所在。

人格的魅力，歸根結底源自人格。高尚的人格，必然會引起各方人士的自然崇敬，而這種崇敬是發自內心的。一位退居二線多年的老人，生前身後在海內外產生如此巨大的影響力，是很少見的。事實上，任何見過汪老的人士，都會被他淵博的知識、寬廣的胸襟、溫文爾雅的談吐、政治家的風采以及充滿智慧而又令人耳目一新的獨到見解所傾倒。

汪老去世後，海內外同胞都很懷念他，都在追思他，高度評價

他是一個學者型領導，是一位高瞻遠矚的政治家，是一位很有人格魅力的社會活動家。我認為，汪老更是一位博學多才的卓越思想家。他給我們留下的最寶貴的遺產，就是高瞻遠矚的戰略思想。而汪老戰略思想中，很重要的一個組成部分是關於台灣問題。

我有幸認識汪老，並與老人家接觸交往，是1990年代初他擔任中共中央對台工作領導小組成員和海峽兩岸關係協會會長之後，前後大約有15年時間。而這一時期，也是汪老人生旅途中最為輝煌的時期。那時他雖年逾古稀，但思維敏捷，精力充沛，每次見他總是神采奕奕，談笑風生，偶爾他喜歡喝幾杯茅台酒。他是一位高級領導幹部，而在我們眼裡，他更是一位師長，一位長者，平易近人，和藹可親，讓人敬而無畏。那時，他經常到北京來。而每次他到北京來，除了公務，除了逛書店，他總是要會見在京的一些國際戰略問題專家，如美國問題專家、日本問題專家、亞太問題專家等等。因為工作上原因，自然他每次也會找一些在京的台灣問題專家聽取意見，進行交談。我因長期研究台灣問題及亞太問題，因此經常有機會見到汪老。

汪老的一個特點是，他在認真聽取學者專家的看法之後，通常會發表自己的見解。他的看法非常精闢，言簡意賅，但又入木三分，能抓住最本質的東西，而又歸納得有條有理，通俗易懂，給人留下深刻的印象。例如在1997年有一次他聽完台灣局勢的情況彙報後說：我們現在奉行和平統一的對台方針，謀求一個和平穩定的周邊國際環境，李登輝看到這一點，想利用我們堅持和平統一之機，搞和平分裂，即搞「漸進式台獨」。這就提出一個重大的戰略問題，即在堅持和平統一對台方針的同時，如何來制止「漸進式台獨」，不讓「台獨」分子「和平分裂」的圖謀得逞。

汪老有關對台工作的觀點、言論，是很多的，幾乎方方面面的問題都涉及。從一中原則到兩岸談判，從對台宣傳到涉台外交，從兩岸交流到做台灣人民工作，他都有精闢的論述，獨到的看法。如關於對台工作，汪老曾指出：對台工作不僅僅是台辦的工作，而是全黨、全社會共同的任務；台辦的主要職責是貫徹落實中央意圖，協調各方。在談到台辦工作時，他強調對台工作實質是政治工作，「台灣事務辦公室」不能完全埋頭事務，而要從政治著眼，從大局出發，作宏觀思考。在談到對台研究時，他強調要充分利用社會的研究力量，同時要堅持實事求是地客觀進行分析，要允許有不同看法；在談到對台宣傳時，他又提出「借船出海」的思想。所有這些，我認為是很有特色，同時也被實踐證明是正確的。

汪老對台灣時局、兩岸關係以及國際熱點問題，經常有非常深刻、精闢的看法，他能對非常複雜的形勢，用幾句話概括出來。與他見過面、交談過的人，都有這樣一個印象：他思路清晰，觀點鮮明，論述富有新意；講話邏輯嚴密，措辭嚴謹，用語生動，通俗易懂且好記，絲毫沒有八股味道。他在談看法時非常理性、務實，充滿辯證法，聽了讓人折服。因此汪老在海峽兩岸、國內國外都享有非常高的聲望。台灣來的朋友，港澳的朋友，以及海外的專家學者客人來到大陸，都希望能與他見上一面，都把能夠見他一面，視為來大陸訪問的最大收穫之一和重要成果。

在汪老去世後，很多人發表紀念文章，盛讚他博覽群書，知識淵博。我一直認為汪老最寶貴的是他的思想。他能從台灣客觀形勢變化中，提出自己獨到的見解。這些見解既符合黨中央的大政方針，又有其個人思維。在很多問題上，他站得很高，看得很遠，冷靜客觀，從不偏激。這一點永遠值得我們學習。

記得在2005年中秋節，也是他生前最後一個中秋節，我去看望他，他在醫院會客室與我輕鬆交談了近半個小時。談到興致濃時，他時而站起，時而來回走動。他說，一個領導幹部，第一，一定要重視資訊情報，不重視資訊情報的領導不是一個好的領導；第二，有了資訊情報，還要有分析看法，不能光看看就完了；第三，光有看法還不夠，關鍵還要思考如何應對，有了看法沒有對策，也是空的。短短幾句話，我認為也是他濃縮了幾十年革命生涯的經驗總結，富有深刻的哲理。

2005年大年初一，我徵得汪老同意，到醫院給他拜年。當時情況醫生規定汪老見客不准超過半小時，那一天他心情特別好，加之是大年初一，醫生也半開玩笑地說，今天可以適當放寬一點，請您自己掌握時間。這次見面有50分鐘。汪老在聽完我對台灣局勢的看法後，講了四個方面問題。一是關於國際問題。他強調指出，不能忽視霸權主義，既要反對恐怖主義，也要反對霸權主義。大國、強國不能打著民主、自由的旗幟干涉別國內政。二是關於島內局勢。他說，目前台灣島內政局基本上分為藍、綠兩大陣營，從目前情況看來，雙方旗鼓相當，互有高低，關鍵看下一步會怎麼發展。陳水扁欲「獨」之心未死。泛藍方面國親合作也難。三是關於爭取民心問題。汪老強調一定要注意台灣的民意，搞宣傳，首先要瞭解老百姓在想什麼。台灣的主流民意是什麼呢？一是希望台灣社會穩定，二是希望台灣經濟發展。在統一問題上，島內多數現在持觀望態度，希望暫時維持現狀。要看到，過去大陸左的政策，兩蔣反共宣傳使我們的形象受到損害。改革開放以後，形象有改變，國際地位也有提高，綜合實力增強，領導也有了新的形象。汪老特別提到，要重視台灣精英的作用。他強調，現在要加強一個中國和中華民族的宣傳，說清楚根在中華，核心是一個中國。總之，一個中國要牢

牢堅持，兩岸協商一定要做到平等，即一個中國、平等協商、共議統一。兩岸應先求文化統一，進而經濟統一，最後實現政治統一。四是國內工作。汪老說，首先要考慮如何使中國在全球化浪潮中取得地位，發揮作用。其次是黨的建設，如何提高黨的執政能力，與時俱進。還有就是如何培育與發展有中國特色的資本活力。政治體制不改革不行，但急不得。要處理好多個利益群體之間的關係，譬如工人、農民、知識份子、民營企業家等等，這些利益群體，他們彼此之間的關係要處理好。汪老的這些思想，與我們今天提出的構建社會主義和諧社會構想，不謀而合。他上面談到的四個方面問題，都是從宏觀角度進行的戰略思考，充分顯示出他對國內、國際問題的遠見卓識，充滿了辯證法。儘管當時他已是一位年近九十的老人，但他對許多重大問題的觀察，非常清醒，真正是與時俱進。

十幾年來，汪老給我一個深刻印象，就是他在思考問題時，始終把黨和國家的利益、人民的利益放在第一位，關心國是，光明磊落，真正體現了一位革命家的高貴品質。另外，汪老在研究分析問題時，總是堅持一切從實際出發，堅持實事求是，有自己獨特的看法，講真話。這一點是最寶貴、最難能可貴、最不容易做到，也是最值得提倡的。

汪老是一位很有學問的人，也有很高地位聲望，但他與人接觸交談時，非常和藹可親，與你探討，不是居高臨下。因此每次與他在一起，從未有畏懼感，真正體現了長者的風範，成為後者的楷模。在汪老離開我們之後，心中有無限思念，有很多話要說。我想最主要的，還是學習他的思想，學習他的方法，學習他的為人，完成他的未竟事業——祖國統一。

2005年12月

海外僑胞的愛國情懷

　　長期以來，廣大僑胞身居海外，心繫祖國，為實現中華民族振興，為祖國和平統一大業作出了巨大貢獻。我們偉大祖國的繁榮與進步，凝聚了廣大僑胞和華人朋友的心血。

　　進入21世紀以後，中國經濟和社會發展的形勢越來越好。2005年，中國國內生產總值達到18.23萬億元，（合美元22257億），比上年增長9.9%，在世界排名第四。全年進出口總額14221億美元，比上年增長23.2%，成為世界第三大貿易國。全年實際利用外資603億美元。國家外匯儲備8189億美元。財政收入突破3萬億元。城鄉居民儲蓄存款額達14.1萬億元。

　　除了經濟平穩較快發展，一些重點領域和關鍵環節的改革取得新突破，科技、教育、文化、衛生、體育等社會事業全面發展。神舟六號載人航太飛行圓滿成功，標誌著中國在一些重要科技領域達到世界先進水準。

　　經過二十多年改革開放和現代化建設，中國綜合國力躍上了一個新的台階。僅2000年至2005年第十個五年計劃時期，中國國內生產總值就增長了57.3%，年均增長9.5%。展望2006年，溫家寶總理在剛剛結束的十屆全國人大四次會上的政府工作報告中，明確提出國內生產總值的增長要保持在8%左右。

　　去年以來，台灣海峽兩岸關係也發生了新的積極變化。我們針對台海局勢的最新發展，採取了一系列重要舉措，有力打擊「台獨」分裂勢力及其活動，廣泛爭取台灣民心，實現了共產黨與國民黨、親民黨關係的歷史性突破。兩岸關係中有利於遏制「台獨」分裂活動的積極因素增多，兩岸關係和平穩定發展的勢頭增強。去年

以來我們採取了以下四個方面重要舉措：

一是宣示了一系列對台工作新主張和新論述。胡錦濤主席2005年3月4日提出新形勢下發展兩岸關係的四點意見，4、5月間與連戰、宋楚瑜會談時闡述了兩岸關係和平發展的重要主張，產生了廣泛的影響。

二是全國人大制定了《反分裂國家法》。表明了我們繼續盡最大努力爭取和平統一前景的最大誠意和決不容忍「台獨」的堅定意志，強化了對「台獨」分裂勢力的威懾，對維護台海和平產生了重大戰略性影響。

三是分別邀請連戰、宋楚瑜先生先後到大陸進行歷史性訪問。確立了中國共產黨和中國國民黨、親民黨政黨合作的政治基礎，取得了重要成果，產生了世界性影響，對引導兩岸關係和平發展產生了十分重要的作用。

四是主動推出並落實了一系列惠及廣大台灣同胞的重要措施。例如，我們宣布向台灣同胞贈送一對大熊貓，對15種台灣水果實施進口零關稅，推動兩岸客貨運包機的溝通協商，促進大陸居民赴台旅遊，對在大陸高等院校就讀的台灣學生實行與大陸學生同等收費等等。不久前，國共兩黨在北京舉辦了「兩岸經貿論壇」，在論壇閉幕時，我們又宣布了十一項新的照顧廣大台灣同胞的政策措施。這使得台灣民眾切實感受到我們為台灣人民謀求福祉的誠意和善意。

但是，由於台灣當局頑固堅持「台獨」分裂立場，「台灣法理獨立」的危險性依然存在。今年2月27日，陳水扁不顧兩岸同胞、海外華人華僑和國際社會的普遍反對，公然強行終止「國統會」運作和「國統綱領」適用。他雖然未敢使用蓄謀已久的「廢除」一詞

而改用「終止」，但那只不過是玩弄文字遊戲，欺騙台灣民眾和國際輿論。陳水扁此舉是對一個中國原則和台海和平穩定的嚴重挑釁，是在走向「台獨」的道路上邁出的危險一步，是企圖通過「憲政改造」和「公投」，為謀求「台灣法理獨立」鋪平道路。

「台獨」分裂活動是兩岸關係發展與祖國和平統一的最大障礙，是台海地區乃至亞太地區和平穩定的最大威脅。陳水扁執意推行激進「台獨」路線，在台灣內部和兩岸之間全面挑起對抗衝突，只能進一步給台灣社會帶來災難。反對「台獨」分裂勢力及其活動，維護台海和平穩定，是當前我們對台工作最重要、最緊迫的任務，也是我們堅定不移的意志和決心。「台獨」違背中國歷史的主流和當代社會發展的趨勢，違背13億中華兒女的意志和願望，是註定要失敗的。

實現兩岸和平統一，促進中華民族偉大復興，是海內外中華兒女的共同心願，也是我們堅定不移的奮鬥目標。長期以來，中國政府從兩岸同胞的根本利益出發，始終堅持「和平統一、一國兩制」的基本方針。在對台工作中，我們堅持一個中國原則決不動搖，爭取和平統一的努力決不放棄，貫徹寄希望於台灣人民的方針決不改變，反對「台獨」分裂活動決不妥協。台灣同胞是我們的骨肉兄弟，無論在什麼情況下，我們都會設身處地為台灣同胞著想，千方百計照顧和維護台灣同胞的正當權益。只要是對台灣同胞有利的事情、對促進兩岸交流有利的事情、對維護台海地區和平有利的事情、對促進祖國和平統一有利的事情，我們都會努力去做，而且會努力做好。這是我們對廣大台灣同胞的莊嚴承諾。

我們將進一步促進兩岸人員往來和經濟、文化交流，促進兩岸直接「三通」。我們將繼續以最大誠意、盡最大努力，和廣大台灣

人民一道，維護和促進兩岸關係和平穩定發展，爭取和平統一前景。但是，我們堅決反對「台獨」，決不允許「台獨」分裂勢力以任何名義、任何方式把台灣從中國版圖分割出去。

廣大海外同胞是發展兩岸關係、推動祖國統一的重要力量。進入新世紀以來，關心台灣問題、支持祖國統一的人越來越多。目前，全世界80多個國家和地區已成立了150多個反「獨」促統組織。廣大愛國華僑、華人組織，以各自不同的方式從事反「獨」促統活動，並發揮了重要作用。

台灣問題是中國內政，我們反對外國干涉。同時，我們也十分重視做好國際社會的工作。做國際社會工作，廣大華僑華人具有很大優勢，是重要力量。希望各位僑胞和華人朋友，都能以適當方式，向所在國家各界人士介紹台灣問題的真實情況和中國政府的對台政策，這對於當地各界人士瞭解台灣問題的由來和實質，理解中國政府的對台方針政策，支持中國人民的統一大業，將發揮重要作用。對於海外的台灣同胞，無論是台灣省籍或是其他省籍，我們要多溝通，多交流，多幫助，與他們交朋友。我們要理解他們，尊重他們。即使觀點不同，也沒有關係，隨著時間的推移，相信在很多問題上，我們與台灣同胞的共識會越來越多。

廣大海外僑胞的命運與祖國的命運息息相關。近百年來，海外華僑華人充分體現熱愛祖國和中華民族的優良傳統，在中國民主革命、抗日戰爭和新中國成立後，在改革開放和經濟建設中，都作出過巨大貢獻。現在，中國人民正面臨重要的戰略機遇期。在未來五年，中國必將取得更大發展。中國是13億中華兒女共同的家園，祖國統一是13億中國人的共同事業。在海內外同胞的共同努力下，台灣問題最後終將解決，實現祖國完全統一、中華民族全面振興的偉

大目標，也一定能夠實現。

2006年3月

與旅居美國僑胞座談時講話

堅持兩岸關係和平發展這一主題

　　祖國的統一、民族的振興，是所有中華兒女的共同期盼。長期以來，廣大的愛國僑胞身居海外，心繫祖國，為祖國的繁榮昌盛，為祖國的和平統一，為中華民族的偉大復興，進行了不懈的努力，作出了巨大貢獻。目前，在全世界80多個國家和地區，已成立了170多個「反獨促統」組織，以各種方式從事反「台獨」、促統一的活動，在世界各地產生了巨大影響。當然，「反獨促統」的力量並不限於這170多個和統會，還有更多的台灣同胞、愛國僑胞、華人組織，他們在「反獨促統」活動中，同樣發揮了重要作用。

　　去年以來，經過兩岸同胞的共同努力，兩岸關係形勢發生了重大變化，台海局勢中有利於遏制「台獨」的積極因素增多，兩岸關係朝和平穩定方向發展的勢頭增強。兩岸經貿關係繼續保持良好發展勢頭。截至今年9月，大陸累計批准台商投資項目7萬多項，合同台資金額970多億美元，實際投資430多億美元。兩岸間接貿易今年將突破1000億美元大關，累計總額為5700多億美元，台灣對大陸貿易順差累計達3800多億美元。同期兩岸人員往來與各項交流更為密切。台胞來大陸累計4100多萬人次，大陸居民赴台累計超過130多萬人次。2006年春節包機擴大了搭乘對象，增加了航點。兩岸節日客運包機也已實現。事實證明，求和平、促發展、謀合作，是兩岸同胞最大的共識，也是台灣民意的主流。

近年來，為促進兩岸關係和平穩定發展，中國政府主動宣示了數十項惠及廣大台灣同胞的政策措施，如對大陸高等院校就讀的台灣學生實行同等收費，對部分台灣水果實施進口零關稅，為大陸台資企業提供融資貸款，等等。大陸各省市也頒布了許多相關配套措施。我們推動兩岸關係發展的誠意和努力，已得到台灣同胞的充分肯定和國際輿論的高度評價。

當今世界，和平、發展、合作已成為不可阻擋的潮流。今年4月，胡總書記在會見出席「兩岸經貿論壇」的台灣客人時提出，「和平發展理應成為兩岸關係發展的主題，成為兩岸同胞共同為之奮鬥的目標」。胡總書記的這一重要講話，當即受到台灣同胞的熱烈歡迎，認為是打開了一扇「兩岸和平機會之窗」，為兩岸關係展現了光明前景。

維護台海地區和平穩定，是實現兩岸共同發展的前提。因為，要實現兩岸共同發展，首先必須要有一個和平穩定的環境。只有台海地區和平穩定了，兩岸才能安下心來，集中精力謀發展，實現互利合作，達成互惠雙贏。總之，和平是前提，發展是目的。只有和平才能發展，只有發展了才能更有利於和平。而多年來實踐證明，影響兩岸和平穩定的，主要是「台獨」分裂活動。因此，只有堅決反對「台獨」，才能維護台海和平。當前，我們正在努力抓住二十一世紀頭15—20年這一重要戰略機遇期，全面建設小康社會。台灣各界有識之士也在思考如何實現新一波的經濟騰飛。面對經濟全球化的浪潮，兩岸同胞應該抓住機遇，擴大交流，深化合作，共創雙贏。

當前，兩岸關係發展正處在一個關鍵時期。如何實現兩岸關係和平發展，是擺在兩岸同胞面前一個十分重要的課題。借此機會，

我想就兩岸和平發展問題談幾點看法。

第一，實現兩岸和平發展，必須堅定地維護一個中國原則。50多年來，兩岸雖然尚未統一，雙方各自走過了一段不同的發展道路，但是大陸和台灣同屬於一個中國的事實沒有改變。14年前，海協會與台灣基會基於這一共同認知，達成了「九二共識」，從而促進了兩岸關係的發展。事實證明，堅持一個中國原則、堅持「九二共識」，是實現兩岸關係和平發展的政治基礎。只要有了這個基礎，兩岸就可以互相包容，增進互信，發展合作。近十年來，兩岸關係波折不斷，根本原因就在於台灣當局不接受一個中國原則、不承認「九二共識」。

第二，實現兩岸和平發展，必須堅決反對和遏制「台獨」分裂活動。「台獨」是當前影響兩岸關係發展的最大障礙，是對台海地區和平穩定的最大威脅。事實證明，「台獨」就沒有和平，分裂就沒有穩定。最近幾個月來，陳水扁雖因涉嫌弊案而陷入困境，但他始終沒有停止通過所謂「憲改」謀求「台灣法理獨立」的活動，也沒有改變其「台獨」分裂的基本立場。歷史的經驗值得注意。未來兩年，不排除「台獨」分裂勢力孤注一擲、鋌而走險，製造「台獨」分裂事端的可能性。反對和遏制「台獨」，仍然是兩岸同胞和海外僑胞最重要、最緊迫的任務。

第三，實現兩岸和平發展，必須進一步擴大兩岸民間交流與合作。擴大兩岸民間交流，對推動兩岸關係和平發展具有重大作用。經過兩岸同胞20多年的持續努力，兩岸民間交流與合作已具有相當的規模與基礎。面對當今世界和平、發展、合作的大趨勢，兩岸同胞應在現有基礎上，進一步提升交流層次，擴大合作領域，提高合作效能，開創一個兩岸同胞廣泛參與、內容豐富、形式多樣、層次

多元的交流合作新局面。

　　第四，實現兩岸和平發展，必須依靠兩岸人民的共同努力。兩岸關係能否和平發展，攸關兩岸同胞的根本利益和未來前途。因此，所有中華兒女應當緊密團結，並肩攜手，同心協力，共同奮鬥。我們將繼續推動解決台灣同胞最關心、最迫切的各種問題，繼續推出惠及廣大台灣同胞的政策措施，為台灣同胞辦實事、謀福祉。我們將忠實地履行對台灣同胞作出的各項承諾，既不會因局勢的一時波動而改變，也不會因為少數人的干擾而停滯。兩岸合作越深化，兩岸關係和平發展的基礎就越堅實，前景就越光明。

　　歷史賦予了我們實現民族振興和國家統一的重任，同時，時代也給予海峽兩岸和平發展的契機。機不可失，時不再來。我相信，只要我們牢牢把握兩岸關係和平發展這個主題，以中華民族根本利益和兩岸同胞共同福祉為依歸，經過兩岸同胞和海外僑胞共同努力，就一定能排除前進道路上的種種障礙，不斷推進兩岸關係和平發展與祖國統一的進程。中華民族的偉大復興，在不久的將來一定會成為現實。

2006年12月
在澳門全球「反獨促統」大會上的講話

台灣問題的歷史和現狀

　　一、台灣問題的由來

　　台灣的歷史和台灣問題是兩個概念。但要瞭解台灣問題形成的歷史背景，必須先瞭解台灣的歷史。

(一)台灣近五百年來歷史

台灣作為中國領土一部分,在法律和事實上都是清楚的。早在西元230年,三國時期的吳王孫權就派大將衛溫率領近二萬軍隊前往夷洲(即台灣),並留下了世界上有關台灣的最早記述。隋朝曾派兵前往台灣駐守。宋朝開始正式將澎湖劃歸福建泉州府管轄。元朝在澎湖設立巡檢司。從明代開始,遷居台灣的漢人越來越多,到明朝後期開始出現台灣的名稱。1662年,鄭成功率兵驅逐了在台灣的荷蘭殖民者,收復了台灣,清初時台灣成為一個地方割據政權。1683年,康熙皇帝派施琅大將軍收復台灣。1684年,清政府在台灣設府,隸屬福建省。1885年,清政府正式將台灣劃為單一行政省,至今已122年。

1894年清政府在甲午海戰中戰敗,被迫於翌年4月與日本簽訂了不平等的《馬關條約》,將台灣「割讓」給日本。1945年8月,日本宣布無條件投降,根據中國參加簽署的《開羅宣言》和《波茨坦公告》,當時的中國政府收回台灣。

(二)台灣問題的歷史形成

台灣問題,是國共內戰遺留下來的一個歷史問題,是中國的內政。1945年抗日戰爭勝利後,國共兩黨軍隊在全國範圍爆發大規模的內戰。在1949年三大戰役結束後,國民黨敗局已定,蔣介石確定把落腳點放在台灣。不久,解放軍發起渡江戰役,迅速解放了南京、武漢、上海等地。10月1日,中華人民共和國在北京宣布成立。12月11日,國民黨中央黨部從四川重慶遷往台灣。當時從大陸隨蔣去台的約有200萬人,其中軍隊66萬。自此,台灣再次陷入與祖國大陸分離的狀態。這就是台灣問題形成的歷史背景。

台灣問題的產生以及長期得不到解決,與美國插手干涉台灣問

題有密切關係。事實上，在取得三大戰役勝利後，中共中央即著手謀劃解放台灣的戰略部署，成立了前線指揮部，由粟裕同志任總指揮，並內定由三野政治部主任舒同任中共台灣省委書記。1950年4月，我軍解放海南島，中國大陸上的戰事基本結束，準備在1951年最後解放台灣。但是， 1950年6月25日朝鮮戰爭爆發。27日，杜魯門宣布美軍參戰，並命令美國空軍進駐台灣，派海軍第七艦隊開進台灣海峽，阻撓大陸對台灣的軍事進攻。9月，美軍在仁川登陸，很快將戰火燒至鴨綠江邊。10月25日，我志願軍入朝作戰，我解放台灣的計畫被迫擱置。1953年7月朝鮮停戰協定簽字後， 1954年7月我黨和政府再次提出解放台灣的任務。但美國與台灣當局於同年12月簽訂了美台《中美共同防禦條約》，將台灣置於美國的軍事保護之下。

從1950年代以來，美國始終把台灣作為西太平洋「一艘不沉的航空母艦」，並把台灣看成是圍堵新中國的西太平洋防禦鎖鏈中一個重要環節，實行「以台制華」戰略。1979年1月中美正式建立外交關係後，美國宣布與台「斷交」，廢除「協防條約」，並從台灣撤走全部美軍。遺憾的是，3個月後，美國國會通過了嚴重干涉中國內政的《台灣關係法》，宣稱美對台灣安全承擔義務，承諾繼續協防台灣。此後，美國一直在台灣問題上採取兩手策略：一方面表示奉行一個中國政策；一方面又繼續在政治、經濟、軍事等各方面扶持台灣，阻撓我解決台灣問題。

從台灣的歷史演變過程中，可以看出以下幾點：

1.台灣問題的全部歷史表明，台灣作為中國領土一部分具有無可辯駁的事實。

我們說台灣是中國領土的一部分，主要基於兩點：一是台灣的

歷史事實；二是有關台灣問題的國際法文件。1943年中美英三國發表的《開羅宣言》指出，「日本所竊取於中國之土地，例如東北、台灣、澎湖列島等，歸還中國」。1945年中美英蘇四國簽署的《波茨坦公告》重申：「《開羅宣言》之條件必將實施。」同年8月，日本宣布無條件投降，日本天皇在受降詔書中也承諾將「忠誠履行波茨坦公告各項規定之義務」。

2.台灣近五百年來歷史，分離的時間多於統一的時間，台灣與大陸始終處於分分合合的複雜狀況。

從16世紀後期到17世紀初期，台灣先後被荷蘭、西班牙殖民者侵占，這個過程長達百年。1662年，鄭成功驅逐了台灣的荷蘭殖民者，與清政府對抗，形成割據政權。到1683年，清政府派施琅收復台灣，實現統一。但1895年，清政府又被迫將台灣割讓給日本。直至1945年抗戰勝利，台灣重回祖國大陸懷抱，日本侵占台灣整整50年。1949年，隨著國民黨退守台灣，台灣再次與祖國大陸分離，至今58年。因此，近500年來，台灣真正與祖國統一的時間不過216年，分離的歷史則超過220年。

3.台灣同胞在長期的特殊歷史條件下形成複雜心態。

500多年來，台灣同胞的遭遇非常坎坷。他們時而被外國殖民者統治，甲午戰爭後台灣又被割讓給日本。抗戰勝利後，台胞歡欣鼓舞，結果國民黨軍隊去台後，令台灣同胞大失所望，台胞感到國民黨軍隊的表現實在難以接受。尤其「2•28」事件後，台灣同胞的悲情意識日益蔓延，要求自治的「出頭天思想」抬頭，要求台灣人民自己當家作主的傾向日益抬頭，這就形成了「台灣意識」。後來，這種思潮正好被「台獨」勢力利用，作為反對祖國大陸、要求「台灣獨立」的藉口。

二、台灣問題現狀

台灣經濟從1970年代開始起飛，成為亞洲四小龍之一。2000年民進黨上台後，一度滑坡，近幾年維持中低速增長。2006年台灣GDP3700億美元，為大陸七分之一，人均16000美元，為大陸8倍；外匯儲備增至2650億美元，為大陸四分之一，位居世界第三。外貿總額4267億美元，為大陸四分之一。

進入21世紀後，兩岸經貿關係發展很快，2006年兩岸貿易突破千億美元大關，達1078億美元，對大陸順差達600多億美元。台對大陸貿易已超過美國，占台外貿總額四分之一。據商務部統計，台對大陸投資實際到位430億美元，項目71000多個。但實際台在大陸投資在800億美元左右。為逃避台當局監控，有一半台資是以僑資、港資和外資形式，繞道進入大陸。

台灣軍費九十年代前超過大陸，最高時每年達120億美元，現在不足100億美元。台軍人數已從八十年代前56萬減至目前30萬，下一步還將減至28萬。

台灣現在政治上實行西方美國式議會民主選舉制度，即政黨政治，主要由兩個大黨——國民黨和民進黨之間競爭，輪流坐莊，朝野相互制衡。第三勢力和小黨已逐漸失去發展空間。台灣選民基本上分為藍綠兩大陣營，雙方勢均力敵，壁壘分明。

（一）台灣政治現狀。

要瞭解台灣政治現狀，首先要瞭解台灣政黨現狀，尤其是兩個大黨情況。

1.中國國民黨。

從1894年孫中山在檀香山成立「興中會」算起，國民黨是一個

有113年歷史、橫跨了三個世紀的老黨。目前在台灣，從性質上講國民黨仍是代表大資產階級和高級知識份子的政黨。其領導層大致上可分為三種人：一部分是資本家，在國民黨中常委及中央委員內，不少就是工商界大老；第二部分是學有專長的技術官僚，即經濟、金融、法律、外交、軍事方面的專業人才；第三部分是出身名門的貴族，高官的後代。八十年代台灣官場有「四公子」之說。國民黨的黨員在台灣是最多的，有約100萬，但實際繳納黨費的只有一半左右，其中三分之二黨員是本省人。台灣媒體評論認為，「國民黨是一個有精英沒有群眾的政黨」，官僚習氣嚴重，高高在上。

從1990年代李登輝當政後，國民黨逐步開始走下坡路。馬英九任黨主席後，很想讓國民黨脫胎換骨、浴火重生，但回天乏力。國民黨從台灣的執政黨淪為在野黨，其根本原因有三：一是官員不廉潔，馬任主席後決心重塑形象，但黑金、腐敗始終是籠罩國民黨揮之不去的陰影。二是保守不改革。這也是馬英九領導國民黨後竭力推動黨務改革的重要原因，但國民黨作為一個既得利益集團，已很難徹底推動改革。三是內部不團結。國民黨作為一個百年老黨，歷史上派系林立，其失敗往往是由於鬧內鬨，不顧大局。

國民黨作為從大陸去台的政黨，背負著「外來政權」的原罪。但更為嚴重的是，該黨已迷失方向，失去目標，沒有路線，沒有自己的論述。連國民黨今後往何處去，它自己也說不清。馬英九在最近一次講話中說：「追求統一並不是國民黨現階段政策，兩岸未來是否統一沒人知道，因為台灣的未來必須由2300萬人民自由意志來決定。」號稱「中國國民黨」，卻不敢大聲說出「一個中國」；自詡孫中山三民主義的信徒，卻不敢堅持中國統一目標。目前國民黨與民進黨已出現「競相比本土、爭著愛台灣」的局面。

一個沒有綱領、沒有方向、沒有目標、沒有路線的政黨，不會再有生命力。

2.民主進步黨。

民進黨於1986年正式成立，相對是一個比較年輕的政黨，其前身為「黨外勢力」。1979年「美麗島事件」後，其領導權逐漸落入主張「台獨」的本省籍人士手裡。民進黨早年是打著「反對國民黨獨裁專制、貪汙黑金」和爭取「民主、自由」的旗幟，宣傳愛鄉愛土、愛台灣，因此得到許多對國民黨不滿的台灣同胞尤其本省人的支持。在2000年「大選」中，由於國民黨內部分裂，民進黨在沒有準備好的情況下倉促執政，加上陳水扁及其身邊高官迅速貪汙腐化，使台灣同胞深感失望。

至2006年11月，民進黨黨員54萬人。黨員主要為公務人員、新興中產階級、知識份子和青年。民進黨是「草根性政黨」，在廣大鄉村、基層有其嚴密椿腳聯繫，一個基層黨員往往有成百個支持者，各有自己的隊伍。

民進黨與國民黨相比，有兩大優勢：

（1）省籍優勢。民進黨標榜是本土政黨，代表本省人利益，攻擊國民黨是「外省人黨」。因為台灣88%是本省人，民進黨的核心成員和主要骨幹也多是土生土長的本省人。從階級屬性分析，民進黨與中下階層本省人聯繫比較密切。與國民黨相比，民進黨的領導班子成員出身寒門者居多。每到選舉，民進黨打省籍牌，鼓吹「本省人選本省人」，「決不讓國民黨外省人來統治台灣」，指責國民黨「聯共賣台」；稱「陳水扁做得不好可以換人，但必須換本省人」。這一策略非常奏效。台灣中南部民眾普遍把本省人視為自己人，迫使國民黨候選人包括馬英九也在努力走本土路線，宣傳自

己是「新台灣人」，這更助長了日益瀰漫的本土意識。

（2）選舉優勢。幾十年來民進黨是在選舉中成長壯大。民進黨領導班子成員也多是從基層選舉一級一級選上來的，具有豐富的選舉經驗，口才一流，熟悉下情，在選舉中展現出很強的戰鬥力。民進黨搞選舉不按遊戲規則出牌，有時候不擇手段，這一點經常使得國民黨吃虧上當。民進黨搞選舉特別擅長宣傳造勢，整個黨就是一部選舉機器，有很強的製造議題、引導議題、操控議題能力，極具進攻性，經常出其不意，以奇制勝，讓國民黨窮於應付，很多事等國民黨反應過來，選舉已經結束。如2004年大選的「3‧19槍擊案」，高雄市長選舉中的「走路工案」等。連李登輝也說民進黨陳水扁「治國無方，選舉有術」。

（二）台灣社會統「獨」心態

據台海基會2006年11月民調，台灣民眾自認是台灣人的占59%，自認是中國人的占16%，認為自己既是台灣人也是中國人的占17%，有8%不表態。

據《中國時報》2006年2月19日民調，主張統一的為13%，主張獨立的為19%，主張永遠維持現狀的41%，主張暫時維持現狀和不表態的27%。

更為嚴重的是，據台灣有關民調，認同「一邊一國」的已占58%，贊成「台灣前途必須由台灣2300萬人民同意」的多達90%。

蔣經國生前想以本土化求得生存，想以發展經濟來消除台灣民眾對國民黨敵意，想以開放兩岸交流來牽制「台獨」走向。結果台灣社會迅速由省籍問題進而演化到國家民族認同問題，是小蔣始料不及。

民進黨公開主張「台獨」,「一邊一國」論已成為民進黨的基本理論。陳水扁在今年元旦講話中,公然宣稱:「台灣是我們的國家,土地面積三萬六千平方公里。台灣的國家主權屬於二千三百萬人民,決不隸屬於中華人民共和國。台灣決不是中國的一部分。」這樣赤裸裸的「台獨」言論,以台最高領導人身分在元旦正式場合叫囂,嚴重違反台灣現行「憲法」,竟無人抗議。

國民黨現在堅持「中華民國」法統,堅持「中華民國在台灣是一個主權獨立國家」,主張兩岸「互不否認」治權,實質上是堅持「一國兩區」或「一國兩府」。美國知名台灣問題學者熊玠在李登輝當政時就說過,國民黨的大陸政策和民進黨的「一中一台」政策,是「獨台」和「台獨」的差別。

其他小黨,泛綠的「台聯黨」、「建國黨」主張台灣馬上「獨立」。泛藍的親民黨主張「歐盟模式」,實質上是主張「邦聯制」。新黨堅持認同一中,但也不放棄「中華民國」。

從維護台海和平穩定大局看,民進黨在台上變數比較大,不確定因素比較多。國民黨上台主張維持現狀,兩岸通過海協會與海基會可以談起來,對台海穩定有利。

三、台灣問題發展趨勢

台灣問題將是一個長期制約中國和平發展、困擾中國外交的一個現實問題,而且台灣問題始終具有不確定性,不僅牽動中國,也牽動世界。實現兩岸統一將更是一項長期、艱鉅而又複雜的任務。

從戰略宏觀分析,台灣問題目前基本上是一種拖的局面,統一時機尚不成熟,「獨立」也已經不可能。主流民意是維持現狀,支持統或「獨」的都是少數。

在目前情況下，我們第一要堅持一個中國原則、堅持和平統一的長遠目標，同時儘量維護台海和平穩定，抓住21世紀難得的戰略機遇期，加速實現大陸的四個現代化，為統一打下堅實的基礎。同時堅持寄希望於台灣人民，爭取在21世紀的中期實現中華民族偉大復興和祖國完全統一這兩大目標，實現中山先生當年提出的兩大宏願。

2007年1月

在中國國際戰略學會講座

海外僑胞是推動祖國統一的一支重要力量

各位僑領和廣大僑胞在海外居住多年，長期以來不僅為祖國現代化建設發揮了重要作用，更為促進祖國和平統一大業做出了積極的貢獻。面對近年來台灣島內局勢的複雜變化，廣大僑胞出於對「台獨」勢力進行分裂活動的強烈憤慨，出於對祖國統一大業的高度責任感，紛紛開展了反「獨」促統活動，這是愛國壯舉。

我知道，海外僑胞雖然遠離大陸，但都在高度關注台海局勢，關注兩岸關係的前景。今天，我向僑胞們談談對當前兩岸關係形勢和中國政府對台方針政策的一些看法。

當前台海形勢，有利於遏制「台獨」分裂活動的積極因素在增加，兩岸關係朝著和平穩定方向發展。去年以來，大陸方面繼續實施了一系列促進兩岸關係和平發展的新舉措。

第一，提出了促進兩岸關係和平發展的新主張、新論述。去年4月，胡錦濤總書記會見出席「兩岸經貿論壇」的台灣人士時，提

出「和平發展理應成為兩岸關係發展的主題，成為兩岸同胞共同為之奮鬥的目標」。這一提法，深化和豐富了發展兩岸關係的總體思路，進一步明確了兩岸關係發展的方向，同時也表達了大陸方面促進兩岸關係和平發展的誠意、決心和熱情。

第二，積極組織兩岸重大交流活動，引領兩岸關係發展的方向。我們與國民黨方面去年先後共同舉辦了兩岸經貿論壇、兩岸農業合作論壇，今年4月又舉辦了第三屆兩岸經貿文化論壇，分別對兩岸「三通」、金融、農業、教育、旅遊等問題進行了探討，達成了多項共同意見。同時也舉辦了兩岸青年論壇、海峽兩岸科技人力資源論壇、紀念孫中山誕辰140周年活動、世界客屬懇親大會等一系列大型交流活動，對增進兩岸同胞親情、加強台灣同胞對大陸的瞭解產生了積極影響。

第三，繼續落實惠及台灣同胞的政策措施，爭取台灣民心。去年以來，我們連續推出了40多項促進兩岸交流合作、惠及廣大台灣同胞的政策措施，進一步為兩岸經貿文化交流和人員往來創造有利條件，展現了為台灣同胞謀福祉的誠意和善意。通航方面，兩岸節日客運包機、專案包機和貨運包機取得了新進展。兩岸旅遊方面，我們公布了《大陸居民赴台灣地區旅遊管理辦法》，促成相關民間組織與台灣旅遊業民間組織進行了五次磋商，已在大多數問題上達成共識。

在兩岸同胞共同努力下，兩岸經貿文化交流和人員往來繼續保持良好的發展勢頭。2006年，兩岸貿易額首次突破千億美元，達1078.4億美元，台灣對大陸貿易順差高達665億美元。台胞來大陸達到441萬多人次，大陸居民赴台達20多萬人次。自1987年底兩岸同胞隔絕狀態被打破至2006年年底，兩岸貿易總額累計6000億美

元，台灣對大陸貿易順差累計近4000億美元。大陸方面累計批准台資專案7萬1千多項，實際利用台資440億美元。兩岸經貿文化交流和人員往來持續發展，加強了兩岸同胞的聯繫和共同利益，也為兩岸關係注入了穩定的因素和發展的動力。

　　與此同時，國際社會承認一個中國的格局繼續鞏固和發展，絕大多數國家反對或不支持「台獨」，「台獨」分裂活動在國際上陷入前所未有的困境。去年9月，我連續第14次挫敗台當局加入聯合國的圖謀。

　　但是，我們反對「台獨」分裂面臨的形勢仍然是嚴峻、複雜的。「台獨」分裂活動仍然十分猖獗，嚴重阻礙著兩岸關係發展，嚴重威脅著中國國家主權和領土完整。今年3月4日，陳水扁拋出「四要一沒有」，赤裸裸聲稱台灣「要獨立」、「要正名」、「要新憲」，發出了徹底背棄「四不」承諾、決意進行「台獨」冒險的危險信號，預示其「台獨」行動將進一步升級、冒險性進一步上升。陳水扁當局通過「憲改」、「公投」，謀求「台灣法理獨立」，是現階段台海和平穩定面臨的最嚴重、最危險、最緊迫的問題。

　　第一，陳水扁推動的「憲改」將進入實質階段。民進黨及其它「台獨」組織已研擬了多套「憲改」方案，有的公然定名為「台灣共和國憲法」，有的宣稱「中華民國是台灣」，有的納入「兩國論」，而且各種方案都大幅修改所謂「憲法」本文，竭力「去中國化」。其中，由陳水扁授意擬定的「第二共和憲法」草案，公然納入了「兩國論」、「兩岸一邊一國」等分裂主張，而且明確宣稱「第二共和憲法」即簡稱「台灣憲法」。這些草案的實質都是企圖把台灣從中國分裂出去，改變兩岸同屬一個中國的現狀，都是非常

嚴重的「台灣法理獨立」活動。這是我們堅決反對、決不能容忍的。

值得警惕的是，陳水扁和民進黨已準備在通過「立法院」推動「憲改」無法得逞的情況下，以「釋憲」的方式，通過「大法官會議」對現行所謂「憲法」作出具有「台獨」意涵的解釋。此外，不排除陳水扁在體制內推動「憲改」遭到失敗的情況下，伺機進行體制外「制憲」，進行更大的「台獨」冒險。

第二，陳水扁當局正全力推動舉辦以「台灣」名義申請加入聯合國的「公投」。陳水扁去年提出要發動以「台灣」為名義加入聯合國的「公投」。民進黨當局為此成立專案小組，謀劃實施方案。今年3月15日，民進黨代主席蔡同榮到台「中選會」領取公投提案表，正式啟動該項「公投」連署程式。4月11日，民進黨中常會通過「以『台灣』　名義加入聯合國的公投計畫」，動員全黨上下全力推動這項「公投」。陳水扁、民進黨企圖通過舉辦以「台灣」名義申請加入聯合國的「公投」，宣稱台灣是一個「國家」，迫使台灣民眾接受「台灣國」的名稱，並爭取國際社會承認，其實質是圖謀改變台灣的地位，把台灣從中國分割出去。這對中國的主權和領土完整構成嚴重威脅。

今年12月、明年3月，台灣將先後舉行下屆「立委」、總統兩場選舉。民進黨正在策劃「公投綁大選」，以利其競選。民進黨計畫，在2008年1月19日合併舉行「立委」與總統選舉、或3月15日舉行總統選舉之際，一併舉辦該項公投。其規劃的具體時程是：5月20日完成第一階段連署並正式提案，　8月23日開始進行第二階段連署，　12月21日或明年2月15日由「中選會」公告投票日期。如連署受阻，陳水扁有可能逕行宣布就此議題舉辦「防禦性公投」。為遂

「公投」圖謀，民進黨正在推動修改「公投法」，擬大幅降低「公投」連署和表決通過的門檻，擴大公投議題範圍，廢除「公投審議委員會」，並賦予台行政機關發動「公投」的權利。

第三，陳水扁當局進行「台灣正名」、「去中國化」等「台獨」活動達到空前猖獗的地步。陳水扁當局企圖通過「正名」等方式全面推動「去中國化」，進一步割斷兩岸歷史文化紐帶，泯滅台灣同胞的中華民族意識，培植「台獨」的思想、社會基礎，其危害不可低估。民進黨當局規劃今年重點推動公營企業、駐外機構及法令法規「正名」，把名稱中的「中華、中國」一律換成「台灣」。「中華郵政」、「中國石油」、「中國造船」等企業已完成更名。

第四，台灣當局變本加厲推行「攻擊性外交」，全力圖謀擴大「台獨」「國際空間」。這幾年，陳水扁不斷在多邊領域加緊鑽營，重點推動以「台灣」名義加入聯合國和世界衛生組織，不惜血本搞「金錢外交」。今年4月11日，陳水扁致函世界衛生組織總幹事，公然提出以「台灣」名義申請加入世界衛生組織。世界衛生組織秘書處退回了陳水扁的信函，並明確指出「台灣不是一個主權國家，沒有資格申請成為世界衛生組織的會員」。美國、日本、歐盟公開表示反對。此外，陳水扁當局一方面利用美國「以台制華」的方針，圖謀購買大量美國先進武器，強化與美、日兩國軍事聯繫與合作，另一方面則不斷利用經濟利益，發展與歐洲、東南亞國家的實質性關係。

和平發展理應成為兩岸關係的主題。維護台海地區和平穩定，是實現兩岸共同發展的前提。要實現兩岸共同發展，首先必須有一個和平穩定的環境。只有台海地區和平穩定了，兩岸同胞才能安下心來，聚精會神搞建設，一心一意謀發展，大力改善和提高人民生

活水準。實現兩岸關係和平發展，利在兩岸同胞，功在中華民族，惠及亞太和世界。發展是人類社會進步的需要，是當今時代的主題，也是兩岸同胞最大的共識和心願。中國大陸正在抓住21世紀頭二十年這一重要戰略機遇期，全面建設小康社會。台灣各界有識之士也在思考如何實現新一輪的經濟發展。因此，面對經濟全球化趨勢深入發展和區域經濟一體化加快推進的浪潮，兩岸同胞應當抓住機遇，擴大交流，深化合作，共創雙贏。

當前，兩岸關係發展正處在一個關鍵時期。如何凝聚兩岸共識，深化各領域務實合作，謀求兩岸互惠共贏，實現兩岸關係和平發展，造福兩岸同胞，為世界和平發展做出更大貢獻，是擺在所有中華兒女面前一個十分重要的課題，也是歷史賦予我們的重要使命。

第一，實現兩岸關係和平發展，必須堅定地維護一個中國原則。50多年來，兩岸雖然尚未統一，但是大陸和台灣同屬於一個中國的事實沒有改變。14年前，海峽兩岸關係協會與台灣海基會達成了各自以口頭方式表述「海峽兩岸均堅持一個中國原則」的「九二共識」，從而促進了兩岸關係的發展。事實表明，堅持一個中國原則，堅持「九二共識」，是實現兩岸關係和平發展的政治基礎。只要有了這個政治基礎，兩岸就可以互相包容，增進互信，發展合作。只要有了這個政治基礎，兩岸就可以進行平等協商，而且什麼問題都可以談。近十年來，兩岸關係波折不斷，根本原因就在於台灣當局不接受一個中國原則、不承認「九二共識」，破壞了這個政治基礎。中國決不能分裂，這是全體中華兒女的共同責任，在任何時候都不能動搖。

我們歡迎台灣任何人、任何政黨朝著一個中國原則方向所作的

努力。只要承認一個中國原則、承認「九二共識」，不管是什麼人、什麼政黨，也不管他們過去說過什麼、做過什麼，我們都願意同他們談發展兩岸關係、促進和平統一的問題。我們希望台灣當局早日回到承認「九二共識」的軌道上來，停止「台獨」分裂活動。只要確立了一個中國的大前提，我們對任何有利於維護台海和平、發展兩岸關係、促進和平統一的意見和建議都願意作出正面回應，也願意在雙方共同努力的基礎上尋求接觸、交往的新途徑。

　　第二，實現兩岸關係和平發展，必須堅決反對和遏制「台獨」分裂活動。影響兩岸和平穩定的，主要是「台獨」分裂活動。只有堅決反對並遏制「台獨」活動，才能維護台海和平穩定，才能為發展贏得一個安定的環境。維護國家主權和領土完整，是國家的核心利益。在反對「台獨」這個重大原則問題上，我們決不會有絲毫猶豫、含糊和退讓。任何涉及中國主權和領土完整的問題，必須是包括台灣同胞在內的全中國13億人民的共同決定。搞「台獨」就沒有和平，搞分裂就沒有穩定。「台獨」是影響兩岸關係發展的最大障礙，是對台海地區和平穩定的最大威脅。以促進兩岸和平發展為主題，以反對和遏制「台獨」分裂活動為兩岸同胞最重要、最緊迫的任務，是包括兩岸同胞、海外僑胞在內的所有中華兒女必須達成的一個階段性目標。去年以來，陳水扁雖然陷入困境，但他沒有改變「台獨」分裂，也始終沒有停止通過所謂「憲改」謀求「台灣法理獨立」的圖謀。歷史的經驗值得注意，未來一年，不排除「台獨」分裂勢力孤注一擲、鋌而走險，製造「台獨」分裂事端的可能性。對此，兩岸同胞、海外僑胞必須保持高度警惕。

　　第三，實現兩岸關係和平發展，必須進一步擴大兩岸民間交流與合作。擴大兩岸民間交流合作，是推動兩岸關係和平發展的有效

途徑。經過兩岸同胞20多年的持續努力，兩岸民間交流與合作已具有相當的規模與基礎。兩岸交流與合作越深化，兩岸關係和平發展的基礎就越堅實，前景就越光明。兩岸同胞應當在現有基礎上，進一步提升交流層次，擴大合作領域，充實合作內涵，提高合作效能，創新合作機制，增進共同利益，實現互利雙贏，開創一個兩岸同胞廣泛參與、內容豐富、形式多樣、層次多元的新局面。

今年，我們將繼續務實推動兩岸「三通」，爭取儘快實現兩岸客運包機的週末化、常態化，以及貨運包機的快捷化；進一步加強兩岸金融領域的交流與合作，推動兩岸以民間方式就建立金融監管合作機制和貨幣清算機制等問題進行溝通和研討；不斷改善投資環境，推動兩岸貿易、投資的直接、雙向往來，積極務實地促進兩岸經貿交流與合作向更廣的領域和更深的層次發展。

第四，實現兩岸關係和平發展，有賴於兩岸同胞的共同努力。兩岸關係能否和平發展，攸關兩岸同胞的共同利益和未來前途。因此，所有中華兒女應當緊密團結，並肩攜手，同心協力。我們將繼續著力推動解決台灣同胞最關心、最迫切的各種問題，繼續推出惠及廣大台灣同胞的政策措施，全心全意為台灣同胞辦實事、謀福祉。我們將忠實地履行對台灣同胞做出的各項承諾，凡是關係到台灣同胞切身利益的事情都要認真對待，凡是對台灣同胞做出的承諾都要認真履行，既不會因局勢的一時波動而改變，更不會因有少數人的干擾而停滯。

總之，我們要繼續以最大的誠意、盡最大的努力促進兩岸關係和平發展，爭取和平統一的前景，但決不容忍「台獨」，決不允許任何人、以任何方式把台灣從中國分割出去。我們堅決反對陳水扁當局通過「憲改」、「公投」等方式進行「台灣法理獨立」活動。

我們有決心、有能力、有準備制止任何「台獨」和導致「台獨」的重大事變。

今年對我們國家發展來說是具有重要意義的一年。我們將著力推進改革開放和自主創新，推動經濟、政治、文化、社會等各方面建設全面發展，為推動兩岸關係和平發展打下堅實的基礎，為進一步促進兩岸經濟交流合作在更大範圍、更廣領域和更高層次上得到加強和提升。

歷史賦予了我們實現民族振興和國家統一的重任，時代也創造了海峽兩岸和平發展的契機。時不我待，機不可失。我相信，只要我們牢牢把握兩岸關係和平發展這個主題，以中華民族根本利益為依舊，經過所有中華兒女共同努力，就一定能排除前進道路上的種種障礙，不斷推進兩岸關係和平發展與祖國和平統一進程，促進中華民族偉大復興。

2007年6月

在第四屆世界華僑華人社團聯誼大會上講話

實現國家統一是中山先生畢生不渝的追求

尊敬的各位僑胞，各位朋友：

應泰國中華會館邀請，我有機會來「中山講堂」演講，有緣和廣大僑胞、各位朋友見面，就中山先生的思想進行學術交流，十分高興，也深感榮幸。「中山講堂」自1993年開辦以來，廣泛聯繫各界名人志士，弘揚中山先生愛國精神，深入探討台海兩岸和平統一之路，成為凝聚世界華人共識、反對「台獨」分裂、推進兩岸關係

發展的一個重要平台，產生了廣泛的影響，深受海外華僑華人的歡迎。在此，我謹代表海峽兩岸關係協會，對本次活動的成功舉辦表示熱烈祝賀！向多年來致力於推進祖國和平統一大業的中華會館表示誠摯的敬意！向支持中國統一大業的廣大海外僑胞、各位朋友表示衷心的感謝！今天，我以「發揚中山先生愛國精神，促進台海兩岸和平統一」為題，與大家共同分享中山精神，共同探討推進兩岸關係和平統一的大計。

　　尊敬的朋友們，中山先生是中華民族的偉人，是中國歷史上第一個勇敢地站出來堅持推翻帝制、走向共和的先知先覺。中國共產黨、中國政府、中國人民非常熱愛中山先生，認為中山先生是和毛澤東、鄧小平並列的20世紀中國的三大偉人之一，是傑出的愛國主義者和民族英雄，是中國民主革命的偉大先行者。中山先生的一生，是為近代中國的民族獨立、民主自由、民生幸福而不屈不撓、英勇鬥爭的一生，是為追求國家統一、爭取中華民族偉大復興而殫精竭慮、無私奉獻的一生。

　　各位朋友，中山思想體大思精，言近旨遠，內容豐富，內涵深刻。對中山先生思想，大家見仁見智，但最為公認和備受推崇的就是中山先生強烈的愛國主義精神。中山先生「愛國若命」，「生平以愛國為前提」，最突出地體現在他鞠躬盡瘁，為民族復興和國家統一嘔心瀝血，直至生命最後一刻。

　　中山先生是清朝晚期第一個站出來振臂高呼「振興中華」的人。1894年11月，「興中會」在檀香山成立時，中山先生提出「振興中華」的口號，這在腐朽黑暗的年代裡猶如一道閃電，更似一聲驚雷，是那樣地振聾發聵、震撼人心。面對內憂外患、積貧積弱的危難狀況，1905年中山先生提出「民族、民權、民生」的「三民主

義」，成為引領辛亥革命的先進思想。為了國家富強，中山先生提出《建國方略》、《實業計畫》等，從政治、經濟、文化、教育等各方面闡述了復興中華的主張，為我們描繪了中國走向現代化的藍圖，充分體現了他的雄心壯志和遠見卓識。

追求國家統一，是中山先生畢生不渝的崇高理想，是其念茲在茲的神聖使命，是其為之奮鬥的重要目標。他說，「凡愛國的中國人，都要為祖國統一而努力奮鬥」。對中國統一，中山先生有著精闢論述。他說：從歷史看，「中國是一個統一的國家，這一點已牢牢地印在我國歷史意識中」。從現實看，「中國人民再也不能容忍別人瓜分自己的國家」，統一「是全國人民的心理」。從未來看，「統一是全體國民的希望，能夠統一，全國人民便幸福；不能統一，便是受害」。為了國家統一，中山先生置個人生死榮辱於度外，主動辭讓，北上談判，即使在臥病彌留之際，仍念念不忘「和平、奮鬥、救中國」。

對於台灣，中山先生更是時時掛念心中。他曾三次到達當時還在日本殖民者侵占下的台灣。1912年，他表示「台灣是中國的領土，要決心收復」；1922年8月，他又表示：「中國如不能收復台灣，即無法立於大地之上」；1925年2月11日，重病中的中山先生還要求「日本須放棄與中國所締結的一切不平等條約，將台灣歸還中國」。

中山先生一生追求真理的開拓進取精神和矢志不渝的愛國主義情懷，中山先生「天下為公」的博大胸襟和放眼世界的開放心態，中山先生生命不息、奮鬥不止的堅強意志和鞠躬盡瘁、死而後已的高尚情操，中山先生無私無畏、國家民族至上的偉人風範，是他留給我們的寶貴精神遺產。正是因為中山先生對國家和人民的傑出貢

獻，中山先生始終在中國人民中享有崇高的威望，始終受到全世界華人華僑的由衷景仰。

然而令人椎心泣血、扼腕痛心的是，現在台灣島內，中山先生的人格形象正遭受著凌辱和詆毀。為了切斷兩岸的歷史聯繫，為了分割兩岸的精神紐帶，「台獨」分裂勢力絞盡腦汁、挖空心思地要消除中山先生的影響，泯滅中山先生的英名。他們遷移中山先生銅像，廢除「國父紀念月會」，他們悍然禁止歷史教科書使用尊稱「國父」，更為荒唐的是，他們竟然把中山先生說成是「外國人」。是可忍，孰不可忍！此種喪心病狂的倒行逆施，令人髮指，理所應當遭到包括廣大台灣同胞、海外僑胞在內的所有中華兒女的同聲譴責。

尊敬的朋友們，中國共產黨人是孫中山先生革命事業最忠實的繼承者，80多年來，始終高舉統一的旗幟，堅定不移地追求和維護中國統一，維護中華民族的團結。1949年以後，中國共產黨人也一直為尋求解決台灣問題、實現國家完全統一而努力。特別是近30年來，從鄧小平先生提出「和平統一、一國兩制」的基本方針，到江澤民先生提出現階段發展兩岸關係、推進祖國和平進程的「八項主張」，到胡錦濤先生提出新形勢下發展兩岸關係的「四點意見」，既一脈相承，又有新的發展。不久前閉幕的中國共產黨第十七次代表大會，對台灣問題立足當前，著眼長遠，系統全面、準確完整地論述了今後一個時期我們對解決台灣問題的大政方針和原則立場，表達了中國共產黨和中國政府對推動兩岸關係和平發展、推進祖國和平統一的堅定信念，在反對和遏制「台獨」分裂、維護國家主權和領土完整這一點上，我們的態度絲毫不會改變，也決不會動搖。

朋友們，回首過去，我們心潮澎湃。30年來，兩岸關係的發展

雖歷經曲折，但不斷向前。1970年代末、80年代初，鄧小平先生以睿智的眼光、開闊的胸襟，從戰略的高度、國家的全域出發，提出了「和平統一、一國兩制」的基本方針，得到海內外中華兒女的普遍歡迎和高度讚賞，推動兩岸關係發生了重大的歷史性轉變，並像錢江大潮一樣勢不可擋。今年適逢兩岸交流開啟20周年。1987年11月2日，台灣開放老兵回鄉探親，兩岸往來由暗化明。20年來，兩岸民間交流由點到面，不斷發展，經歷了一個不平凡的歷程。今天，兩岸人員往來和經貿文化交流已向著全方位、多層次，寬領域、大規模的方向發展，其前進勢頭沛然莫之能禦。

　　朋友們，回憶往事，我們感慨萬千。進入新世紀後，隨著台灣島內政治局勢的演變，陳水扁當局和「台獨」分裂勢力肆無忌憚地進行各種「台獨」分裂活動，包括舉辦所謂「防禦性公投」，推動「台灣正名」、「去中國化」，廢除「國統會」和「國統綱領」，通過「憲改」謀求「台灣法理獨立」，鼓噪「以台灣名義申請加入聯合國」和世界衛生組織等等。對此，中國共產黨和中國政府展開了針鋒相對的鬥爭，打擊了「台獨」分裂勢力的囂張氣焰，挫敗了「台獨」分裂勢力的種種圖謀，維護了台灣局勢的和平穩定，展現了維護國家主權和領土完整的堅定決心。

　　朋友們，回顧歷史，我們充滿喜悅，兩岸關係特別是民間交流在蓬勃發展。尤其是近五年來，儘管台海局勢複雜多變，但祖國大陸對台工作還是取得新的進展，富有成效，本人認為主要有如下四個亮點：

　　一是對解決台灣問題的思想更加清晰。新形勢下，大陸明確把反對和遏制「台獨」作為各項對台工作的首要任務，作為海內外所有中華兒女現階段的一項重任。2005年3月，胡錦濤先生針對台海

局勢的深刻變化，提出了新形勢下發展兩岸關係的「四點意見」，強調堅持一個中國原則決不動搖、爭取和平統一的努力決不放棄、貫徹寄希望於台灣人民的方針決不改變、反對「台獨」分裂活動決不妥協。這四點意見，態度鮮明、重點突出、高屋建瓴，表明了大陸當前對台灣問題的基本立場和主張。2006年4月，胡錦濤先生又提出「和平發展理應成為兩岸關係發展的主題，成為兩岸同胞共同為之奮鬥的目標」，為今後兩岸關係的發展進一步指明了方向。

二是中國「人大」制定了《反分裂國家法》。2005年3月14日，中國全國人大審議通過了《反分裂國家法》，這部重要法律，將大陸解決台灣問題的大政方針以法律的形式固定下來，既充分體現了我們爭取和平統一祖國的最大誠意，同時也表明了大陸13億同胞維護國家主權和領土完整，決不允許「台獨」分裂的共同意志和堅定決心。這部重要法律的頒布實施，不僅對於現階段反對和遏制「台獨」分裂勢力、推動兩岸關係發展具有重大現實意義，對未來促進祖國和平統一、防止可以出現的「台獨」重大事變，也具有深遠歷史意義。

三是邀請連戰、宋楚瑜到大陸進行成功訪問。2005年4、5月間，中共中央胡錦濤總書記邀請中國國民黨主席連戰、親民黨主席宋楚瑜先後率團來大陸進行歷史性訪問，胡總書記分別與兩黨領導人進行正式會談，取得了重要共識，產生了舉世矚目的重大影響。這兩次重要訪問，開啟了兩岸政黨交流的歷史新頁，確立了我們黨與國親兩黨堅持「九二共識」、反對「台獨」的共同政治基礎，緩和了兩岸之間的緊張氣氛，得到國際社會的普遍肯定，受到兩岸同胞和海外華僑的熱烈歡迎。

四是推動了一系列惠及廣大台灣同胞的新措施。2005年5月以

來，大陸有關方面共頒布54項促進兩岸交流合作、惠及廣大台灣同胞的政策措施。比如推動兩岸包機直航，開放大陸同胞赴台旅遊觀光，對部分台灣水果在大陸銷售實行零關稅，對來大陸高校就讀的台灣學生按照大陸學生標準同等收費，逐步放寬台灣同胞在大陸的就業條件，為來大陸投資的台商提供融資貸款等。這些政策措施，虛實結合，具體可行，飽含著祖國大陸對台灣同胞的深情厚誼，受到台灣同胞普遍歡迎和國際輿論積極評價。

　　朋友們，面對現狀，我們感到非常欣慰。在兩岸同胞共同努力下，兩岸民間交流發展迅速，一個包括兩岸同胞的、血脈相連的命運共同體在開始形成。

　　——兩岸人員往來不斷增加。截至2007年9月底，台灣居民往來大陸達4583萬人次，大陸居民赴台超過156萬人次。現在來大陸的台胞每年有400多萬人次，每天有1.5萬人次進出大陸。來大陸人員包括經貿、文化、科技、教育、體育、衛生等各個界別。持續發展的兩岸人員往來與經濟文化交流，增進了兩岸同胞相互瞭解，密切了兩岸同胞的兄弟親情。

　　——兩岸經貿交流持續擴大。截至今年9月底，兩岸貿易總額累計達6933多億美元。去年兩岸經貿首次突破千億美元，台灣從大陸獲貿易順差達660億美元，今年兩岸貿易總額有可能達到1200億美元。大陸累計批准台商投資項目近7.5萬項，台商實際投資超過450億美元。目前台灣已成為大陸第七大交易夥伴，大陸則是台灣最大出口市場和最主要貿易順差來源地。

　　——兩岸「三通」正在取得突破。2003年春節，兩岸第一次實現了台商春節包機。2005年兩岸春節包機擴大為兩岸航空公司共同參與，實現雙向直飛。2006年6月以後，兩岸實現客運包機節日

化，並開辦緊急醫療求助包機和貨運專案包機。自2001年1月福建沿海與金門、馬祖之間實現海上直航後， 2007年5月又實現了福建沿海與澎湖海上貨運直航。

——兩岸農業交流與合作成效明顯。2005年以來，大陸對台灣15種水果、11種蔬菜和8 種水產品實施進口零關稅措施。至2007年4月，大陸零關稅進口台灣水果5128噸，總值近670萬美元。我們還積極推動兩岸農業合作，已先後在大陸11個省市設立海峽兩岸農業合作試驗區或台灣農民創業園。

尊敬的朋友們，展望未來，我們信心滿懷。2007年10月，中國共產黨召開第十七次全國代表大會，提出今後一個時期對台工作的指導方針和總體要求，即「遵循『和平統一、一國兩制』的方針和現階段發展兩岸關係、推進祖國和平統一進程的八項主張，堅持一個中國原則決不動搖，爭取和平統一的努力決不放棄，貫徹寄希望於台灣人民的方針決不改變，反對『台獨』 分裂活動決不妥協，牢牢把握兩岸關係和平發展的主題，真誠為兩岸同胞謀福祉、為台海地區謀和平，維護國家主權和領土完整，維護中華民族根本利益。」今後一個時期，我們對台工作的首要任務仍是堅決反對和遏制「台獨」分裂活動，推動兩岸關係和平穩定發展，努力爭取兩岸和平統一前景。完成祖國統一大業，維護國家主權和領土完整，是我們堅定不移的目標，任何時候都不會改變！

朋友們，在中國共產黨第十七次全國代表大會的報告中，對今後兩岸關係發展提出了三個方面的重要主張：

第一，始終不渝地堅持一個中國原則，促進兩岸關係和平發展。堅持一個中國原則，是兩岸關係和平發展的政治基礎。一個中國原則具有充分的事實和法理基礎。1949年以來，儘管兩岸尚未統

一，但大陸和台灣同屬一個中國的事實從未改變。台灣任何政黨，只要承認兩岸同屬一個中國，我們都願意同他們交流對話、協商談判。胡錦濤總書記在中共十七大報告中對台灣方面鄭重呼籲：「在一個中國原則的基礎上，協商正式結束兩岸敵對狀態，達成和平協定，構建兩岸關係和平發展框架，開創兩岸關係和平發展新局面。」這是我們黨針對台灣島內的嚴峻形勢，從兩岸同胞的根本利益和中華民族的長遠發展而提出的一項重要主張，希望台灣當局三思。

第二，真心誠意地團結廣大台灣同胞，為實現中華民族偉大復興而共同努力。胡錦濤總書記在中共十七大報告中指出：「十三億大陸同胞和兩千三百萬台灣同胞是血脈相連的命運共同體。」兩岸同胞同根同源，中國是兩岸同胞共同的家園。兩岸關係發展的歷程充分證明，兩岸分則兩害，合則兩利。繼續推動兩岸關係朝著和平穩定方向發展，符合兩岸同胞的共同願望和共同利益。

我們將毫不動搖地繼續貫徹寄希望於台灣人民的方針。凡是對台灣同胞有利的事情，凡是對維護台海和平有利的事情，凡是對促進祖國和平統一有利的事情，我們一定盡最大努力做好。這是我們對台灣同胞的莊嚴承諾，也是我們應盡的責任。今後，我們將繼續實施和推出惠及廣大台灣同胞的政策措施，依法保護台灣同胞的正當權益，在兩岸交流方面進一步拓展領域、提高層次，使彼此感情更融洽、合作更深化。

第三，堅決反對任何形式的「台獨」分裂活動，維護國家主權和領土完整。當前，「台獨」分裂勢力及其活動嚴重危害兩岸關係和平發展。陳水扁當局推動的「入聯公投」，是企圖改變大陸和台灣同屬一個中國的現狀、走向「台灣法理獨立」的重要步驟，是變

相的「台獨」公投。陳水扁無視海內外輿論的強烈譴責，一意孤行地進行「台獨」挑釁，正在把兩岸關係推向危險的邊緣。這一趨勢如果發展下去，必將產生嚴重後果，嚴重危及台海地區乃至亞太地區的和平穩定。

朋友們，中國主權和領土完整不容分割。在反對「台獨」分裂國家這個重大原則問題上，我們決不會有絲毫動搖、妥協、含糊，決不會吞下「台獨」這個苦果。「任何涉及中國主權和領土完整的問題，必須由包括台灣同胞在內的全中國人民共同決定。」台灣是中國的領土，歷史上從來不是一個國家，1945年以後已不是外國的殖民地、也不處於外國占領之下，其法律地位無論在國際法上還是國內法上都是明確的，根本不存在用「公投」方式進行自決的前提。一個國家只能有一個主權，主權不容分割。台灣是包括2300萬台灣同胞在內的13億中國人民共同的台灣。台灣的前途必須由包括台灣同胞在內的13億中國人民共同來決定。我們願繼續以最大誠意、盡最大努力爭取兩岸和平統一，同時決不允許任何人以任何名義、任何方式把台灣從中國分割出去。我們這一立場是嚴肅的、明確的、一貫的，是不可改變的，它凝聚了13億中國人民和近5000萬海外華僑華人的高度共識。

朋友們，兩岸統一和中國發展息息相關，兩岸統一和中華民族偉大復興緊密相連。2004年11月14日，中國國家主席胡錦濤在巴西里約熱內盧會見包括來自台灣僑胞在內的當地華僑華人代表時指出，「中國要強盛，中華民族要振興，第一要發展，第二要統一」，「實現了祖國的完全統一，大陸和台灣就都能更好地發展。」也正如中國共產黨十七大報告指出的那樣，「兩岸統一是中國民族走向偉大復興的歷史必然。」兩岸統一，金甌無缺，兩岸同

胞共同生活在一個大家庭，我們有責任把中國——這一共同的家園建設好、發展好、維護好。

朋友們，21世紀是中華民族走向偉大復興的世紀。中國正面臨百年不遇的難得的歷史機遇期，中國人民正站在新的歷史起點上。進入新世紀後，中國人民正在集中精力做好兩件事情：一件是發展經濟，全面建設小康社會，實現四個現代化；另一件是逐步解決歷史遺留下來的台灣問題，最終實現祖國的完全統一。使中國發展強大起來，使中國走向完全統一，這也正是中山先生念茲在茲並為之奮鬥終身的兩件大事。這兩件事又互相聯繫在一起，只有發展強大了才能早日實現統一，只有統一了中國才能更好地發展強大。撫今追昔，我們可以告慰中山先生，新中國成立58年特別是改革開放29年來，中山先生90年前在《建國方略》裡描繪的宏偉藍圖已經變成了現實，中國現代化正逐步實現。

——29年來，中國特色社會主義的市場經濟體制正在逐步建立和完善，社會生產力得到極大的解放和發展，國內生產總值年均增長9.7%。2006年GDP已達2.69萬億美元，2007年有可能超過德國躍居世界第三，人均國民總收入正在步入中等收入國家行列。一個13億人口的大國，連續29年保持近兩位數的經濟增長速度，這在中國歷史上前所未見，在世界上也堪稱奇跡。中國的對外貿易也快速發展，進出口貿易總額居世界第三位，外匯儲備高達1.3萬億美元，穩居世界第一位。吸收外資總額累計達6900億美元，連續14年成為吸收外資最多的發展中國家。

——29年來，中國人民的生活水準大幅度提高，城鄉居民收入快速增長，農村貧困人口從2.5億下降到2000萬，人民生活總體上達到小康水準。

——29年來，中國財政收入快速增長，使我們辦成了許多幾十年來想辦而未辦成的大事。西氣東輸、南水北調等重大工程順利進展，上海洋山港、三峽大壩、青藏鐵路等中山先生的偉大理想，都已經成為現實。神舟飛船、嫦娥探月衛星等一大批先進科技成果令人振奮。

　　朋友們，放眼今日之中國，從雪域高原到東海之濱，從北國邊疆到南海椰島，中華大地正發生著舉世矚目的巨變，中華民族偉大復興的光明前景已經展現。此時此刻，我們仍然銘記中山先生的遺言：「革命尚未成功，同志仍需努力。」我們的現代化還沒有完全實現，我們的綜合國力還不夠強大，我們的祖國還沒有完全統一，我們「仍需努力」的事情還有不少，我們也一定會繼續努力。一個具有五千年文明歷史的、現代化的、強盛而又和諧的、完全統一的中國，將屹立於世界的東方！

　　中山先生曾說過：「華僑乃革命之母！」鄧小平先生也說過：「我們還有幾千萬愛國同胞在海外，他們希望中國興旺發達，這在世界上是獨一無二的。」泰國的華僑華人是佼佼者。多年來，一代又一代華僑華人艱苦奮鬥、創基立業，積極融入社會，為泰國的穩定與繁榮，為中泰關係的發展做出了重要貢獻；一代又一代華僑華人心懷故土、念祖愛鄉，為中國發展、兩岸統一付出了巨大的心血和努力。為此，歷史不會忘記，祖國人民更不會忘記。！

　　尊敬的朋友們，中山先生有名名言：世界潮流，浩浩蕩蕩，順之者昌，逆之者亡。中國的發展和統一，就像歷史潮流一樣勢不可擋。我深信，只要海內外中華兒女緊密團結、共同奮鬥，中山先生殷殷期盼的祖國統一大業就一定能夠實現，中山先生孜孜追求的中華民族偉大復興目標也一定能夠實現。

最後，我要衷心感謝中華會館為我提供這一難得的寶貴機會，使我能夠和這麼多名人志士在此見面交流。今天，中華會館可以說是群賢畢至，高朋滿座。我衷心祝願中華會館繼續發揚中山精神，弘揚中華文化，為中泰友誼做出新的貢獻。希望中華會館和海峽兩岸關係協會今後多交流往來，為兩岸關係和平發展發揮更積極的作用。

　　祝在座各位身體健康、事業成功、闔家幸福！謝謝！

2007年12月

在泰國中華會館發表的演講

三、馬英九時期

胡錦濤「12·31講話」引領兩岸關係發展方向

　　12月31日，胡錦濤總書記在紀念全國人大《告台灣同胞書》發表30周年座談會上，發表重要講話。胡總書記的講話全面回顧和深刻總結了30年來兩岸關係的發展情況，並對新形勢下兩岸關係的和平發展提出了極其重要的六點意見。胡總書記的講話，是在小平同志「和平統一、一國兩制」對台基本方針和江總書記關於現階段推動祖國和平統一進程的「八項主張」的基礎上，對中央的對台大政方針作出的最系統全面、最完整準確、最具權威性的新闡述，具有重要的現實意義和深遠的歷史意義。我體會胡總書記的講話有以下四個特點：

一、對30年來的兩岸關係發展的歷史經驗作了科學總結

30年前發表的《告台灣同胞書》,是在黨的十一屆三中全會提出改革開放的歷史性決策、在台灣問題上提出的和平統一基本方針的大背景下發表的。回顧這30年來兩岸關係的複雜、深刻變化,胡總書記提出五點經驗:第一,必須始終遵循中央對台大政方針,牢牢把握和平發展主題。第二,要堅信我們的對台大政方針是完全正確的。第三, 30年來祖國大陸現代化建設的巨大進步,決定了兩岸關係的基本格局和發展方向。第四,必須通過兩岸交流和協商機制,積累共識,減少分歧。第五,任何「台獨」分裂活動都是註定要失敗的。以上五點,充分體現了我們在解決台灣問題上的理論自信、道路自信。對指導我們對台工作彌足珍貴。

二、對60年來歷史形成的兩岸關係現狀作了準確定性

胡總書記明確指出,台灣問題的核心是實現祖國統一,而目的是實現中華民族的偉大復興。1949年以來,大陸和台灣儘管尚未統一,但不是領土和主權的分裂,而是1940年代中後期中國內戰遺留下來的政治對立,這沒有改變大陸和台灣同屬一個中國的事實。兩岸復歸統一,不是主權和領土再造,而是結束政治對立。這一表述,從理論上對兩岸關係的現狀,作了科學的、清晰的定性定位。

三、對歷史遺留下來的涉台敏感政治問題創造性地提出了解決辦法

例如台灣當局一再堅持的所謂「國際空間」問題,胡總書記表示,我們瞭解台灣同胞參與國際活動問題的感受,重視解決與之相關的問題。胡總書記特別強調指出,兩岸在涉外事務中避免不必要的內耗。對於台灣同外國開展民間性經濟文化往來,可以視需要進一步協商。對於台灣參與國際組織活動問題,在不造成「兩個中

國」、「一中一台」的前提下，可以通過兩岸務實協商作出合情合理安排。對於海內外高度關注的兩岸和平協議問題，胡總書記明確表示：兩岸可以就在國家尚未統一的特殊情況下的政治關係展開務實探討。為有利於穩定台海局勢，兩岸可以適時就軍事問題進行接觸交流，探討建立軍事安全互信機制問題。這是大陸最高領導人首次就兩岸軍事接觸問題傳達的權威資訊，也是這次講話最富有新意的內容之一。對民進黨，胡總書記在講話中也誠懇地希望他們認清形勢，停止「台獨」分裂活動。並表示只要民進黨改變「台獨」分裂立場，我們願意作出正面回應。胡總書記還特別強調：「台灣同胞愛鄉愛土的台灣意識不等於『台獨』意識。」所有這些，都是需要我們很好去體會、去把握的重要內容。

四、對兩岸關係和平發展主題在理論上作了系統闡述

實現兩岸關係和平發展，是胡總書記對台的一個重要思想。2006年4月，胡總書記在會見連戰等台灣朋友時指出：「和平發展理應成為兩岸關係的一個主題，成為兩岸同胞共同為之奮鬥的目標。」這次講話，胡總書記對「和平發展」這一主題，作了更加系統完整的闡述，指出：我們應把堅持一個中國作為推動兩岸關係和平發展的政治基礎，把深化交流合作、推進協商談判作為兩岸關係和平發展的重要途徑，把促進兩岸同胞團結作為推動兩岸關係和平發展的強大動力。而繼續反對「台獨」分裂是推動兩岸關係和平發展的必要條件。胡總書記還強調，台灣的前途繫於兩岸關係和平發展，繫於中華民族的偉大復興。這樣，胡總書記把「和平發展」的基礎、途徑、動力、條件、目的全講清楚了，這對指導我們今後一個時期的對台工作具有重大意義。

總之，胡總書記12月31日的講話，內容十分豐富，對小平同

志、江總書記關於台灣問題的論述既一脈相承，又與時俱進；是黨的十六大以來代表黨中央對台灣問題所作的最新論述和理論上的重大發展，必將對兩岸關係發展起到引領方向的作用。

馬英九上台後的兩岸關係與島內局勢

台灣問題從1949年到現在，已經60年了。在這60年中又可分為前30年和後30年。1978年底黨的十一屆三中全會之後，小平同志提出了「和平統一」的對台方針，代替了過去「解放台灣」的口號，使得海峽兩岸從軍事對峙的隔絕狀態，逐步朝著緩和、交流的方向發展。

去年12月31日，胡錦濤總書記在紀念《告台灣同胞書》30周年座談會上發表重要講話，既對過去30年對台工作作了全面、科學的總結，也對未來兩岸關係發展提出了重要的「六點意見」。胡總書記的「六點意見」，涵蓋了兩岸關係的所有領域，集中體現了中央對構建兩岸關係和平發展框架的戰略思考。

去年3月台灣「大選」，堅持「台獨」分裂的民進黨、陳水扁終於下台，國民黨重新奪回台灣執政權，兩岸關係總體上趨向緩和。台灣內部局勢發生的這一重大、積極變化，對大陸而言是一個難得的歷史機遇，我們應該抓住這個機遇，實現兩岸關係的和平發展與良性互動。

如何看待當前台海形勢？怎樣才能抓住並用好這個機遇，又妥善應對各種挑戰？是需要我們冷靜思考和認真探討的重大課題。下面我想就以上幾個問題，談一些個人淺見。

一、如何看待當前的台海形勢

去年台灣局勢出現的重大變化，從兩岸關係來看具有轉折性重要意義。現在兩岸關係進入了一個新的歷史階段，也可以說是60年來兩岸關係最好的一個時期。對當前的兩岸關係，可以用兩句話來概括：一是兩岸雙方初步形成良性互動態勢，二是兩岸關係開始步入和平發展軌道。

首先，要看到去年以來兩岸關係不斷有突破性進展，台海形勢總體上在趨向緩和。馬英九上台九個月來，在兩岸關係上表現得比較主動，而且也體現出一定的誠意。

一是迅速恢復了中斷九年的海協會與海基會之間的制度化協商。去年6月，國民黨副主席、海基會新任董事長江丙坤訪問大陸，通過「兩會」三天協商，達成兩項重要協定。7月4日，兩岸正式開始週末包機直航和大陸居民赴台觀光旅遊。這兩項協議對兩岸關係而言具有突破性意義。11月3日，海協會陳雲林會長首次赴台與海基會江丙坤董事長簽署了空運直航、海運直航、直接通郵、食品安全四項重要協議。這是兩會首次在台北會談，在兩岸關係發展進程中具有歷史性意義。至此，30年來我們一直在努力爭取的海峽兩岸直接、雙向、全面「三通」，基本上實現。

二是進一步打開了兩岸交流的大門，並由民間向著半官方發展。馬英九上台後先後宣布放寬台商對大陸投資不得超過40%的金額限制，放寬大陸官方人士赴台，宣布接受大陸熊貓入島，宣布承認大陸部分高校學歷，等等。這些對擴大兩岸以經貿為主軸的各項交流都很重要。下一步，兩岸將加強金融領域的交流合作，共同打擊海上走私。

三是對兩岸關係重新作出政治定位，否定了「兩國論」。去年9月，馬英九通過會見外國媒體的形式，鄭重宣示「海峽兩岸不是

國與國的關係」，而是「一個國家兩個地區的特殊關係」。這就從根本上否定了李登輝1999年提出的「兩國論」和陳水扁2001年提出的「一邊一國論」，使得台灣當局的大陸政策重新回歸一中框架，這一定位對未來兩岸關係發展特別重要。

四是在軍事上改變了陳水扁「決戰海上」的「嚇阻威懾」戰略。台軍方領導人重新明確實行「防衛固守戰略」，並宣布停止研發射程1000公里以上、具有進攻性的地對地導彈。這些舉動，在軍事上沒有實質性意義，但在政治上具有象徵性意義。

其次，「台獨」分裂活動受到有效遏制，「台獨」分裂勢力的現實危險性減弱。民進黨失去了權力支撐，它的影響力和原有的各種行政資源也大為減弱，這從根本上使得「台獨」的危險性相對降低，從而使得中國的周邊安全環境得到改善。在去年自然災害頻發、「藏獨」和恐怖勢力活躍的情況下，東南方向保持了相對穩定。這對我們戰勝自然災害、開好奧運會等，都十分重要。

馬英九上台後，台灣島內經濟形勢並不太好，其原因與國際金融危機有關，因為台灣的經濟對外依賴性很大。去年上半年，台經濟增長率由6%下降到4%，去年下半年降為負增長，出口銳減，失業率現高達5.75%。台灣當局清楚，島內經濟發展空間相當有限，唯一出路是與大陸合作，分享大陸市場、資源的優勢，台灣經濟才有希望提升。這也是台灣方面主動開放兩岸「三通」、擴大與大陸經貿合作的原因之一。

實現「三通」直航，擴大兩岸交流，對穩定台海局勢，實現兩岸關係和平發展是有利的。所以儘管從統一視角看，馬英九上台也不一定帶來多大希望，但從維護台海穩定、抓住21世紀重要戰略機遇期來看，馬英九上台對兩岸關係就顯得十分重要。所以當前的台

海形勢和兩岸關係良好局面，來之不易，我們必須倍加珍惜。

二、如何看待馬英九上台後的國民黨

馬英九上台後，一直在考慮做兩件事情，第一件事情是提升台灣的經濟；第二件事情就是想重塑國民黨在台灣人民心目中的形象。

馬英九知道，老國民黨在台灣人民心目中形象不佳，而要徹底改造也不容易，更不是短時間內能夠完成。因此，馬英九的想法是與老國民黨適當進行切割，保持區隔，拉開距離。其次，馬英九想學習美國的政治模式，試圖把國民黨只作為單純的競選機器，使政黨功能單純化。

從蔣介石、蔣經國到李登輝，國民黨主席和總統二職都是一人兼任，強調「以黨領政」，突出執政黨地位。馬英九上台後，因為他不是黨主席，提出「以黨輔政」，實行「黨政分家」。總之，馬英九想樹立超然形象，淡化政黨色彩，成為「全民總統」。

馬英九的上述做法，不可避免地引發了國民黨內部傳統勢力的不滿。國民黨內部以馬英九為代表的新興力量與黨內傳統勢力之間的鬥爭，是國民黨的發展方向和路線之爭。但他們對兩岸關係的基本態度和對大陸政策上，並無太大的分歧。他們都主張擴大兩岸交流，緩和兩岸關係，維持台海現狀。今年國民黨將召開18全，黨主席將換屆。現在馬身邊有人極力主張馬兼任黨主席。國民黨內部有可能圍繞新老交替出現新的鬥爭。

下半年國民黨面臨的另一個問題是縣市長選舉。國民黨有可能會丟掉幾個縣市，現已有四個縣市告急，一旦失守，後果嚴重，會影響到2012年「大選」。

要預測未來幾年兩岸關係,重要一點是要客觀地認識馬英九。馬出生於國民黨官僚家庭,從小受到良好的家庭教育,中華文化和儒家思想都對他有重大影響。成年後他又到美國留學,西方的民主、自由價值觀也深深影響著他。踏上仕途後,又長期在蔣經國身邊,不可避免地會受蔣家反共意識和宮廷文化的薰陶。在馬英九身上,既有傳統儒家思想,又有美國西方民主理念;既有一定的中華民族情結和中國意識,又受台灣特定歷史、地緣、人文環境影響。因此他是一個複雜的政治人物。他不可能去搞「台獨」,但也不會去推動統一。他表面性格內向,溫文爾雅,彬彬有禮,其實很有定見,凡事自有主張,屬於外圓內方,形柔實剛的人物。可以期待,在馬任內,兩岸關係不會大起大落,兩岸交流會一步步展開,台海形勢可望保持相對穩定。

三、如何看待陳水扁下台後的民進黨

去年3月台灣「大選」民進黨謝長廷遭受慘敗後,內部出現了四分五裂的局面。在民進黨四大天王互不相讓、黨內群龍無首之際,比較溫和、理性,沒有派系背景,各方都能接受的蔡英文自然成為黨主席的不二人選。

民進黨成為在野黨之後,進入一個權力重組、政策調整的時期。蔡英文接任民進黨主席後,企圖以溫和、理性、務實形象重振民進黨,但她難以撫平該黨在這次「大選」中造成的創傷,也難以彌合民進黨高層的分裂局面。

蔡英文與陳水扁不同,在兩岸關係上表現相對低調,主張既堅持「台灣主權」,又維持兩岸關係緩和,在島內主張「街頭運動」與「議會鬥爭」相結合,反對完全走暴力路線。蔡英文給人以理性、沉穩、務實的印象,不事張揚,但有思想,注重論述。與陳水

扁相比，蔡的形象較好，在民調中滿意度一度領先馬英九。她在行事風格上，與馬英九有點類似。

由於馬英九上台後台灣經濟未能很快復甦，失業率高達5.75%，物價上漲4%，不少選民對馬由期望變成失望，馬的支持度跌到23%。

關於陳水扁貪汙案，現在案情已向縱深發展。陳水扁身邊的重要幕僚、親信已有近十人被關押，有的已經開始招供，特偵組通過搜索抄家也已掌握大量陳水扁的犯罪事實，估計陳水扁這次在劫難逃，但由於台灣的司法體制，最終結案估計還會有一段較長時間。

對民進黨未來發展，有些情況也還是要值得觀察。一是儘管民進黨下台了，但它執政八年推動「台獨」分裂對社會造成的影響是很大的。例如「台灣是一個主權獨立國家」，「海峽兩岸一邊一國」，「台灣的前途應由台灣2300萬人民來決定」，「台灣必須有自己的國際空間」，等等，這些明顯具有「台獨」色彩的歪理，現在台灣竟有相當多的人士接受。台灣的話語權至今還主要掌握在民進黨手裡。所以儘管民進黨下台了，認同「台獨」的人數不減反增。據今年初台灣《遠見》雜誌民調：58%的台胞主張兩岸維持現狀，希望台灣「獨立」的上升至23.5%，比陳水扁執政時還要高，希望統一的降為6.5%，為歷年來最低。這一現象很值得研究。

二是民進黨內有人主張重新走上街頭，走暴力運動路線。2月4日召開的民進黨中常會初步決定將「社會發展部」恢復為1980—90年代的「社會運動部」，重新走「社運」路線，並決定2008年為「社會運動年」。

台灣藍綠的基本盤並沒有變動，民進黨還有四成以上選民支持，它作為島內一股政治力量依然存在。

四、對兩岸關係的幾點思考

中共十六大後,對台大政方針已經非常明確。對台工作的重要性更加突出。在當前新形勢下,台灣問題會更加引起各方關注。本人有以下幾點很不成熟的淺見,就教各位。

(一)抓住機遇,把握好兩岸關係和平發展的主題

去年初台灣兩場重要選舉之後,台海局勢發生了重大積極變化。兩岸關係出現難得的歷史機遇。

歷史證明,機遇期稍縱即逝,因此我們應該從全域出發,緊緊抓住並充分利用這一機遇,做好各項工作。胡錦濤總書記去年提出的「建立互信、擱置爭議、求同存異、共創雙贏」十六字方針,我理解就是為抓住這個機遇而提出來的。其中建立互信是根本,擱置爭議是關鍵,求同存異是方法,共創雙贏是目的。

從戰略高度看,台海局勢相對穩定,我們在東南方向可保持基本穩定,這對大陸集中精力處理好金融危機、「藏獨」問題,抓住21世紀重要發展戰略機遇期、加快實現四個現代化,十分重要。

因此胡總書記特別強調,兩岸關係一定要牢牢把握和平發展這一主題。兩岸關係和平發展主題,是黨的十六大後胡錦濤總書記在處理台灣問題上的一個重要思想。和平發展不是一個權宜之計,而是中央經過深思熟慮後提出來的一項重要戰略決策。

關於和平發展主題,我認為以下幾點很重要:第一,和平發展首先要以一個中國原則作為政治基礎。第二,和平發展必須要以和平統一為指向。第三,和平發展是實現兩岸和平統一的必經之路,將貫穿於促進祖國和平統一的整個歷史進程。第四,影響兩岸關係和平發展的主要威脅仍然是「台獨」分裂勢力。

實現祖國統一，是我們堅定不移的目標，同時也是一個長期、艱鉅、複雜的過程。在現階段，我們主要是擴大兩岸交流，實現兩岸關係和平發展，爭取構建一個兩岸關係和平發展的框架，為未來兩岸統一創造必要條件。概括起來就是兩句話：堅持和平統一目標，把握和平發展主題。和平發展是為了和平統一，和平統一歸根結底要靠發展，而發展首先需要和平的環境。因此兩岸關係和平發展已成為我們國家發展戰略的一個重要組成部分。

（二）在看到機遇的同時，還要看到面臨的挑戰

由於歷史原因，國共之間存在著深刻的政治分歧，這是歷史遺留下來，很難在短期內獲得解決。隨著時間的推移和兩岸關係向縱深發展，這些矛盾和分歧也會充分顯現出來。

60年來，兩岸關係始終複雜多變，合作中有鬥爭，前進中有曲折，發展中有反覆。在兩蔣時期，兩岸主要是「法統之爭」；在李登輝後期和陳水扁八年，兩岸主要是「統獨之爭」；馬英九上台後，兩岸似轉向「制度之爭」。

馬英九當局現在處理兩岸事務的基本原則，就是堅持「一中各表、維持現狀」，「互不否認、正視現實」，企圖用模糊方式來迴避爭議。我們現在是「擱置爭議」，先來解決兩岸之間的一些經濟層面問題，但擱置並不能從根本上解決問題，最終還得面對問題。現在強調「先易後難、先經後政」，但到了下一步談結束兩岸敵對狀態、構建兩岸和平發展框架時，一些原則分歧繞不過去，遲早會引爆。

馬英九當政後我們面臨的另一個挑戰，就是隨著兩岸交流的擴大，台灣的「民主、自由」價值觀和選舉文化將潛移默化地影響到大陸，處理得不好，會影響到兩岸關係發展。

此外，要看到島內藍綠基本盤並沒有改變。去年三月「大選」民進黨選票減少，不全是支持者減少，是因為不少民進黨選民沒有出來投票。如國民黨上台後經濟形勢一直不好，民進黨捲土重來的可能性也不能排除。

（三）實現兩岸統一最終還是要靠大陸自身發展

30年的實踐充分證明，祖國大陸改革開放後經濟迅速發展，綜合實力提升，使得兩岸關係的基本格局也發生根本變化。1989年大陸GDP4300億美元，台灣1500億，是我三分之一。2008年大陸已達4.3萬億美元，台灣3980億，不足我十分之一。2007年廣東省GDP突破4000億美，首次超越台灣。2008年山東4300億，江蘇4000億，也超過台灣。兩岸關係格局的變化，深層次原因是兩岸實力此消彼長的變化。

小平生前說過，解決台灣問題，關鍵要把我們自己的事情辦好。

胡總書記在12·31重要講話中明確指出，「解決台灣問題的核心是實現祖國統一，目的是維護國家主權和領土完整，實現中華民族的偉大復興」。

當前，兩岸關係正處在一個新的歷史起點上，我們要立足當前，著眼長遠，抓住難得機遇，做好對台工作，為實現祖國的完全統一，為中華民族的偉大復興努力！

2009年4月

為北京市委機關講課撰文

人民網就兩岸關係專訪王在希

2009年7月31日，王在希以海協會副會長身分接受人民網視頻專訪，主持人為人民日報政文部港澳台室的吳亞明。以下是訪談全文。

吳亞明：王會長，今年是中華人民共和國建國60周年。在這60年當中，兩岸關係發生了很大的變化，您作為海峽兩岸關係協會的副會長，您怎樣看待兩岸關係的歷史進程？

王在希：今年是中華人民共和國成立60周年，同時也是台灣問題形成60周年。新中國成立以後，由於朝鮮戰爭和美國的軍事介入，使得我們失去了解決台灣問題的一個很重要的機會。由於眾所周知的原因，海峽兩岸到目前還處於一種分離的局面。所以在這個時候我們回顧一下60年來兩岸關係的變化，是很有意義的。60年來，兩岸關係還是有很大變化，而且可以說是歷史性的變化。首先，兩岸關係從軍事上嚴峻對峙的局面發展到今天，台灣海峽已變成和平的海峽、開放的海峽，兩岸關係步入了和平發展的軌道，這是一個最大的變化。

兩岸之間從過去與世隔絕的狀態，到現在可以說是全方位的進行交流、交往。現在一年台灣同胞到大陸來的約有450萬人次，大陸也有幾十萬同胞到台灣去。

吳亞明：從去年開放大陸居民赴台灣旅遊以來，最新的數字是40萬大陸旅客到台灣。

王在希：而且越來越多。從政治上來講，過去兩岸處於很尖銳的敵對狀態。到現在兩岸當局初步建立起一定的互信，而且兩岸雙方已經形成了良性互動的態勢。所以兩岸之間，從過去的老死不相往來，到現在通過海協會和海基會這樣二個政府授權的民間團體建立起了制度化的協商，兩岸有重大的事情可以坐下來談，而且我們

也已經談成了很多的協議。我想這些應該說是60年來重大的變化。

當然這60年，如果要分析一下，大體上可以分成前30年、後30年，恰巧整整兩個30年。從1949年—1979年，這30年，那時候我們在台灣問題上就是一個口號：「解放台灣」，「我們一定要解放台灣」。當然在那個時候毛主席、周總理老一代無產階級革命家也曾經思考過兩岸和平談判，台灣問題和平解決，那時候叫和平解放。從1979年—2009年又是一個30年，這30年是兩岸關係發生劇變的30年。

首先，黨的十一屆三中全會之後，我們敬愛的小平同志提出，「兩岸要爭取通過和平談判實現和平統一」。隨著「和平統一」口號的提出，使得兩岸關係發生了歷史性的轉折。以1979年元旦全國人大常委會《告台灣同胞書》的發表為標誌，兩岸關係進入了新的歷史階段。這30年裡它走過了五大步，首先是小平同志「和平統一」大政方針的提出，使得兩岸關係由原來的緊張狀態緩和下來了。

第二步，1987年台灣開放老兵探親，大陸方面敏銳地抓住了這樣一個契機，推動了兩岸之間的交流，使得兩岸慢慢地從學術、文化、教育一直到經貿方面都開始交流起來。

第三步，1992年底「兩會」通過協商達成了「九二共識」，1993年在新加坡實現了「辜汪會談」。它的意義在於兩岸不僅民間有了交流，而且通過政府授權機構能夠代表兩岸坐下來商談了。

第四步，2005年中國國民黨主席連戰到大陸訪問，這次訪問，媒體把它定位歷史性的。因為1945年國共在重慶談判，到2005年也是60年。60年後國共兩黨終於結束了歷史恩怨，經歷了風風雨雨，最後國共兩黨的最高領導人能夠坐下來，一起面對面的商談，這對

兩岸關係的發展是非常重要的，起很大的推動作用。

第五步，2008年3月台灣國民黨重新上台執政以後，我們又抓住機會，「兩會」恢復了制度性協商，實現了兩岸期盼了30年的直接通航。直接通航的實現和大陸觀光客的入島，標誌著兩岸關係的發展進入了一個新階段。所以回顧一下60年來兩岸關係這種巨大的變化，我本人作為長期做對台工作的一個老兵，確實感慨很深。

吳亞明：你說的非常到位、非常深刻。王會長，剛才講到在過去60年中兩岸從以往的對峙、對立進入了交融、交流的狀態。近一年多來，兩岸關係發生了歷史性的轉折，步入了和平發展的軌道。大家也知道這中間海協會在裡面起了很大的作用，它作為官方授權團體和台灣海基會作為對口單位，在當中扮演了很重要的角色，您作為海協會的副會長，怎麼評價海協會在協商工作當中所取得的這些成就？

王在希：過去這一年，海協會和台灣海基會先後進行了3次正式會談。大家知道從1999後李登輝拋出「兩國論」以後，「兩會」的商談就終止了。陳水扁上台以後，「兩會」由於在「一個中國」的問題上、「九二共識」的問題上，大家沒有交集，所以兩岸之間基本上沒有商談。去年3月台灣領導人選舉之後，馬英九在5•20就職時表示要儘快地恢復「兩會」協商。去年6月11號，當時的國民黨副主席、新任的海基會董事長江丙坤先生到北京來訪問，這次訪問使得中斷了九年之久的兩岸制度性協商恢復了，這是標誌性的。江丙坤先生來北京和陳雲林會長三天的協商，達成了兩項重要協定：一項是週末包機，一項是大陸觀光客入島，協議規定從去年7月4號實施。

去年11月3日，陳雲林會長帶領海協會訪問團首次到台北進行

協商，這也是一個標誌。因為過去的協商是在境外，在新加坡。去年第一次協商改到境內，在北京。去年11月這一次我們能夠入島到台北了，這又往前走了一步。今年4月25日，江丙坤先生又率團和海協會在南京舉行第三次協商，又簽署了四項協議。所以這一年來，「兩會」的商談應該是成果很豐碩。

吳亞明：達成了九項協定，一項共識。

王在希：這九項協議都很重要。也是我們多年來一直想解決而沒有得到解決的一些問題。概括起來大致上是四個方面：一是解決「三通」的問題，解決海空直航的問題。海空直航的過程是分三次會談達成的，第一次只解決了週末包機，去年11月的會談解決了平日包機，今年4月25日的商談才正式達成了定期航班的協定。大家都知道包機是一個權宜的安排，有事情包一架飛機，說不包就取消了，定期航班就比較正式，所以應該說從今年4月25號定期航班協定的簽署，兩岸之間這種雙向的、直接的、全面的「三通」，海空直航就正式實現了。這是兩岸商談很重要的內容。

二是解決了大陸觀光客入島的問題。此前大陸的人員到台灣去，比如說商務活動或者參觀考察，必須有充分的理由，才能批准，還要有對口單位邀請，手續比較繁雜。現在大陸同胞如果說要到台灣去旅遊觀光，可以向旅遊部門直接申請、辦手續就可以入島了，當然現在還是團進、團出，我想隨著形勢的發展，以後實現自由行，也應該是可以期待的。

三是今年南京協議達成了兩岸金融領域的交流和合作。現在兩岸交流的規模已經很大了，台商在大陸已經有78000多個專案，在大陸從事商務活動的台商，長期在大陸居住的有幾十萬人。台商在大陸直接的投資金額，根據商務部正式統計已經超過460億美元，

實際上台灣在大陸的投資遠不只這個數目。

吳亞明：據台灣方面的統計超過一千億美元。

王在希：我估計是800億美元左右，其中有一部分是以僑資、港資、外資，通過美國、東南亞等第三地轉進來。為什麼呢？因為當時台灣當局對台商來大陸投資有諸多的限制，金額上有限制、項目上有限制，一些科技含量比較高的就不讓它來投資，所以迫使台商要繞道，而且不以台資的身分進入大陸。所以加起來有人統計過，大概有800億美元左右。相當於我們改革開放以後引進境外資金的十分之一。我們改革開放以後大概吸引境外資金總額在8000億美元左右。台資占十分之一。

四是兩岸這次簽訂了司法互助和金融協定，這是適應兩岸經貿交流擴大的需要。兩岸做生意有金融結算、貨幣兌換等諸多問題，隨之而來的一些糾紛，需要依法處理，所以兩岸司法互助協定為兩岸經貿的交流合作提供了便利。當然還有很多內容需要繼續協商談判。所以海協會、海基會一年來，應該是不負眾望，做了很多實事，取得了非常明顯的成果。當然可能與大家的期待還有差距，大家希望走地更快，能夠解決問題更多，我們也正在努力。

吳亞明：最近我們經常在媒體上看到「兩岸經濟架構協議」的名稱，台灣把它叫成ECFA，很多網友都不太清楚ECFA的意義到底是什麼？它為什麼那麼重要，在台灣能夠引起媒體、引起社會輿論這麼大的關注？

王在希：這有一個大背景，因為2010年開始東盟十國要啟動「10+1」大東盟自由貿易區，東盟十國和中國將來的貿易會互免關稅。從2012年開始要擴大，東盟要啟動「10 +3」，東盟十國加上中國、韓國、日本。也就是說在亞洲一個很大的區域裡面，將形

成一個很大的自由貿易區，這對東亞地區經濟的發展、彼此之間的交流和合作影響是很深遠的。香港和澳門在幾年前就看到了這個趨勢，所以已經通過港澳特區政府和中央人民政府簽署了更緊密的經貿制度安排，簡稱CEPA。到2009年台灣的工商界人士很著急，從明年開始，如果台灣不能夠和大陸達成一個比較權威的協議，那麼香港、澳門可以享受互免關稅的待遇，而台灣的產品如果出口到東盟這些國家要交稅，這對台灣的工商界人士來講，會蒙受很大的損失。所以從去年開始到今年上半年台灣的工商界人士，要求當局儘快地和大陸商簽一個類似香港、澳門這樣的經貿合作的安排。台灣一開始叫CECA，我們把它稱之為綜合性經濟合作協定，台灣內部有一些分歧，怕被矮化了，後來台灣當局馬英九提出ECFA，它的中文意思就是兩岸經貿框架協議。也就是說它希望兩岸能夠先把這個框架搭起來，將來再具體的、逐項的細化。

吳亞明：還有一個分步驟推進的問題。

王在希：是的。所以 ECFA這個協議對台灣工商界人士來說，因為直接關係到他們以後的利益。如果這個協議不能在今年年底以前簽下來，那明年大東盟自由貿易區「10＋1」啟動了，港澳都可以免稅了，他們的產品出口到東盟還要上稅，尤其在現在金融危機的情況下，這就使台灣島內很多人都很關注ECFA的進展。對於這個問題，大陸方面的立場，胡錦濤總書記、溫家寶總理在正式的場合都已經有過明確的表態，我們樂觀其成。所以大陸方面已經加快了相關基礎程式的安排，我們也作了些準備，現在關鍵在台灣方面，如果時機成熟了，他們也覺得可以談了，應該說大陸方面沒有什麼大的障礙。我們也希望，海峽兩岸的經貿交流已經發展到這樣的規模了，應該有一個一攬子的綜合的協議使兩岸的經貿制度化，

更加規範化。對兩岸經貿交流合作的進一步發展應該是必要的，是有很重要意義的。

吳亞明：王會長，過去這一年來兩岸關係應該講取得了相當大的進展，兩岸民眾對兩岸關係的發展都非常期待，就海協會來講你覺得接下來要做的工作是什麼？另外你對未來兩岸關係的發展有什麼展望？

王在希：我對兩岸關係發展前景一直比較樂觀，去年7月到台灣訪問之後，對兩岸關係的發展更充滿了信心。

因為從兩岸的敵對狀態到目前的這種和平發展，應該說是很不容易的。我剛才用歷史性的轉折來形容它。我認為從兩岸和平發展，將來逐步地過渡到和平統一，應該是歷史的必然歸宿。儘管兩岸關係在發展過程中還會有曲折，甚至還可能有反覆，但是我認為兩岸關係向前發展的大趨勢是誰也改變不了的。因為兩岸的同胞都會認識到，只有兩岸和平發展、創造雙贏，才能夠最大限度地體現兩岸同胞的根本利益，為兩岸同胞帶來福祉。兩岸對峙、對抗，製造緊張，搞內耗，對兩岸同胞都沒有好處。我想我們大陸一直在建設和諧社會，現在兩岸關係也已經步入了和平發展的軌道。兩岸通過制度化的協商也簽署了一系列的協議。我想在台灣任何人將來要想把這些都推翻掉不容易。從長遠看，我對兩岸的統一還是充滿信心，因為畢竟台灣同胞和大陸同胞是一家人，我們都是同一個民族——中華民族，我們有共同的文化、共同的傳統。兩岸分離了60年，儘管時間不短了，但是從歷史長河來看是很短暫的，所以我想要有一點耐心。兩岸通過一個時期的和平發展，慢慢地走向統一，還是可以預期的。所以我對兩岸關係發展的前景是樂觀的，是有信心的。對於海協會今後的工作，我們要適應兩岸關係的發展，主要

是搞好服務，對兩岸發展過程中出現的問題，我們會盡最大的努力協調有關部門來作出妥善的安排。

吳亞明：王會長，我們去年都注意到您在大陸首發團之後緊接著就訪問了台灣，在台灣也花了一周時間到中南部，而且走過了15個縣市。這一趟台灣之行您最大的感受是什麼？

王在希：我研究台灣問題幾十年，所以我一直有一個願望，希望哪一天能夠到台灣親自走一走、看一看，把我過去通過媒體、文字資料瞭解的台灣，和實際看到的情形做一個印證、做一個對比。去年7月4號大陸首發團入島，我是7月6號去的，所以我去的時機非常好，氣氛也特別好。到台灣以後我就提出來，除了台北的行程之外，我最希望的是能夠安排時間到中南部走一走、看一看，希望有機會和中南部的民眾尤其是本省籍的民眾有一個近距離的接觸，以便能真實的感受和瞭解台灣民眾對大陸的看法和態度，瞭解他們一些真實的情況。

我去了台灣15個縣市，我對台灣民眾的印象非常深刻，我回到台北以後，把它概括成十個字，就是「熱情、好客、善良、勤奮、開放」。因為我去了以後有機會和台灣的民眾直接接觸，見了面我就告訴他們我是從大陸來的，是來觀光的。我見到的台灣同胞聽說我是大陸來的，他們給我的感覺非常的熱情，沒有其他原來所擔心的一些顧慮，他們大大方方地和我接觸、交談，而且我覺得是很友好的。

吳亞明：我看到了漁村有漁民把您悄悄地帶到導遊都不會去的地方，帶您去「私房景點」，另外，聽說您到一個地方本來那個景點已經關門了，但是聽說您從大陸來就打開門讓你參觀。

王在希：是的。這些都讓我感受到，對台灣同胞我們完全可以

大膽地接觸交流,儘管彼此之間歷史形成的還有些隔閡,但是我覺得不影響我們之間交流,這是我最深的一點感受。所以我結束台灣中南部的參觀訪問之後,對兩岸關係的發展更加充滿了信心。

吳亞明:王會長,我看台灣報導說,您去年的台灣之行事實上還和民進黨的一些縣市的主政者作了接觸,比如說嘉義縣長陳明文,是不是真有此事?

王在希:我在中南部十幾個縣市訪問的時候,自然有人給當地的縣長報告,後來通過朋友的介紹,說大家能不能一起喝杯咖啡,坐一坐。我覺得按照我的身分,我是一個訪客,所以我欣然接受了。真正坐下來交談以後,大家彼此之間的態度、氛圍還好。我們不去談一些敏感的政治話題,聊聊兩岸的經貿,文化習俗,兩岸的景觀。這些話題足夠我們聊了。所以我覺得接觸總比不接觸好,儘管不可能一次接觸就能夠改變他們的立場,這也不現實,因為這是幾十年形成的。但是我總覺得能接觸就好,中國有句俗語「見面三分情」,人只要見了面,態度就會起變化。

只要多來往、多接觸、多交流,慢慢地彼此之間是可以消除一些隔閡、消除一些誤會、消除一些疑慮,慢慢地會累積一些共識,這是我的體會。

吳亞明:我看到報導說,台灣對中華文化傳統的保留給您留下了深刻印象。您覺得在台灣的社會生活當中,中華文化的保留是不是會減弱?

王在希:在台灣中南部,我們過去了解,支援民進黨的人比較多,所以開始有一些擔心。但是我去參訪了以後,我發現台灣中南部地區,特別是農村,他們所保留的中華文化的傳統和習俗甚至比北部還要完整。我到台南市,我親眼看到了民間祭拜活動,在大陸

都很少有。7月份是很熱的天,大家抬著神轎、貢品,場面非常壯觀。

吳亞明:王會長剛才是我提了一些問題,接下來我們跟網友做一個互動。聽說您要來人民網作客大家都非常高興,他們紛紛在人民網留言提出了一些問題,因為問題太多,我就做了一些選擇,下面是一些網友的問題。

有一個網友提問說,前兩天中台辦主任王毅在會見國民黨榮譽主席連戰的時候,他表示過去一年以來兩岸關係已經步入和平發展軌道,展現出和平發展的前景。但是王毅主任還說兩岸發展的前進道路還有很多問題需要解決,還有不少困難需要克服,您怎麼理解他這句話,您覺得在兩岸關係前進的道路上有哪些問題和哪些困難需要解決和克服?

王在希:兩岸之間已經分離60年的時間了,台灣問題就是中國內戰遺留下來的歷史問題,冰凍三尺非一日之寒,有很多問題是歷史形成的,所以我們也不能期望很短時間內把這些問題都解決了,這是不現實。現在雙方達成一個共識,在解決兩岸問題的時候「先易後難、先經後政、先急後緩」。所以王毅主任講到,現在我們要去思考如何破解政治難題。容易的問題解決得差不多了,必定碰到難題。經貿問題碰到多了,也必然遇到政治上的問題。下一步我們應該很好的思考怎麼樣破解一些政治難題。因為台灣和大陸之間有一些問題解決還需要有一個過程的。比如說正式結束兩岸敵對狀態的問題,這個問題就是一個政治問題。要正式結束兩岸敵對狀態,雙方就必須處理一些敏感的問題,包括雙方身分的問題,包括台灣政治地位的問題,我想這個問題也是一個難題。如果能夠結束敵對狀態,那兩岸關係又將進入一個新的階段。另外,怎麼樣建立軍事

互信？結束敵對狀態的前提是軍事上要有互信，軍事上沒有互信就不可能結束敵對狀態。建立軍事互信也是一個難題，去年胡錦濤總書記提出的16個字，第一句就是「建立互信」，當然主要是政治互信。我認為沒有政治互信就沒有軍事互信，有了軍事互信，我想其他層面的問題就可以迎刃而解。當然兩岸之間按照原來的規劃，還有一個很重大的問題，就是兩岸如何在「一中」原則基礎上，簽署兩岸和平發展的框架性協定。如果能達成這樣一個協議，兩岸關係就會在很長一個時期內比較穩定。目前我們步入了和平發展軌道，雖然步入了軌道，但是還缺少一個協議來保障。如果慢慢通過談判結束了敵對狀態，軍事上建立了互信，再加上雙方在「九二共識」的基礎上，能夠簽署一個兩岸和平發展的框架性協定，這對兩岸關係的長遠發展非常重要。這些問題應該是我們今天講的難題，既是難點，也是重點。這些問題都解決了，那兩岸之間的統一也可能露出曙光了。

吳亞明：有網友問到馬英九選為下一屆的中國國民黨主席，7月27號胡錦濤總書記專門發了賀電，當天馬英九先生也回電表示感謝。台灣媒體就認為兩岸領導人的互動是60年來的首次，這是不是胡錦濤總書記和馬英九先生以後要會面的前奏，您對此怎麼看？

王在希：國共兩黨的最高領導人保持接觸和良性互動，對推動兩岸關係的和平發展、解決兩岸之間的重大問題都是非常重要的。所以多年來我們一直在努力的採取各種措施，維護國共兩黨從2005年開始的這樣一種聯繫平台。除了兩黨領導人不定期的會晤之外，每年還有國共論壇，現在叫「兩岸經貿文化論壇」，就是國共兩黨共同舉辦的論壇，也是作為這個平台之一。但是接觸或者互動的形式可以多種多樣。比如說馬英九當選了黨主席胡總書記發賀電，馬

英九回電感謝,這應該也是一個互動。所以我想國共兩黨現在基本上形成了黨際交流的機制,這個很重要。有了這樣一個機制,將來兩岸的領導人,可以隨時隨地地進行溝通和交換一些看法,交換意見,不需要過去那樣需要第三者去傳話。現在國共兩黨之間這種黨際交流的機制,從2005年連戰主席訪問之後基本上確立起來。

至於提到具體的「胡馬會」,這個應該順乎自然,什麼時候時機成熟了,條件具備了,雙方感覺到有必要了,也有可能了,我想大家都是願意看到的,都樂觀其成。即使像目前這樣,也不影響國共兩黨之間的互動。

吳亞明:兩岸經貿文化論壇至今已舉行五屆,國台辦發言人曾多次表示,這是一個開放的論壇,歡迎民進黨人士參加。而參加第五屆兩岸經貿文化論壇的兩位民進黨人士,在返回台灣後卻遭了民進黨中央的除名處分,對於民進黨的這種做法,您怎樣看待?會不會影響未來大陸居民與民進黨人士打交道?許榮淑因赴大陸參加兩岸論壇將遭民進黨除名之際,許爆料李登輝要約她見面,在台灣政壇引起不少揣測,您對李登輝的舉動怎麼看?

王在希:兩岸經貿文化論壇從2006年4月以來,先後舉行了五次,規模一次比一次大,從最初的200多人、300多人,到這次記者就有400多人,盛況空前。兩岸經貿文化論壇從一開始就是開放的,除了國民黨的人士之外,一開始親民黨、新黨、無黨派都參加。這次論壇台灣來了300多位嘉賓,國民黨籍的只有四分之一,四分之三都是其他黨派。我認為這個兩岸論壇應該是兩岸之間各界人士、各方人士大家一塊兒交換意見、交換看法的論壇。國共兩黨是作為主辦單位,論壇應該是開放的。

所以民進黨人士參加論壇我們是歡迎的。這次許榮淑和范振宗

在長沙論壇上我也見到了，我也跟他們寒暄幾句，至於他們回去以後受到民進黨內處分，我也看到了。本來他們宣布要開除黨籍，後來改成停權三年。這也反映出民進黨內部在處理這個問題上也是有不同意見的。所以如何處理好兩岸關係，如何正確的對待大陸，這是民進黨未來發展的關鍵。民進黨如果不能夠在兩岸政策上進行調整，我想它就很難找到新的出路。

胡錦濤總書記在去年「12•31」講話當中專門對民進黨有個表態。胡總書記明確指出，只要民進黨改變它的「台獨」分裂立場，大陸方面一定會作出正面回應。所以多年來我們對民進黨沒有成見，並不是因為你叫民進黨我們不跟你來往，只要民進黨修改黨綱，改變「台獨」的立場，我們隨時可以來往。我想我們這樣一個政策，應該是比較靈活、務實的。這一點也已經受到越來越多的民進黨人士的理解和認同。我不講你也知道，前不久民進黨一個很重要的人物也來大陸訪問，有什麼不好呢！

至於你講到李登輝的問題，我的看法，李登輝儘管年紀也不小了，但是他還是有企圖心，還是不甘寂寞，他看到目前民進黨處境不太好，所以千方百計想招兵買馬，來擴大他自己的勢力範圍，形成第三勢力，甚至將來成為關鍵少數，重新來影響台灣的政局，他是這樣一個意圖。但是我想許榮淑女士，我相信她有她自己的思想，有自己獨立的人格，有她自己的立場和看法。她來大陸之前就知道會面臨這樣的後果，她還是堅持一定要來。我想未來一定會選擇自己走什麼樣的人生道路。我想她應該是有這樣的智慧。

吳亞明：王會長，網友也注意到在高雄市長陳菊到大陸訪問之後，大家一直關心下一步具有民進黨身分的重量級人士到大陸訪問的會是誰，有一種猜想說下一個可能是呂秀蓮，你覺得怎麼樣？

王在希：我在媒體上看到這樣一些報導，呂秀蓮女士曾經也表示這樣的意願，以《玉山周報》發行人的身分來大陸訪問。我們有關部門已經對這個問題表明過立場。我們歡迎的任何的民進黨人士，只要以適當的身分、適當的名義，在合適的時機，到大陸走一走、看一看，我們都是開放的。我記得錢其琛副總理在位的時候就已經明確表示過這樣的態度。對民進黨廣大成員，尤其是中下層人士，只要有合法身分，以適當名義來大陸探親訪友、投資經商我們都是歡迎的。在當前兩岸關係形勢下，如果她確實有這樣的意願，大陸方面應該不會有什麼障礙。

吳亞明：有網友提到，馬英九先生曾經提議將兩岸經貿文化論壇改為「兩岸論壇」，您覺得怎麼樣？

王在希：這個不能說他改名，他只是建議台灣的媒體不要把這個論壇稱作「國共論壇」，因為這個論壇是國共兩黨主辦的，論壇的名字叫「兩岸經貿文化論壇」。我看過這個報導，他建議媒體把這個論壇稱作「兩岸論壇」，他覺得叫「兩岸論壇」更包容、更便於其他人士參與。這一點沒有什麼問題，我們現在媒體也是稱「兩岸經貿文化論壇」。平時比較通俗也有稱「國共論壇」，正式的名稱用「兩岸經貿文化論壇」。

吳亞明：您當過軍人，之後又在國台辦、海協會任職，對於職業生涯中的工作環境角色轉變有什麼感受？

王在希：我從事對台工作幾十年，儘管我的工作崗位和角色不斷地轉換，但是我對台灣問題這種關注程度和使命感始終如一。對台工作大家都知道很敏感、很複雜也很辛苦，並不好做。但是我一直認為人的一生，就像我這樣有機會能夠為兩岸統一做一點實事，這應該是一種機遇，一種榮幸。因此無論這個角色怎麼樣轉換，我

一直非常熱愛，我也非常喜歡這項工作，到今天我依然是如此。所以，2000年的時候我從軍方調到國務院台辦當副主任，這應該是我人生旅途當中最大的一個轉折，當時台灣的媒體包括美國媒體都很關注我的這個調動，他們認為是一個信號，因為此事和陳水扁上台聯繫起來。陳水扁是2000年5月「就職」，我是7月份調到台辦，又是一個少將身分，所以人家自然就覺得是不是台海地區有可能會打仗。

吳亞明：當時大家都認為您是「鷹派」。

王在希：你講的不錯，所以當時台灣媒體很多評論我是什麼派的問題。為此我當時就透過媒體，專門說了一段話，我講我既不是強硬派，也不是溫和派，我是務實派。作為軍人，從一定意義上講，他更加瞭解戰爭意味著什麼，戰爭給人類可能帶來的傷害。所以我講並不是你們想像的那樣軍人就好戰。我是軍人，相反，我會比一般的尋常人更加珍惜和平，會更加努力地去避免戰爭。當時我見的台灣朋友很多，很多人見到我之後，感覺到和原來想像中的有很大不同，有的客氣地把我稱為「儒將」。我的實際工作角色是有轉換，但對我來講，我對台灣問題的關注、對台工作的這種使命感沒有變化。所以我現在調到海協會，我想在我有生之年，我會始終如一的繼續關心台灣問題，關心國家統一。這一點也許是幾十年工作的特殊感情，所以我做對台工作我不感覺到累。因為我覺得有機會能夠為我們民族多做一點工作，為我們兩岸的和平，為我們國家的統一能夠奉獻一點綿薄之力，我都會感到榮幸。謝謝線民對我個人這個問題的關心！

吳亞明：謝謝王會長，我也替線民向您致敬。我們也歡迎您以後把對兩岸關係的觀察多一點時間和我們交流。

吳亞明：有網友注意到最近這幾天海協會有一個新聞交流團是國台辦新聞局長楊毅帶隊在台灣訪問，主旨是促進兩岸新聞媒體互設常駐機構的事情。您怎麼看待兩岸新聞交流在兩岸關係中所起的作用？

王在希：兩岸之間的新聞交流，在兩岸的所有交流當中是非常重要的。因為新聞交流不局限於自身行業的交流。這種交流通過新聞傳媒特殊的功能會影響兩岸其他領域的交流，甚至會影響兩岸關係的發展。所以兩岸的交流最早從郭偉峰、范麗青兩個媒體人士入島以後，到現在20多年過去了，起起伏伏，從目前來看形勢是很好的。其中在陳水扁掌權的時候有過一點反覆，去年我訪問的時候正好看到恢復了。在對台工作中，比較有利的方面，一個是中央高度重視，二是全國人民高度關注。這兩點始終是推動對台工作的動力。但是對台工作當前也面臨著難點，這個難點最主要的就是怎麼樣做台灣人民的工作，爭取台灣的民心，說白一點怎麼樣轉變台灣的主流民意。因為兩岸長期的隔絕，台胞對大陸有各種各樣的誤解。台灣當局和高層人士看待大陸也存在各種各樣的疑慮。當前面臨的一個突出問題是互信不夠，所以胡錦濤總書記始終把建立互信放在第一位，怎麼樣讓越來越多的台灣同胞能夠正面的瞭解大陸，最後認同我們的這些政策。我寄很大的希望於新聞媒體，新聞媒體在兩岸關係發展進程是起很重要的促進作用。隨著兩岸關係的發展，兩岸新聞交流將來也會越來越廣，這是形勢的必然。

吳亞明：剛才還有網友留言說按照議程，今年要舉行第四次「陳江會」，他們很好奇第四次商談大概會談哪些內容？

王在希：按照「兩會」制度化協商的安排，第四次商談應該在今年下半年，時機上一般來說是在秋天。地點按照互相輪流，肯定

是在台灣。可能在台灣中南部哪個城市。至於商談的議題，這也要通過「兩會」協商。

原來規劃的協商議題，包括兩岸漁工勞務合作的問題、商品品質檢驗的問題，都是大家希望能夠談的。台灣工商界的朋友很期待兩岸綜合性的經貿協議能夠納入第四次談判議題，但是具體的談什麼還需要雙方協商。

吳亞明：網友很關心王會長去年的台灣行，您覺得台灣的景色怎麼樣？我記得您曾經說過台灣雖然那麼小，但它的自然景觀還比較豐富多彩，您說除了沒有沙漠、沒有草原，其他的自然景觀基本上都具備。而您是杭州人，到台灣肯定對日月潭特別有感覺，它和西湖可以說是姊妹湖。

王在希：是的，日月潭我也去了，太魯閣、包括野柳、墾丁，這些景點我都去了。所以我後來到台北以後，講了這麼一番話：台灣除了沒有沙漠、沒有草原，其他大陸有的景色台灣也都有，就是規模大小而已了，而且台灣顯得更加精緻，小巧玲瓏，小而美。台灣的風情是很秀麗的，因為它是一個海島，台灣東海岸面向太平洋，南端朝向巴士海峽，西面是台灣海峽。一路走下來我感覺還是很秀麗，旅遊景點還是很美的。有些地方規模小一些，所以將來大陸遊客越來越多以後，它的承受能力將來會面臨一些問題。但這個不會影響觀光，我建議沒有去過台灣的大陸同胞有機會去看一看，還是蠻有意思的。

吳亞明：網友也關心說，您對台灣小吃有什麼印象。我記得您說從中南部走了一趟以後，回去見到江董事長，說我是不是胖了一點？

王在希：因我是南方人，我很接受台灣的飲食，尤其是台灣的

小吃。我的感受是比較精緻，比較精細。因為台灣農業比較發達，他們重視精緻農業，所以形成獨特的飲食文化。台灣的那些飲食品種基本上是大陸流傳過去的，但是又融合一些外來的元素。所以你剛才講到，我對台灣的鳳梨酥、老婆餅，那些小吃我都蠻喜歡的，覺得口感很好。包括他們的飲食文化，包括少數民族的，我也去品嘗了，很有特色。

吳亞明：網友也關心說王會長平時有什麼愛好？

王在希：我本人愛好興趣比較廣泛，書畫、打球、運動，觀賞一些文藝，看小說，我的興趣比較廣泛。

吳亞明：台灣的綜藝節目常看嗎？

王在希：不能說常看，偶爾。

吳亞明：喜歡哪個台灣的明星？

王在希：可能和我的年齡有關係，我對很新派的、新潮的明星記不住，反而對費玉清、蔡琴老牌的明星印象比較深刻，我蠻喜歡聽他們的歌，有時候在汽車上還聽一聽費玉清的歌。還有一個台灣年輕的歌星張惠妹，我看過她的演出。當然台灣還有很多明星，都是有很高的水準，因為台灣地方不大，從比例講，台灣的明星數量還是很多的，而且有很多明星在大陸很受歡迎，尤其在大陸的青少年中，粉絲也不少。我想也好，這樣也便於兩岸之間文化的交流。台灣的文化是中華文化的一支，它的源頭還是在大陸，但是它又有自己的特色。所以兩岸之間這種交流，我覺得很有好處。我到台灣去，看到台灣的書法也是很不錯的，他們一直沿襲著原來的傳統。

吳亞明：網友還關心，因為台灣還有一個特殊的地方，有一檔節目是模仿秀，裡面也有模仿台辦發言人的，你怎麼看這個事？

王在希：這也是跟東北二人轉一樣，我認為是一種地方文化。模仿秀，大陸不是有小品、有相聲，小品在台灣不是很流行，它有一個模仿秀，我覺得這也是一種文化，通過模仿某些政治人物形象、動作、語言，就跟漫畫一樣。我覺得不能簡單地去說它好或壞，它既然能夠存在，受到一些民眾的歡迎，就有它的合理性。

吳亞明：今天我們的訪談節目因為時間關係就到這裡，再一次感謝王會長撥冗給我們這麼長的時間，一個半小時和網友做了一個很好的交流溝通。跟大家渡過了美好的時光，希望下次王會長還能抽空多跟我們網友來交流，來分享您的感受。謝謝！

王在希：謝謝主持人，謝謝綫民，這麼長的時間，聽我們在這裡對話，也謝謝人民網給我這樣一個難得的機會，能和綫民直接的交流，我也願意以後有機會再次來人民網做客。

2009年7月

台灣問題60年回顧與展望

一、台灣問題六十年的歷史回顧

今年是新中國成立60周年，也是台灣問題形成60年。

1949年10月1日，中華人民共和國中央人民政府在北京宣告成立，當時中國西南還沒有完全解放。同年12月11日，國民黨中央黨部從重慶遷到台北。1950年，新中國政府曾準備解放台灣，後因朝鮮戰爭和美國的軍事介入，失去了解決台灣問題的一個重要機會，海峽兩岸從此處於隔海分離的局面，形成了長期困擾中國的台灣問題。

（一）六十年來台灣島內局勢的深刻複雜變化

1949年國民黨從大陸撤退台灣時，帶去200萬人，其中66萬軍隊，130多萬是地方官員、工商各界人士。當時台灣只有600萬人口。

老蔣到台灣後，痛定思痛，總結了三條：

一是他覺得在大陸共產黨發動農民，一個口號「打土豪、分田地」，把所有農民爭取過去了，而國民黨依靠地主最後失敗。於是，1955年他在台灣搞「土改」，由政府出資把所有土地買下來再分給農民，台灣當時的地主，攜鉅款進城變成了資本家。

第二，他覺得在大陸軍事上失利主要是由於派系林立，什麼奉系、直系、閻系、桂系，打仗時擁兵自重，無法協調。於是蔣介石決定對黨、軍隊進行「改造」，徹底清除黨內、軍內原有派系。

第三，蔣介石感到特別傷心的是，到生死存亡關鍵時刻，眾叛親離，甚至落井下石，一個都靠不住，於是決定「傳子」。中國有句古語，「上陣父子兵，打虎親兄弟」。歷史證明，他這三條，對台灣後來政局穩定，還是起了作用。

在兩蔣時期，海峽兩岸雙方儘管軍事上嚴峻對峙，政治上相互隔絕，意識形態上激烈對抗，但在一個重大原則問題上卻有共識，這就是雙方都堅持一個中國。所以在兩蔣時期，兩岸之間鬥爭的實質是「法統之爭」，即中國的代表權之爭，爭論的焦點是誰代表中國。

從李登輝後期到民進黨陳水扁執政8年，兩岸之間鬥爭的性質發生改變。1999年，李登輝正式提出「兩國論」。陳水扁上台後於2001年提出「一邊一國論」。很顯然，兩岸之間已經不是「法統之

爭」，而是「統獨之爭」，是分裂與反分裂鬥爭。兩蔣時期雙方鬥爭的性質是屬於民族內部矛盾，而後來我們和李登輝、陳水扁之間的矛盾和鬥爭，已經是對抗性矛盾。

2008年3月，國民黨泛藍重新奪回政權。馬英九上台之後，於同年9月公開表示：「海峽兩岸不是國與國的關係」，而是「一個國家、兩個地區的特殊關係」。這就從根本上否定了李登輝的「兩國論」和陳水扁的「一邊一國論」，使得台灣當局的大陸政策基本上回到一中。那麼馬英九上台後，兩岸之間是不是簡單回歸到兩蔣時期的「法統之爭」呢？我看也不是。因為兩蔣時期，不論是老蔣的「反攻大陸」，還是小蔣的「三民主義統一中國」，都堅持「統一」目標。而馬英九現在是主張「不統、不獨」，企圖利用目前台海相對和平的局面，革新保台，依美求存，拖以待變。因此馬現在的大陸政策是不確定的。當前兩岸之間的鬥爭性質，已經由原來的「統獨之爭」轉變為「制度之爭」。

蔣介石雖反共幾十年，但他到台灣後始終堅持一個中國，堅持國家統一，對美是「既靠又防」，又聽又不聽；在國際社會堅持「漢賊不兩立」。

七十年代蔣經國接班以後，眼看反攻大陸無望，又不願輕易與我談判統一，就決定在台灣長期紮根，試圖將國民黨政權慢慢本土化，使國民黨能在台灣長期生存。為了實現這一目標，改變國民黨政權在台灣人民心目中的獨裁專制和腐敗形象，蔣經國在晚年做了極其重要的三件事：

第一件事是發展經濟，搞「十大建設」，並對外開放，引進外資和先進技術，使台成為亞洲「四小龍」之一，給台灣人民帶來經濟實惠，同時提升了台灣的整體實力。

第二件事是推動政治改革，在他晚年開放黨禁、報禁，允許新聞、出版、集會、遊行享有一定自由，允許成立反對黨，這一點對蔣經國而言並不容易，也難能可貴。

第三件事是開放老兵赴大陸探親。這件事表面上是為了「人道主義」，實際上有很深的戰略思考，即以老兵探親為突破口，逐步拆除海峽兩岸藩籬，重新恢復兩岸之間的聯繫紐帶，用以制約國民黨在台灣本土化後與大陸的分離趨向，牽制「台獨」。

至於蔣經國身後，國民黨政權落入有「台獨」傾向的李登輝手裡，這不是蔣經國的本意，而是由多種因素促成的，包括美國的因素。

後來的民進黨上台，則和李登輝有很大關係。至於李登輝和陳水扁從情同父子到反目成仇，主要是權力爭奪引起。李登輝一心想當太上皇垂簾聽政，陳水扁則想擺脫李的控制。

2000年民進黨陳水扁上台執政，使島內局勢出現轉折性變化，從根本上打破了台灣的權力格局，同時也使兩岸關係進入一個高危期。當時對大陸的影響主要有三點：

一是大陸和「台獨」分裂勢力之間鬥爭由原來間接變為直接，因為在台灣反對「台獨」的國民黨作為第一道防線垮了，大陸方面被迫衝到了反「台獨」分裂鬥爭第一線。

二是陳水扁上台後，由於台灣的政治體制，他不僅掌握了台灣行政大權，而且掌握了台灣的軍事大權，對大陸安全構成了直接的、現實的威脅。

三是由於民進黨公開主張「台獨」，否定一中，否認「九二共識」，使得海協會與台灣海基會之間的接觸商談基本停止。

陳水扁上台以後的八年，是海峽兩岸圍繞「台獨」與反「台獨」、分裂與反分裂展開激烈鬥爭、反覆較量的八年，也是島內藍綠兩股勢力竭力對峙、此消彼長的八年，也是兩岸關係經受激烈震盪、處於高度危險的八年。

面對嚴峻複雜的台海形勢，以胡錦濤為總書記的黨中央，從容應對，從戰略全域出發，作出一系列重大決策，強調對台工作在我們黨和國家工作中已具有全域性、戰略性重要地位，明確把反對和遏制「台獨」分裂作為各項對台工作的首要任務。2004年以後重點做了以下五件事情：

一是2005年3月全國人大通過《反分裂國家法》，對「台獨」勢力起到重大震懾作用；

二是邀請國民黨主席連戰、親民黨主席宋楚瑜來大陸訪問，形成兩岸「反獨」統一陣線；

三是頒布一系列惠及台灣民眾的具體措施，有效爭取了台灣民心；

四是開展涉台外交，通過對美外交工作，使得中美在遏制陳水扁「台獨」分裂的問題上基本有了共識；

五是軍事上對「台獨」分裂活動發出嚴重警告，使得民進黨陳水扁始終不敢走得太遠。

通過這些重大舉措，終於扭轉了危局，使得台海局勢慢慢趨向穩定。2008年3月島內出現了第二次政黨輪替，台灣局勢開始出現轉折性變化。

（二）六十年來大陸對台政策的調整變化

從大陸方面來看，這60年大致可以分為前30年和後30年。從1949—1979年這30年，那時在台灣問題上就一個口號——「我們一定要解放台灣」。當然那時毛主席、周總理等老一代無產階級革命家也曾經思考過與國民黨蔣介石和平談判，爭取台灣問題能和平解決，那時候叫「和平解放」，基本思路就是「一綱四目」。

毛主席生前念念不忘的問題之一，就是台灣問題。在「文革」後期，毛主席八十多歲高齡還思考過解決台灣問題。據毛澤東長女李敏回憶，毛主席在臨終前還對她講，將來台灣問題解決了，祖國統一了，「家祭無忘告乃翁」。周總理也同樣，據羅青長同志回憶，周在最後彌留之際把他叫去，垂問台灣一些老朋友的情況，並囑咐他要照顧好為解決台灣問題、實現祖國統一作出過貢獻的老同志。

從1979—2009年又是一個30年，這30年是兩岸關係發生重大變化的30年。黨的十一屆三中全會後，小平同志提出了「通過國共談判，實現和平統一」的方針。1984年，小平同志在會見美國華人學者楊力宇教授時又提出「一國兩制」的構想。隨著「和平統一」口號的提出，兩岸關係發生了歷史性轉折。以1979年元旦全國人大常委會《告台灣同胞書》的發表為標誌，兩岸關係進入了新的歷史階段。

從小平提出「和平統一，一國兩制」基本方針，到江總書記提出「八項主張」，再到胡總書記的「四點意見」，中國共產黨的對台大政方針非常明確，並保持連續性、穩定性。胡錦濤同志2008年12•31講話，對過去30年對台工作作了歷史性科學總結，也對今後的對台工作提出了極其重要的「六點意見」。

在後30年裡，兩岸關係大致走過了五大步：

第一步，小平同志「和平統一」大政方針的提出，使得兩岸關係由原來的緊張狀態緩和下來。1979年我《告台灣同胞書》的發表，是一個標誌。

第二步，1987年台灣開放老兵探親，大陸方面敏銳地抓住這一契機，推動兩岸交流，使得兩岸慢慢從學術、文化、體育直到經貿方面都開始交流起來。

第三步， 1992年底「兩會」在香港通過協商達成了「九二共識」，1993年在新加坡實現了歷史性「辜汪會談」。它的意義在於兩岸不僅民間有了交流，而且通過政府授權機構，能夠代表兩岸坐下來商談了。

第四步，2005年中國國民黨主席連戰到大陸訪問。這是一次歷史性的訪問，因為自從1945年國共重慶談判到2005年正好是60年。60年後國共兩黨終於結束歷史恩怨，兩黨的最高領導人能坐下來面對面的會談，並達成「五項共同願景」，這對兩岸關係的發展起到了很大的推動作用。

第五步，2008年台灣第二次政黨輪替之後，「兩會」恢復制度性協商，實現了兩岸期盼了30年的直接通航。直航的實現和大陸觀光客能自由入島，標誌著兩岸關係的發展進入了一個新的歷史階段。

（三）兩岸關係發展趨勢展望

2008年3月國民黨馬英九勝選重新上台執政，對兩岸關係發展而言是一個難得機遇。馬是一個複雜的政治人物，在他內心深處，有著難以表露的心跡。馬英九年輕時曾長期在蔣經國身邊工作，得到蔣的精心栽培，必然受到蔣家的影響。

馬英九又留學美國，受美國西方民主自由價值觀的影響。在一般情況下，他不會去搞「台獨」，但也決不會輕易與共產黨談統一。他的歷史包袱很重，對統一缺乏一種使命感和應有的擔當。馬上台後，積極推動兩岸「三通」直航，開放大陸觀光客入島，實現兩岸關係和平發展，這應該是他一生最輝煌的業績，具有歷史性。但他的反共、親美色彩，又決定了他未來對大陸打「民主牌」的一面。

對民進黨未來發展，有些情況也還需要觀察。儘管民進黨下台了，但它在台上八年推動「台獨」分裂對社會造成的影響是很大的，流毒很深。

2008年台灣第二次政黨輪替後，藍綠的基本盤並沒有改變，民進黨還有四成多選民支持，它作為島內一股主要政治力量沒有變化。泛綠內部有深綠與淺綠之分，在黨內起主導作用的核心部分是深綠，人數不多，但聲音大，影響力也大，而且不分是非，淺綠部分只是跟著走。而泛藍陣營則相反，深藍部分是少數，不發聲，主要力量是淺藍，這部分比較溫和理性，但有思想，馬英九如果做得不好或者不對，馬上會站出來批評。

從目前情況來看，馬英九儘管做得不好，支持度下降，但多數選民2012年還會投票給他。因為他儘管顯得能力比較弱，但從政清廉、做事投入、工作敬業，個人操守沒有問題。國民黨內目前尚無其他人可以替代他。

二、對台灣問題的幾點思考

（一）要正確認識兩岸關係發展的「機遇期」

歷史證明，機遇期稍縱即逝。胡錦濤總書記2008年5月提出的

「建立互信、擱置爭議、求同存異、共創雙贏」十六個字，就是在國民黨重新執政的背景下，為抓住這個機遇、妥善處理好與國民黨馬英九當局關係而提出來的。其中建立互信是根本，擱置爭議是關鍵，求同存異是方法，共創雙贏是目的。

從戰略高度看，台海局勢相對穩定，對大陸集中精力處理好世界金融危機，抓住21世紀重要發展戰略機遇期、加快實現四個現代化，都具有重要意義。

因此胡錦濤總書記反覆強調，兩岸關係一定要牢牢把握好和平發展這一主題。和平發展不是權宜之計，而是經過深思熟慮後提出來的一項重要對台戰略思想。

實現祖國統一，是我們堅定不移的目標，同時也是一個長期、艱鉅、複雜的過程。在現階段，主要任務是維護台海地區的和平穩定，努力爭取在一中原則基礎上，構建一個兩岸關係和平發展的框架，為未來兩岸統一創造條件。概括起來就是兩句話，堅持和平統一目標，把握和平發展主題。和平發展是為了和平統一，和平統一歸根結底要靠發展，而發展首先需要和平的環境。因此兩岸關係和平發展已成為我們國家發展戰略的一個重要組成部分，將貫穿於推動祖國和平統一的整個歷史進程。

（二）在看到機遇的同時，我們要看到面臨的挑戰

由於歷史原因，國共之間存在著深刻的政治分歧，這是歷史遺留下來，很難在短期內獲得解決。隨著時間的推移和兩岸關係向縱深發展，這些矛盾和分歧也會充分顯現出來。

60年來，兩岸關係始終複雜多變，合作中有鬥爭，前進中有曲折，發展中有反覆。台灣問題的複雜性，實現統一的長期性，決定

了對台工作的艱鉅性。

馬英九當局現在處理兩岸事務的基本原則,就是「一中各表、互不否認」,「正視現實,維持現狀」十六個字。冰凍三尺,非一日之寒。國共之間在政治上的原則分歧,是歷史遺留下來,不可能在短時間內通過對話談判就能解決。在解決「三通直航」、陸客入島等非政治層面問題時,兩岸雙方採取了擱置爭議辦法。而擱置只能暫時繞開這些難題,最終還得面對。現在兩岸雙方都強調先易後難、先經後政,但到了下一步商談結束兩岸敵對狀態、建立軍事互信、構建兩岸和平發展框架時,政治這一難題繞不過去,遲早會浮上檯面。

胡錦濤總書記在12•31重要講話中明確指出,「解決台灣問題的核心是實現祖國統一,目的是維護國家主權和領土完整,實現中華民族的偉大復興」。這把兩岸關係未來發展的方向、目標、思路都說得非常清楚。要看到近十幾年來,兩岸關係格局的變化,深層次原因是兩岸綜合實力此消彼長的結果。

從發展趨勢看,經濟是基礎。台灣問題、統一問題,只有在發展的進程中,慢慢予以解決,在發展的過程中徐圖統一。從中華民族上下五千年歷史看,由於中華文化的很強凝聚力,最後走向統一是誰也改變不了的大趨勢。對此,我們要有自信。

解決台灣問題,實現國家統一,事關中華民族的前途和命運,事關我們國家的核心利益。但實現統一,又是一項長期、複雜、艱鉅的任務,是系統工程。台灣問題已存在60年,解決起來自然有難度,牽涉到台灣、大陸和國際三個方面複雜因素。

解決台灣問題,實現祖國統一,實力是根本,民心是關鍵。《孫子兵法》也強調「攻心為上,攻城為下」。成都武侯祠有副對

聯：「能攻心則反側自消，從古知兵非好戰；不審勢即寬嚴皆誤，後來治蜀要深思。」當然實現兩岸統一，涉及政治、經濟、外交、軍事等多個領域工作。總之，對解決台灣問題，我們要充分看到它的複雜性和難度，既要有信心，也要有耐心。

2009年10月

為慶賀共和國成立六十周年作的講座

兩岸關係和平發展與破解政治難題

一、兩岸關係要牢牢把握和平發展這一主題

只有和平，才能發展。只有發展，才能使兩岸同胞得到實惠。發展需要和平，發展需要合作。只有和平發展，兩岸才有希望。因此我們一定要從戰略高度，看到當前兩岸和平發展這一局面來之不易，排除各種干擾，共同維護兩岸和平發展這一大好局面，進一步擴大兩岸經貿、文教、學術等各個領域的交流，通過交流合作實現雙贏的目標。

二、發展兩岸關係的關鍵是要建立互信

兩岸關係要實現長遠、平衡的發展，沒有互信就缺乏一個基礎和保證。沒有互信，兩岸關係發展的前景始終是不確定的。從不久前台北舉行的兩岸一甲子研討會也可以看出，兩岸雙方互信還不夠。由於歷史的原因，兩岸之間客觀存在著一些誤解、疑慮和不信任。建立互信需要一個過程，要有一個好的氛圍。互信需要累積，互信更需要交流。多溝通、多來往，我相信有些分歧就可以慢慢化解。

三、兩岸要未雨綢繆共同為破解政治難題創造條件

過去一年多來，兩岸雙方都遵循「先易後難、先經後政」的步驟，務實地優先解決兩岸「三通」的問題、經貿領域的問題，這是正確的。但隨著兩岸關係向前發展，不可避免地會觸及一些政治層面的敏感話題，包括政治難題。這些問題大家知道「冰凍三尺，非一日之寒」，解決起來也有相當難度。急於求成是不現實的，視而不見也是不客觀的。胡錦濤總書記11月在新加坡會見連戰榮譽主席時特別強調，兩岸要為共同破解政治難題積極創造條件。這是一種前瞻性視野，我們應該秉持積極而又穩妥的態度，在優先解決經濟層面一些容易解決的事務性問題的同時，認真思考下一步如何破解兩岸的政治難題，推動兩岸關係不斷向前發展。

四、要尋求建立兩岸關係和平發展的長遠機制

兩岸關係要保持長期的和平發展的勢頭，最終還是要有一個制度化安排，有一個框架的協議，即要形成一個機制。具體說，就是在「兩岸一中」的基礎上，通過談判協商，結束兩岸敵對狀態，建立軍事互信機制，構建一個兩岸和平發展的框架性協議。這是一個目標，就是所謂的難題，但我相信，只要雙方有誠意、有意願，努力地、堅持不懈地去推動，總是可以找到解決的辦法。而只有到了這一步，兩岸才能實現長治久安，台海和平才能有根本保障，兩岸才能共同繁榮，包括「國際空間」等所有問題都可能迎刃而解。

2009年12月

在上海華師大兩岸關係研討會上發言

紀念辛亥革命一百周年

——共同弘揚中山先生思想

今年是偉大的辛亥革命一百周年，在海峽兩岸、海內外，所有炎黃子孫都在從不同視角、採用不同形式，紀念這一偉大歷史事件，總結這一事件對中國百年來社會發展變化的巨大影響。面對海峽兩岸61年來的分離現狀，看到兩岸關係終於步入和平發展軌道，再看看中國包括台港澳在內的現代化建設成就，心中感慨萬千。

辛亥革命是中國歷史上一座豐碑

一百年前的辛亥革命，是20世紀初中國這塊古老土地上爆發的一場震驚世界的偉大革命，是中國歷史上第一次以反帝反封建為明確目標的資產階級民主革命，這場革命對中國歷史的發展進程，產生重大深遠影響，這一點也許是海內外各方人士的一個基本共識。辛亥革命的意義在於：第一，它不僅推翻了清朝的腐朽統治，而且從根本上徹底推翻了在中國延續了兩千多年的封建帝制，它不是簡單的改朝換代。第二，辛亥革命為中國的民主、進步打開了大門，為中國的民族獨立、人民解放開闢了一條光明大道，儘管這條道路經歷了非常坎坷的歷程。第三，辛亥革命在中國帶來了一次史無前例的思想大解放，為隨後的五四新文化運動，馬列主義在中國的傳播，中國共產黨的誕生，奠定了重要基礎。儘管辛亥革命本身屬於資產階級民主革命性質，但沒有辛亥革命，不徹底砸碎滿清這台舊機器，就沒有後來真正意義上的中國現代化。

有人說，歷史是一個民族的脊梁。只有牢記歷史、正確看待歷史、善於總結歷史經驗的民族，才是一個優秀的民族、有希望的民族、不斷奮發向上的民族。在中華民族五千年歷史上，辛亥革命無疑是一座歷史豐碑，永遠值得後人敬仰。

孫中山是一位了不起的歷史偉人

紀念辛亥革命，我們首先要緬懷為復興中華民族而赴湯蹈火的革命先驅和前輩英烈，而其中傑出的代表人物就是孫中山先生。

　　孫中山先生確是一位了不起的偉大的民族英雄。他那堅忍不拔的革命意志、高瞻遠矚的世界眼光、務實開明的思想主張、引領歷史潮流的先知先覺、以國家興亡為己任的無私胸懷，都是永遠值得我們學習的。

　　從1894年在檀香山成立「興中會」開始，孫中山先生一直在摸索救國救民的道理，在十分艱難困苦的環境裡，他從海外華僑中募集資金，在國內發動十餘次武裝革命，堅持理想，鍥而不捨，義無反顧，勇往直前，從而贏得了國人的無限敬仰。一百年來，人們很難忘記，也不會忘記這位鞠躬盡瘁、為國捐軀的歷史偉人。

　　孫中山先生給後人留下最寶貴的遺產，是他的光輝思想，他的不朽精神。辛亥革命後，孫中山就任臨時大總統，他第一個喊出「復興中華、統一中國」的口號，把追求國家的富強、實現國家的統一，作為他疾志終身的兩大奮鬥目標。他的口號，呼喊出了那個年代全體中華兒女的時代心聲，也集中反映了當時人民大眾的主流民意。包括台灣同胞，儘管當時處於日本殖民統治下，當他們聽到辛亥革命消息後，都非常振奮，奔相走告，在台灣島內多次發起「驅逐日寇、收復台灣」的抗日運動。因此，即使在當時媒體欠發達的半封建、半殖民地中國社會，中山先生在全體國人中具有崇高威望，也贏得了廣大海內外華人的無比尊敬，使得孫中山先生在離開人世之後，始終成為人們最為懷念的世紀偉人之一，而且在國內不同黨派、不同信仰的人士中，幾乎毫無爭議。這在中國歷史上極為罕見。

　　中山先生的思想核心是「復興中華、統一中國」

中山先生是一位有理想、有抱負、有目標、有方向的革命領袖，他一生光明磊落，無私無畏，始終把追求中華民族的偉大復興和實現國家的完全統一，作為至高無上的使命。辛亥革命後，孫中山在《臨時大總統宣言書》中，將實現國家統一作為立國方針，並提出五個統一：民族統一，領土統一，軍政統一，內治統一，財政統一。中山先生指出：「統一是中國全體國民的希望。能夠統一，全國人民便享福，不能統一，便要受害。國家一天不統一，就不能說革命成功。」為使中國強盛起來，他親手繪製了「建國大綱」這一宏偉藍圖，使國人大開眼界。臨終他留下兩句傳世名言：「革命尚未成功，同志仍須努力。」

一百年過去了，海峽兩岸在經濟建設方面都各自取得了驕人的成就，但中山先生這兩項歷史使命尚未完全達成。在辛亥革命一百年後的今天，爭取中華民族的偉大復興，實現我們祖國的完全統一，依然是兩岸同胞及海外僑胞在21世紀的兩大重任。今天，我們紀念辛亥革命一百週年，共同探討如何實現中山先生這兩大宏願，就顯得格外有意義。

在中華民族數千年歷史發展進程中，一直有著崇尚統一的傳統。有識之士堅持統一，人民期盼統一。統一和強大，始終是中華民族一切愛國仁人志士追求的最高目標。而「統一」和「強大」這兩個問題，又始終是緊密相連：強大了一定會統一，統一了必然會強大。當前，海峽兩岸同胞正同時面臨著難得的發展機遇。值得慶倖的是，海峽兩岸在經歷了數十年的風風雨雨之後，曾經硝煙瀰漫的台灣海峽，現在已變成和平的海峽。尤其是2008年馬英九當政後，在兩岸共同努力下，實現了兩岸關係的和平發展，實現了兩岸「三通」直航，實現了兩岸全方位大交流的良性互動。這一局面真

是來之不易,應該倍加珍惜。

在新形勢下,兩岸同胞應該攜起手來,抓住機遇,彼此合作,累積互信,共創雙贏。首先使兩岸同胞過上富裕、安康的生活。在經歷一個和平發展階段之後,在彼此有了一定互信之後,再來逐步解決歷史遺留下來的複雜難題,探討實現最後統一的歷史途徑,完成中山先生始終堅持、主張的未竟事業,這也許是當今我們「仍須努力」的一個方向。

紀念辛亥革命與發展兩岸關係

海峽兩岸目前這種隔海分離的局面,眾所周知,是1940年代國共內戰歷史形成的。如果中山先生還活著,看到這種局面也會很難過。歷史問題我們更應以歷史的眼光來審視,用理性的思維和務實的心態來對待。

兩岸關係和平發展要有共同的基礎,共同的方向,才能持久。當前,在「統一」這一目標一時不能實現的情況下,同屬中華民族的兩岸同胞,應該先共同合作「振興中華」,這也算「先易後難」吧!目前兩岸經濟上已實現互惠互利的全面合作,在這方面雙方不僅有需要,也具備這方面條件。ECFA協定的簽署,已經使兩岸的經濟合作進入正常化、制度化的新階段。而這種合作,對兩岸同胞都是有利的,對整個中華民族也是大好事。兩岸經濟發展了,人民生活富裕了,社會文明進步了,彼此互信建立了,屆時再來解決政治層面的複雜敏感問題,直至統一這樣的問題,自然要容易得多。要相信後人的智慧。我想從戰略全域來看,這也算是「先經後政」吧!所以,從「先經後政」,「經中有政」,到逐步「破解政治難題」,這就叫「循序漸進」。

胡錦濤總書記在12·31重要講話中指出:「兩岸復歸統一,不

是主權和領土再造，而是結束政治對立。」統一，既是中山先生的核心思想和重要目標，也是當今兩岸同胞無法迴避的一個原則問題。能不能統？何時可統？這是一個客觀情勢決定的問題。而要不要統，想不想統，這反映一個人的價值觀，作為政治人物更是一個大是大非的立場問題。想當年中山先生提出「統一中國」的口號時，中國還處於軍閥割據、四分五裂，列強在華各霸一方的局面，統一談何容易！但中山先生毫不含糊地提出要統一中國。結果是，「除軍閥、驅列強」成為國人的一致共識，並迅速形成一股反帝、反封建的巨大洪流。所以中山先生和所有辛亥革命的先知先覺，為中華民族建立的歷史功勳彪炳千秋。

由此可見，一個政治人物，要有恢宏的氣度，要有大的格局。既要看到眼前，更要著眼長遠；既要把握民意，更要引導民意。在歷史和現實之間，要有一個正確的抉擇。有些事從眼前看這樣做比較有利，但從歷史長遠看就不可取。一個黨，一個領導人，最重要的是要有明確的目標，堅定的方向，要有科學的論述。從這個意義上講，把「不統、不獨」並列起來作為兩岸政策的口號、原則，顯然是不妥當的。暫時不能統，不能叫「不統」。叫「不統」很容易被「台獨」分裂勢力利用和誤導。目標首先要明確，階段性任務要講清楚，這樣才科學，才能引導民意向著積極方向轉化。

辛亥革命是兩岸人民的共同記憶，也是兩岸同胞共同為之奮鬥過的歷史。中山先生思想更是兩岸人民共同的寶貴財富。紀念辛亥革命，學習中山思想，有一點很重要，就是既要面對現實，更要明確方向目標，還要有一種歷史責任感和使命感。

面向未來，兩岸關係往何處去？我覺得中山先生提出的「復興中華、統一中國」這八個字，應該作為兩岸最大的基本的共識，作

為我們「仍須努力」的方向。兩岸通過共同紀念辛亥革命一百周年，在國家、民族認同問題上尋求共識。這樣兩岸關係會發展得更好。即使一時不能統一，大家心裡也會踏實。正如胡錦濤總書記指出：推動兩岸關係和平發展，不但要厚植共同利益，也要增強休戚與共的民族認同。

　　中山先生有句名言：「世界潮流，浩浩蕩蕩，順之者昌，逆之者亡。」辛亥革命推翻清政府，符合歷史潮流，所以勝利了。袁世凱復辟帝制，就是逆歷史潮流而動，必然要失敗。振興中華，實現統一，就符合歷史潮流，也符合兩岸同胞根本利益和長遠利益，我相信最後也一定會成功。這就是我們今天紀念辛亥革命一百周年的重要啟示。

2011.1.於北京

原載《人民日報》（海外版）

當前台海形勢與新時期對台工作

　　胡錦濤總書記在十八大的政治報告中，用了很大篇幅專門講了台灣問題。他特別強調，要豐富「一國兩制」的實踐和推進祖國的統一；特別指出必須堅持「和平統一、一國兩制」的方針，為和平統一創造更充分的條件；要始終堅持一個中國的原則，反對「台獨」分裂的圖謀。胡錦濤總書記在十八大報告中關於台灣問題的重要論述，既總結了過去十年來我們對台工作的經驗和成就，同時也指明了未來我們對台工作的方向和目標。

　　台灣問題很重要，中央領導都高度重視、非常關注。十年來，對台工作取得的豐碩成果有目共睹，現在有很多學者專家在總結。

中央台辦王毅主任前不久在《求是》雜誌上發表了一篇文章，這篇文章總結了胡錦濤總書記十年來對台工作的主要成果和經驗。在十八大召開前夕，王毅主任接受了新華社記者採訪，提出了「三個心」——決心、信心、耐心。首先，對實現祖國統一，我們要有堅定的決心；第二，對解決台灣問題、做好對台工作，我們要有充分的信心；第三，由於各種原因，我們對實現祖國統一，要有一定的耐心。我認為這三「心」也是源於過去我們常講的三句話：即台灣問題的複雜性，對台工作的艱鉅性，實現統一的長期性。這個複雜性、艱鉅性和長期性，就決定了對台工作的特殊性。

我認為台灣問題的重要性主要體現在以下四點：

1.台灣問題直接關係到中國的主權領土完整，而主權領土完整牽涉到國家的核心利益。在平時，我們經常講以經濟建設為中心，要把發展經濟作為第一要務，這是對的。溫家寶總理在2005年訪美時曾說，如果台灣出現「台獨」分裂的事變，中國政府和人民將不惜一切代價，來維護我們國家的主權領土完整。這說明了台灣問題的重要地位。

2.台灣問題直接關係到國家的安全。我們搞四化建設，首先要有一個和平穩定的環境，包括國際和周邊環境，而台灣問題處理得不好，就會直接影響到我們國家的安全。

3.台灣問題直接影響到中國未來的發展。在21世紀，我們黨和國家面臨著一個難得的歷史發展機遇期，能不能抓住這個戰略機遇期，實現2020年全面建成小康社會這樣一個目標，關鍵要妥善地處理好台灣問題，實現兩岸關係的和平發展和穩定，不要讓台灣問題成為影響我經濟發展的一個干擾因素。

4.台灣問題影響中國政治社會的穩定。台灣問題是一個非常複

雜的問題。到目前為止兩岸的敵對狀態並沒有正式結束，兩岸的軍事互信機制還沒有建立，兩岸和平協定還沒簽署，分裂和反分裂的鬥爭也遠沒有結束。在此之前，我們一項重要任務就是要通過政治協商談判，來結束彼此的敵對狀態。最近幾年，儘管兩岸關係緩和了，我們和國民黨當局也慢慢在建立了互信，但是這種互信目前為止還是比較脆弱。

一、十年來對台工作三大亮點。

過去十年來，我們對台工作取得輝煌成就，有三點我認為是歷史性的：

一是2005年3月14日全國人大高票通過的《反分裂國家法》。這部法律頒布的重要背景，是2004年陳水扁以微弱的多數當選連任之後，公開表示在後一個任期要推行「法理台獨」。「法理台獨」就是說要通過修改台灣的主要法律，把「台獨」的主張納入新修改的「憲法」中，然後在「立法院」通過，或經過「公投」來完成。所以，「台獨」成為當時對台工作最突出的問題和對大陸最大的威脅。當時兩岸關係進入一個「高危期」。胡錦濤總書記最後選擇用法律的手段，通過立法的形式，來表達中國大陸13億同胞捍衛國家主權領土完整、堅決反對國家分裂的堅強意志。

這個法律起到了軍事威懾起不到的作用，比軍隊出面發表聲明效果要好得多。我們在建設法治國家，在加強法制建設，依法行事是一個比較好的解決台灣問題的辦法。如果迫不得已萬一使用武力，我們也必須要有法律的依據，要體現人民的意志。這個法在當時起到了遏制「台獨」分裂的重要作用，它的特點是：「先台出法，以法制法」。陳水扁要搞法理「台獨」，他還沒有搞成，我們先把《反分裂國家法》頒布了，這樣我們就處於主動地位。

二是2005年4月胡錦濤總書記邀請當時的國民黨主席連戰到大陸訪問。這次訪問是國共兩黨最高領導人從1945年重慶談判之後，時隔60年後重新實現了國共兩黨最高領導人的歷史性會晤，且這次會談達成了非常重要的發展兩岸關係的「五項願景」，明確了堅持「九二共識」、反對「台獨」分裂，實現兩岸關係和平發展等一系列重要目標。所以2008年以後，兩岸關係實現歷史性的轉折，實現了「三通」直航，實現了陸客入島，實現了兩岸經濟一體化、制度化，追根溯源應該是從2005年4月國共兩黨最高領導人歷史性會談開始的。這次會談很重要的一點：國共兩黨化解了過去60年的歷史恩怨，慢慢開始建立互信，在島內形成了反對「台獨」分裂的統一陣線，最後把「台獨」分裂勢力遏制住。

三是2008年3月國民黨馬英九上台後兩岸關係實現和平發展。2008年春台灣出現第二次政黨輪替後，胡錦濤總書記敏銳地覺察到這是一個難得的歷史機遇，要求抓住這個機遇，實現兩岸關係的和平發展。這四年來，我們沒有辜負黨中央的期盼和囑託，在全黨全國人民和各個地區、各個部門的共同努力下，成功地實現了兩岸關係歷史性轉折，兩岸關係取得突破性進展。這個突破主要體現在以下四點：第一，「台獨」分裂勢力基本受到遏制，台海地區實現了相對和平。第二，海峽兩岸實現了全面、直接、雙向的海空直航。第三，實現了大陸觀光客的直接入島，而且現在很多城市已實現了自由行。第四，兩岸通過簽署ECFA協議，實現兩岸經貿關係的制度化和正常化，使得兩岸的經濟產業實現了一體化。

我個人認為，《反分裂國家法》、國共兩黨最高領導人的歷史性會談，以及2008年後兩岸關係歷史性的轉折，這三件事是胡錦濤總書記在過去十年對台工作中最大的三個亮點。

當前，兩岸關係總體上形勢是好的，兩岸大交流、大合作這樣的趨勢在向前發展。如果說和前幾年相比有點變化，那就是前四年是開拓、是突破，從今年開始進入到一個鞏固深化的階段。兩岸關係不可能一直是突破，當然也希望其他領域有突破，但是鞏固一些成果，深化一些發展也是必要的。鞏固了、深化了將來在這基礎上再尋求新的突破和發展。大家都看到，目前兩岸經貿交流包括人員的交流，各省市赴台訪問很熱絡，人數在增加，合作領域在不斷拓寬。當然與此同時，兩岸關係發展也面臨一些問題，主要是政治議題的商談現在還沒完全形成共識。

二、當前台灣島內政治生態和兩岸關係

從最近幾年台灣島內的局勢和社會生態演變的情況來看，台灣問題是有喜有憂。喜的方面就是兩岸關係緩和了，「台獨」的危險性降低了。但是形勢好，不等於沒有問題，對台工作機遇與挑戰並存。

過去四年兩岸關係取得突破，成績要充分肯定，但是要看到一點：「三通」直航、遊客入島、ECFA這些能取得突破，關鍵是台灣方面有此需求。他們發展經濟有此需要，這些能給台灣帶來巨大的實惠和利益。

一遇到政治問題，台灣當局態度就不同。馬英九雖然說「先經後政，先易後難」，但實際上是「光經不政」，一遇到政治議題就以各種理由來迴避。所以涉及結束兩岸敵對狀態的問題，建立兩岸軍事互信的問題，簽署兩岸和平協定的問題，估計在馬英九的後一個任期，基本上也很難有實質性突破。有可能談起來的是「兩會」互設辦事處，ECFA的後續協商，進一步擴大以經貿為主的兩岸相關的合作的領域，包括司法、金融、文化、教育等領域，政治領域

還是個僵局。

當前台灣社會存在的一個最突出、最嚴重的問題，就是台灣同胞在國家認同的根本問題上存在巨大的偏差和缺失。出現這種情況的原因非常複雜，有深刻的背景，這和台灣的政治生態和主流民意有密切聯繫。

馬英九把「不統、不獨、不武」作為對大陸政策，也和台灣的政治生態有關。現在台灣社會基本形成了一套類似美國的西方民主政治制度，即「兩黨制」。國民黨和民進黨在台灣都有自己相對固定的選民，第三勢力基本沒有發展的空間，兩黨基本上壟斷了台灣的政治權力。

在「兩蔣」時期，對「一個中國」問題兩岸立場是完全一致的，當時的鬥爭性質是民族內部矛盾，是中國的代表權之爭，即「法統」之爭。從李登輝、陳水扁這20年，兩岸鬥爭實質是分裂和反分裂、「台獨」和反「台獨」，這個鬥爭是敵我性質矛盾，是愛國和賣國的鬥爭。馬英九上台後，兩岸關係的性質既不完全同於「兩蔣」年代，他要求兩個「中國政府」、「互不承認、互不否認」，但也不同於李登輝、陳水扁時期搞「台獨」。「不統、不獨、不武，維持現狀」實質上就是打著「中華民國」的旗幟，搞偏安，長期維持海峽兩岸的分離局面，依靠美國來拖延殘局。所以現在兩岸之間的鬥爭，主要是制度之爭，這是目前台灣的政治生態。

第二是台灣的主流民意。台灣近500年歷史比較悲慘，16、17世紀荷蘭、西班牙的商人曾經占領過台灣的港口，當時沒有主權概念，占領港口就控制了台灣。到明朝後期，鄭成功帶領軍隊驅逐了在台灣的殖民者，在台灣建立了反清復明的政權。鄭成功是中華民族的英雄，是他收復了台灣；另一方面他在台灣搞割據，開創了台

灣和大陸兩個政權的先河，所以蔣介石在大陸失敗後去台灣，效仿鄭成功，造成了目前這樣的局面。

　　清政府與日本簽訂《馬關條約》之後，台灣成為日本的殖民地，從1895到1945年整整50年。1945年10月25日根據《開羅宣言》和《波茨坦公告》，日本正式的把台灣包括澎湖列島歸還給中國。問題是1945年國民黨的軍隊開到台灣以後，在台灣人民的心目中，認為國民黨軍隊的表現不比日本人好，就覺得大陸人也不好。國民黨政府和台灣人民之間的矛盾很深，在1947年爆發了「二二八」事件。國民黨採取了殘酷的鎮壓措施，導致了國民黨和台灣同胞之間這種歷史的恩怨。有的台胞認為國民黨是大陸人，從而又導致了台胞對大陸人的一種成見。1949年以後，兩岸分離63年。長期的分離，在部分台灣同胞中難免會產生這樣一種想法：我們台灣人為什麼總是要受「外來人」的統治？什麼時候台灣人能夠自己當家作主，自己領導自己，自己管理自己，自己決定自己的命運就好了。這種思想在台灣非常有代表性有普遍性，被稱為「台灣意識」，「出頭天」思想。在這樣的環境裡，「台獨」分裂思潮產生，他們不僅要獨立自主，而且想擺脫大陸，成為一個「獨立的國家」。所以在台灣，「台獨」是有市場的，「台灣意識」滋長了「台獨」意識，「台獨」意識又影響了「台灣意識」。

　　另一方面，再加上幾十年來國民黨的反共宣傳，民進黨的「台獨」宣傳，對台灣同胞的影響也是很深的。所以現在台灣不少人對大陸並不瞭解，對共產黨有一種擔憂、戒心和防範的心態也不足為奇，他們對統一有些顧忌也就很自然的了。

　　在「兩蔣」時代，對「台獨」實行嚴厲的高壓政策，堅持「台獨」立場的只是極少數。在李登輝、陳水扁當政後，公開鼓吹「台

獨」，這個影響就大了。現在台灣是選舉社會，誰票多誰就當選，誰當選誰就是領導，這種制度是1990年代李登輝精心設計的。任何人要想通過選舉獲得最高權力，必須順著台灣多數人意願即「主流民意」去提競選口號。在目前台灣贊成統一的人不占多數的情況下，如果候選人主張兩岸統一，很難選上。這也許是馬英九主張「不統、不獨」的原因之一。台灣知名學者王曉波說過：「在台灣如果沒有主張統一的主流民意，就不會有主張統一的候選人。」

據台灣各種民調顯示，馬英九上台四年多來，台灣主張「台獨」的人數在繼續上升，贊成統一的人反而在下降。現在主張統一的大概是百分之十幾；贊成「台獨」的在百分之二十左右，還有三分之二主張「不統不獨，維持現狀」。這是當前台灣民意的最大的問題，所以要把爭取台灣民心作為我們各項工作的出發點和歸宿，作為一條主線。

中央現在的對台大政方針已經很明確，就是既要堅持一個中國的原則，同時還要牢牢堅持統一的目標。這次胡總書記在十八大報告裡，特別強調要堅持統一的目標，堅持一個中國的原則，道理就在這裡。但是台灣問題是複雜的，統一是一項長期的任務，要分階段。現階段我們主要是推動兩岸關係和平發展，通過兩岸的大交流，慢慢地改變台灣同胞對大陸的看法，把台灣的民心爭取過來。

那麼，如何改變台灣民心呢？，我們要讓台灣同胞瞭解共產黨是代表台灣人民利益的政黨，並讓台灣人民知道「台獨」是一條走不通的死路。只有兩岸統一了，才能讓台灣長治久安，才能讓台灣同胞享受中華民族在世界上應有的尊嚴。這需要做大量艱苦細緻的工作，任重而道遠。

一百年前，孫中山先生提出了兩個口號：復興中華；統一中

國。在復興中華、實現四個現代化方面，海峽兩岸都已取得了不同程度的驕人成就。在實現統一方面，目前在大陸已經空前統一，剩下最後一個任務，就是實現兩岸的統一。我始終認為：統一是大趨勢，不可逆轉。但兩岸統一要有一個過程，需要在兩岸關係和平發展中實現統一，在中華民族復興的進程中實現統一。

統一歸根到底是實力的較量，包括「軟實力」。只有祖國大陸經濟發展強大了，民主法治健全了；只有大多數台灣同胞看到兩岸統一對他們是利大於弊的時候，統一的問題才能水到渠成自然解決。也只有在實現了兩岸統一之後，才真正稱得上中華民族的偉大復興。因此，祖國統一既是實現中華民族偉大復興的一個重要標誌，也是中國發展強大後的歷史必然。

2012年11月

在台灣問題座談會上發言

附錄

附錄一

《開羅宣言》全文（譯文）

（一九四三年十二月一日）

三國軍事方面人員，關於今後對日作戰計畫，已獲得一致意見，我三大盟國決心以不鬆弛之壓力，從海陸空各方面加諸殘暴之敵人，此項壓力，已經在增長之中。

我三大盟國此次進行戰爭之目的，在於制止及懲罰日本之侵略。三國決不為自己圖利，亦無拓展領土之意。三國之宗旨在剝奪日本自從一九一四年第一次世界大戰開始後在太平洋上所奪得或占領之一切島嶼，在使日本所竊取於中國之領土，例如東北四省、台灣、澎湖群島等，歸還中華民國。日本亦將被逐出其以武力或貪欲所攫取之所有土地，我三大盟國軫念朝鮮人民所受之奴隸待遇，決定在相當時期，使朝鮮自由與獨立。

我三大盟國抱起上述之各專案並與其他對日作戰之聯合國家目

標一致，將堅持進行為獲得日本無條件投降所必要之重大的長期作戰。

羅斯福

蔣中正

邱吉爾

《波茨坦公告》（譯文）

（一九四五年七月二十六日）

（一）余等美國總統、中國國民政府主席及英國首相，代表余等億萬國民，業經會商並同意，對日本應予以一機會，以結束此次戰事。

（二）美國、英帝國及中國之龐大陸、海、軍部隊，業已增強多倍，其由西方調來之軍隊及空軍，即將予日本以最後之打擊，彼等之武力受所有聯合國之決心之支持及鼓勵，對日作戰，不至其停止抵抗不止。

（三）德國無效果及無意識抵抗全世界激起之自由人之力量，所得之結果，彰彰在前，可為日本人民之殷鑑。此種力量當其對付抵抗之納粹時不得不將德國人民全體之土地、工業及其生活方式摧殘殆盡。但現在集中對待日本之星則較之更為龐大，不可衡量。吾等之軍力，加以吾人之堅決意志為後盾，若予以全部實施，必將使日本軍隊完全毀滅，無可逃避，而日本之本土亦必終歸全部殘毀。

（四）現時業已到來，日本必須決定一途，其將繼續受其一意孤行計算錯誤，使日本帝國已陷於完全毀滅之境之軍人之統制，抑

或走向理智之路。

（五）以下為吾人之條件，吾人決不更改，亦無其他另一方式。猶豫遷延，更為吾人所不容許。

（六）欺騙及錯誤領導日本人民使其妄欲征服世界者之威權及勢力，必須永久剔除。蓋吾人堅持非將負責之窮兵黷武主義驅出世界，則和平安全及正義之新秩序勢不可能。

（七）直至如此之新秩序成立時，及直至日本製造戰爭之力量業已毀滅，有確定可信之證據時，日本領土經盟國之指定，必須占領，俾吾人在此陳述之基本目的得以完成。

（八）開羅宣言之條件必將實施，而日本之主權必將限於本州、北海道、九州、四國及吾人所決定其他小島之內。

（九）日本軍隊在完全解除武裝以後，將被允許返其家鄉，得有和平及生產生活之機會。

（十）吾人無意奴役日本民族或消滅其國家，但對於戰罪人犯，包括虐待吾人俘虜在內，將處以法律之裁判，日本政府必將阻止日本人民民主趨勢之復興及增強之所有障礙予以消除，言論、宗教及思想自由以及對於基本人權之重視必須成立。

（十一）日本將被允許維持其經濟所必須及可以償付貨物賠款之工業，但可以使其獲得原料，以別於統制原料，日本最後參加國際貿易關係當可准許。

（十二）上述目的達到及依據日本人民自由表示之意志成立一傾向和平及負責之政府後，同盟國占領軍隊當撤退。

（十三）吾人通告日本政府立即宣布所有日本武裝部隊無條件

投降,並以此種行動誠意實行予以適當之各項保證,除此一途,日本即將迅速完全毀滅。

告台灣同胞書

毛澤東

台灣、澎湖、金門、馬祖軍民同胞們:

我們都是中國人。三十六計,和為上計。金門戰鬥,屬於懲罰性質。你們的領導者們過去長時期間太猖狂了,命令飛機向大陸亂鑽,遠及雲、貴、川、康、青海,發傳單,丟特務,炸福州,擾江浙。是可忍,孰不可忍?因此打一些炮,引起你們注意。台、澎、金、馬是中國領土,這一點你們是同意的,見之於你們領導人的文告,確實不是美國人的領土。台、澎、金、馬是中國的一部分,不是另一個國家。世界上只有一個中國,沒有兩個中國。這一點,也是你們同意的,見之於你們領導人的文告。你們領導人與美國人訂立軍事協定 [1],是片面的,我們不承認,應予廢除。美國人總有一天肯定要拋棄你們的。你們不信嗎?歷史巨人會要出來作證明的。杜勒斯九月三十日的談話 [2],端倪已見。站在你們的地位,能不寒心?歸根結底,美帝國主義是我們的共同敵人。十三萬金門軍民,供應缺乏,饑寒交迫,難為久計。為了人道主義,我已命令福建前線,從十月六日起,暫以七天為期,停止炮擊,你們可以充分地自由地輸送供應品,但以沒有美國人護航為條件。如有護航,不在此例。你們與我們之間的戰爭,三十年了,尚未結束,這是不好的。建議舉行談判,實行和平解決。這一點,周恩來總理在幾年前已經告訴你們了。這是中國內部貴我兩方有關的問題,不是中美

兩國有關的問題。美國侵占台澎與台灣海峽，這是中美兩方有關的問題，應當由兩國舉行談判解決，目前正在華沙舉行。 [3] 美國人總是要走的，不走是不行的。早走於美國有利，因為它可以取得主動。遲走不利，因為它老是被動。一個東太平洋國家，為什麼跑到西太平洋來了呢？西太平洋是西太平洋人的西太平洋，正如東太平洋是東太平洋人的東太平洋一樣。這一點是常識，美國人應當懂得。中華人民共和國與美國之間並無戰爭，無所謂停火。無火而談停火，豈非笑話？台灣的朋友們，我們之間是有戰火的，應當停止，並予熄滅。這就需要談判。當然，再打三十年，也不是什麼了不起的大事，但是究竟以早日和平解決較為妥善。何去何從，請你們酌定。

中華人民共和國國防部部長 彭德懷

一九五八年十月六日上午一時

（此文稿由毛澤東同志起草）

（根據毛澤東手稿刊印。載一九五八年十月六日《人民日報》）

不能把台灣問題上的國際問題同國內問題混淆起來

毛澤東

台灣問題很複雜，又有國內問題，又有國際問題。就美國說，這是一個國際問題。國際問題只能通過和平道路解決，不能用武力解決。我們還在同美國談判，可是美國沒拿出名堂來。以前我們在日內瓦談，現在在華沙談，問題沒有解決。我們要求美軍撤出台

灣，他們不幹，我們只能等，他們要多少時間撤出，我們就等多少時間。我們不會首先同美國打起來的，同志們放心好了。就蔣介石說，台灣是一個國內問題。是否一定要用武力解決呢？也不是，我們準備同蔣介石談判，但他不幹。我們沒有辦法，可能有一天會打起來的。國內問題有兩個解決辦法，和平解決或武力解決。有人把台灣問題上的國際問題同國內問題混淆了起來。台灣只有一千萬人口，幾年不收回台灣（包括金門在內）也不要緊。

在台灣問題上，美國企圖搞「兩個中國」，一個大中國，一個小中國。他們說，德國有東德、西德兩個，為什麼不能有兩個中國？我們說德國是戰敗國，第二次世界大戰時是我們的敵人，按照波茨坦協定的規定分為兩個。中國在第二次世界大戰時是個同盟國。按邱吉爾、羅斯福、蔣介石參加的開羅會議的規定，台灣從日本手裡歸還中國。台灣本來就是中國的，日本人暫時占領了，日本失敗後應歸還中國。蔣介石失敗後跑到台灣，在台灣建立政府。全世界還有許多國家同台灣當局有外交關係。我們反對「兩個中國」，蔣介石也反對「兩個中國」，我們有一致之處，有共同點。

注釋：這是一九五九年十月五日毛澤東同巴西、阿根廷、古巴、委內瑞拉等拉美十七國共產黨代表團談話的一部分。

（根據中央文獻出版社、世界知識出版社一九九四年出版的《毛澤東外交文選》刊印。）選自《毛澤東文集》第八卷

周恩來概括的「一綱四目」

為使蔣介石瞭解中共的對台政策，接見張治中等民主人士，請張致信蔣介石，要求信一定要送到蔣氏父子手中。說我們的對台政

策是:台灣寧可放在蔣氏父子手裡,不能落到美國人手中。台灣必須統一於中國。具體是:一、台灣回歸祖國後,除外交必須統一於中央外,所有軍政大權、人事安排等悉委於蔣,陳誠、蔣經國亦悉由蔣意重用;二、所有軍政及建設經費不足之數悉由中央撥付;三、台灣的社會改革可以從緩,必俟條件成熟並徵得蔣之同意後進行;四、互約不派特務,不做破壞對方團結之舉。

1960年5月24日

全國人大常委會《告台灣同胞書》

親愛的台灣同胞:

今天是1979年元旦。我們代表祖國大陸的各族人民,向諸位同胞致以親切的問候和衷心的祝賀。昔人有言:「每逢佳節倍思親。」在這歡度新年的時刻,我們更加想念自己的親骨肉——台灣的父老兄弟姐妹。我們知道,你們也無限懷念祖國和大陸上的親人。這種綿延了多少歲月的相互思念之情與日俱增。自從1949年台灣同祖國不幸分離以來,我們之間音訊不通,來往斷絕,祖國不能統一,親人無從團聚,民族、國家和人民都受到了巨大的損失。所有中國同胞以及全球華裔,無不盼望早日結束這種令人痛心的局面。

我們中華民族是偉大的民族,占世界人口近四分之一,享有悠久的歷史和優秀的文化,對世界文明和人類發展的卓越貢獻,舉世共認。台灣自古就是中國不可分割的一部分。中華民族是具有強大的生命力和凝聚力的。儘管歷史上有過多少次外族入侵和內部紛爭,都不曾使我們的民族陷於長久分裂。近30年台灣同祖國的分

離，是人為的，是違反我們民族的利益和願望的，決不能再這樣下去了。每一個中國人，不論是生活在台灣的還是生活在大陸上的，都對中華民族的生存、發展和繁榮負有不容推諉的責任。統一祖國這樣一個關係全民族前途的重大任務，現在擺在我們大家的面前，誰也不能迴避，誰也不應迴避。如果我們還不儘快結束目前這種分裂局面，早日實現祖國的統一，我們何以告慰於列祖列宗？何以自解於子孫後代？人同此心，心同此理，凡屬黃帝子孫，誰願成為民族的千古罪人？

近30年來，中國在世界上的地位已發生根本變化。中國國際地位越來越高，國際作用越來越重要。各國人民和政府為了反對霸權主義，維護亞洲和世界的和平穩定，幾乎莫不對我們寄予極大期望。每一個中國人都為祖國的日見強盛而感到自豪。我們如果儘快結束目前的分裂局面，把力量合到一起，則所能貢獻於人類前途者，自更不可限量。早日實現祖國統一，不僅是全中國人民包括台灣同胞的共同心願，也是全世界一切愛好和平的人民和國家的共同希望。

今天，實現中國的統一，是人心所向，大勢所趨。世界上普遍承認只有一個中國，承認中華人民共和國政府是中國唯一合法的政府。最近中日和平友好條約的簽訂，和中美兩國關係正常化的實現，更可見潮流所至，實非任何人所得而阻止。目前祖國安定團結，形勢比以往任何時候都好。在大陸上的各族人民，正在為實現四個現代化的偉大目標而同心戮力。我們殷切期望台灣早日歸回祖國，共同發展建國大業。我們的國家領導人已經表示決心，一定要考慮現實情況，完成祖國統一大業，在解決統一問題時尊重台灣現狀和台灣各界人士的意見，採取合情合理的政策和辦法，不使台灣

人民蒙受損失。台灣各界人士也紛紛抒發懷鄉思舊之情，訴述「認同回歸」之願，提出種種建議，熱烈盼望早日回到祖國的懷抱。時至今日，種種條件都對統一有利，可謂萬事俱備，任何人都不應當拂逆民族的意志，違背歷史的潮流。

我們寄希望於1700萬台灣人民，寄希望於台灣當局。台灣當局一貫堅持一個中國的立場，反對台灣獨立。這就是我們共同的立場，合作的基礎。我們一貫主張愛國一家。統一祖國，人人有責。希望台灣當局以民族利益為重，對實現祖國統一的事業做出寶貴的貢獻。

中國政府已經命令人民解放軍從今天起停止對金門等島嶼的炮擊。台灣海峽目前仍然存在著雙方的軍事對峙，這只能製造人為的緊張。我們認為首先應當通過中華人民共和國政府和台灣當局之間的商談結束這種軍事對峙狀態，以便為雙方的任何一種範圍的交往接觸創造必要的前提和安全的環境。

由於長期隔絕，大陸和台灣的同胞互不瞭解，對於雙方造成各種不便。遠居海外的許多僑胞都能回國觀光，與家人團聚。為什麼近在咫尺的大陸和台灣的同胞卻不能自由來往呢？我們認為，這種藩籬沒有理由繼續存在。我們希望雙方儘快實現通航通郵，以利雙方同胞直接接觸，互通訊息，探親訪友，旅遊參觀，進行學術文化體育工藝觀摩。

台灣和祖國大陸，在經濟上本來是一個整體。這些年來，經濟聯繫不幸中斷。現在，祖國的建設正在蓬勃發展，我們希望台灣的經濟日趨繁榮。我們相互之間完全應當發展貿易，互通有無，進行經濟交流。這是相互的需要，對任何一方都有利而無害。

親愛的台灣同胞：我們偉大祖國的美好前途，既屬於我們，也

屬於你們。統一祖國，是歷史賦予我們這一代人的神聖使命。時代在前進，形勢在發展。我們早一天完成這一使命，就可以早一天共同創造中國空前未有的光輝燦爛的歷史，而與各先進強國並駕齊驅，共謀世界的和平、繁榮和進步。讓我們攜起手來，為這一光榮目標共同奮鬥！

1979年1月1日

關於台灣回歸祖國實現和平統一的方針政策

葉劍英

今天是中華人民共和國32周年國慶前夕，又欣逢辛亥革命七十周年紀念日即將來臨之際，我首先向全國各族人民，包括台灣同胞、港澳同胞以及國外僑胞致以節日的祝賀和親切問候。

1979年元旦，全國人民代表大會常務委員會發表《告台灣同胞書》，宣布了爭取和平統一祖國的大政方針，得到全中國各族人民，包括台灣同胞、港澳同胞以及國外僑胞的熱烈擁護和積極回應。台灣海峽出現了和緩氣氛。現在，我願趁此機會進一步闡明關於台灣回歸祖國，實現和平統一的方針政策：

（一）為了儘早結束中華民族陷於分裂的不幸局面，我們建議舉行中國共產黨和中國國民黨兩黨對等談判，實行第三次合作，共同完成祖國統一大業。雙方可先派人接觸，充分交換意見。

（二）海峽兩岸各族人民迫切希望互通音訊、親人團聚、開展貿易、增進瞭解。我們建議雙方共同為通郵、通商、通航、探親、旅遊以及開展學術、文化、體育交流提供方便，達成有關協議。

（三）國家實現統一後，台灣可作為特別行政區，享有高度的自治權，並可保留軍隊。中央政府不干預台灣地方事務。

（四）台灣現行社會、經濟制度不變，生活方式不變，同外國的經濟、文化關係不變。私人財產、房屋、土地、企業所有權、合法繼承權和外國投資不受侵犯。

（五）台灣當局和各界代表人士，可擔任全國性政治機構的領導職務，參與國家管理。

（六）台灣地方財政遇有困難時，可由中央政府酌情補助。

（七）台灣各族人民、各界人士願回祖國大陸定居者，保證妥善安排，不受歧視，來去自由。

（八）歡迎台灣工商界人士回祖國大陸投資，興辦各種經濟事業，保證其合法權益和利潤。

（九）統一祖國，人人有責。我們熱誠歡迎台灣各族人民、各界人士、民眾團體通過各種管道、採取各種方式提供建議，共商國是。

1981年9月30日

中國大陸和台灣和平統一的設想

鄧小平

問題的核心是祖國統一。和平統一已成為國共兩黨的共同語言。但不是我吃掉你，也不是你吃掉我。我們希望國共兩黨共同完成民族統一，大家都對中華民族做出貢獻。

我們不贊成台灣「完全自治」的提法。自治不能沒有限度，既有限度就不能「完全」。「完全自治」就是「兩個中國」，而不是一個中國。制度可以不同，但在國際上代表中國的，只能是中華人民共和國。我們承認台灣地方政府在對內政策上可以搞自己的一套。台灣作為特別行政區，雖是地區政府，但同其他省、市以至自治區的地方政府不同，可以有其他省、市、自治區所沒有而為自己所獨有的某些權力，條件是不能損害統一的國家的利益。

祖國統一後，台灣特別行政區可以有自己的獨立性，可以實行同大陸不同的制度。司法獨立，終審權不須到北京。台灣還可以有自己的軍隊，只是不能構成對大陸的威脅。大陸不派人駐台，不僅軍隊不去，行政人員也不去。台灣的黨、政、軍等系統，都由台灣自己來管。中央政府還要給台灣留出名額。

和平統一不是大陸把台灣吃掉，當然也不能是台灣把大陸吃掉。所謂「三民主義統一中國」，這不現實。

要實現統一，就要有個適當方式，所以我們建議舉行兩黨平等會談，實行第三次合作，而不提中央與地方談判。雙方達成協議後，可以正式宣布。但萬萬不可讓外國插手，那樣只能意味著中國還未獨立，後患無窮。

我們希望台灣方面仔細研究一下一九八一年九月葉劍英提出的九條方針政策的內容和一九八三年六月鄧穎超在政協六屆一次會議上的開幕詞，消除誤解。

你們今年三月在美國舊金山舉辦「中國統一之展望」討論會，做了一件很好的事。

我們是要完成前人沒有完成的統一事業。如果國共兩黨能共同

完成這件事，蔣氏父子他們的歷史都會寫得好一些。當然，實現和平統一需要一定時間。如果說不急，那是假話，我們上了年紀的人，總希望早日實現。要多接觸，增進瞭解。我們隨時可以派人去台灣，可以只看不談。也歡迎他們派人來，保證安全、保密。我們講話算數，不搞小動作。

我們已經實現了安定團結。和平統一祖國的方針，是我們黨的十一屆三中全會以後制定的，有關政策是逐漸完備起來的，我們將堅持不變。

中美關係最近略有好轉，但是，美國的當權人士從未放棄搞「兩個中國」或「一個半中國」。美國把它的制度吹得那麼好，可是總統競選時一個說法，剛上任一個說法，中期選舉一個說法，臨近下一屆大選時又是一個說法。美國還說我們的政策不穩定，同美國比起來，我們的政策穩定得多。

1983年6月26日

為促進祖國統一大業的完成而繼續奮鬥

江澤民

同志們、朋友們：

全國各族人民剛剛歡度了1995年元旦，又迎來了乙亥年春節。在這中華民族傳統節日來臨之際，在京的台灣同胞和有關人士歡聚一堂，共話兩岸關係前景和祖國統一大業，是一件很有意義的事。借此機會，我謹代表中共中央、國務院，向2100萬台灣同胞祝賀新年，祝願台灣同胞新春快樂，萬事如意！

台灣是中國不可分割的一部分，一百年前，1895年4月17日，日本帝國主義以戰爭的手段逼迫腐敗的清朝政府簽訂了喪權辱國的《馬關條約》，強行攫取了台灣與澎湖列島，使台灣人民在日本殖民統治下生活了半個世紀之久。中國人民永遠不會忘記這屈辱的一頁。50年前，中國人民同世界人民一道戰勝了日本帝國主義，1945年10月25日，台灣與澎湖列島重歸中國版圖，台灣同胞從此擺脫了殖民統治的枷鎖。但是，由於眾所周知的原因，1949年以後，台灣又與祖國大陸處於分離狀態。實現祖國的完全統一，促進中華民族的全面振興，仍然是所有中國人的神聖使命和崇高目標。

　　1979年1月、全國人民代表大會常務委員會發表《告台灣同胞書》以來，我們制定了「和平統一、一國兩制」的基本方針和一系列對台政策。鄧小平是中國改革開放的總設計師，也是「一個國家、兩種制度」偉大構想的創造者。鄧小平高瞻遠矚，實事求是，提出了一系列具有鮮明時代特色的解決台灣問題的重要論斷和思想，確立了實現祖國和平統一的指導方針。

　　鄧小平指出，問題的核心是祖國統一，凡是中華民族的子孫，都希望中國統一，分裂是違背民族意志的。只有一個中國，台灣是中國的一部分。不能允許有什麼「兩個中國」或「一中一台」，堅決反對「台灣獨立」。解決台灣問題無非有兩種方式，一種是和平的方式，一種是非和平的方式，用什麼方式解決台灣問題，完全是中國的內政，決不允許外國干涉。我們堅持用和平的方式，通過談判實現和平統一，同時我們不能承諾根本不使用武力，如果承諾了這一點，只能使和平統一成為不可能，只能導致用武力解決問題。統一以後實行「一國兩制」，國家的主體堅持社會主義制度，台灣保持原有的制度。「不是我吃掉你，也不是你吃掉我」。統一後，

台灣的社會經濟制度不變，生活方式不變，台灣同外國的民間關係不變，包括外國在台灣的投資及民間交往不變。台灣作為特別行政區有高度的自治權，擁有立法權和司法權（包括終審權），可以有自己的軍隊，黨、政、軍等系統都由自己管理。中央政府不派軍隊、行政人員駐台，而且在中央政府裡還要給台灣留出名額。

十幾年來，在「和平統一、一國兩制」基本方針指引下，經過海峽兩岸同胞、港澳同胞和海外僑胞的共同努力，兩岸人員往來以及科技、文化、學術、體育等各領域的交流蓬勃發展。兩岸經濟相互促進、互補互利的局面正初步形成。早日實現兩岸直接「三通」，不僅是廣大台胞、特別是台灣工商業者的強烈呼聲，而且成為台灣未來經濟發展的實際需要。兩岸事務性商談已取得進展，「辜汪會談」標誌著兩岸關係邁出了歷史性的重要一步。

但是，值得所有中國人警惕的是，近年來台灣島內分離傾向有所發展，「台獨」活動趨於猖獗。某些外國勢力進一步插手台灣問題，干涉中國內政。這些活動不僅阻礙著中國和平統一的進程，而且威脅著亞太地區的和平、穩定和發展。

當前國際形勢仍然複雜多變，但總的趨勢是走向緩和。世界各國都在制定面向未來的經濟戰略，把增強綜合國力作為首要任務，以求在下一世紀到來時能在世界上占有自己的位置。我們感到高興的是，海峽兩岸的經濟都在向前發展。1997年、1999年，中國將繼恢復對香港和澳門行使主權，這將是全國各族人民包括台灣同胞的一件大喜事。中華民族歷盡滄桑，飽經磨難，現在是完成祖國統一大業、實現全面振興的時候了。這對台灣是個機會，對整個中華民族也是個機會。在這裡，我願就現階段發展兩岸關係、推進祖國和平統一進程的若干重要問題提出如下看法和主張。

（一）堅持一個中國的原則，是實現和平統一的基礎和前提。中國的主權和領土決不容許分割。任何製造「台灣獨立」的言論和行動，都應堅決反對；主張「分裂分治」、「階段性兩個中國」等等，違背一個中國的原則，也應堅決反對。

（二）對於台灣同外國發展民間性經濟文化關係，我們不持異議。在一個中國的原則下，並依據有關國際組織的章程，台灣已經以「中國台北」名義參加亞洲開發銀行、亞太經濟合作會議等經濟性國際組織。但是，我們反對台灣以搞「兩個中國」、「一中一台」為目的所謂「擴大國際生存空間」的活動。一切愛國的台灣同胞和有識之士都會認識到，進行這類活動並不能解決問題，反而會使「台獨」勢力更加肆無忌憚地破壞和平統一的進程。只有實現和平統一後，台灣同胞才能與全國各族人民一道，真正充分地共用偉大祖國在國際上的尊嚴與榮譽。

（三）進行海峽兩岸和平統一談判，是我們一貫主張。在和平統一談判的過程中，可以吸引兩岸各黨派、團體有代表性的人士參加。我在1992年10月中國共產黨第十四次全國代表大會的報告中說：「在一個中國的前提下，什麼問題都可以談，包括就兩岸正式談判的方式同台灣方面進行討論，找到雙方都認為合適的辦法。」我們所說的「在一個中國的前提下，什麼問題都可以談」，當然也包括台灣當局關心的各種問題。我們曾經多次建議雙方就「正式結束兩岸敵對狀態、逐步實現和平統一」進行談判。在此，我再次鄭重建議舉行這項談判，並且提議，作為第一步，雙方可先就「在一個中國的原則下，正式結束兩岸敵對狀態」進行談判，並達成協議。在此基礎上，共同承擔義務，維護中國的主權和領土完整，並對今後兩岸關係的發展進行規劃。至於政治談判的名義、地點、方

式等問題，只要早日進行平等協商，總可找出雙方都可以接受的解決辦法。

（四）努力實現和平統一，中國人不打中國人。我們不承諾放棄使用武力，決不是針對台灣同胞，而是針對外國勢力干涉中國統一和搞「台灣獨立」的圖謀的。我們完全相信台灣同胞、港澳同胞和海外僑胞理解我們的這一原則立場。

（五）面向21世紀世界經濟的發展，要大力發展兩岸經濟交流與合作，以利於兩岸經濟共同繁榮，造福整個中華民族。我們主張不以政治分歧去影響、干擾兩岸經濟合作。我們將繼續長期執行鼓勵台商投資的政策，貫徹《中華人民共和國台灣同胞投資保護法》不論在什麼情況下，我們都將切實維護台商的一切正當權益。要繼續加強兩岸同胞的往來和交流，增進瞭解和互信。兩岸直接通郵、通航、通商，是兩岸經濟發展和各方面交往的客觀需要，也是兩岸同胞利益之所在，完全應當採取實際步驟加速實現直接「三通」。要促進兩岸事務性商談。我們贊成在互惠互利的基礎上，商談並且簽訂保護台商投資權益的民間性協議。

（六）中華各族兒女共同創造的5千年燦爛文化，始終是維繫全體中國人的精神紐帶，也是實現和平統一的一個重要基礎。兩岸同胞要共同繼承和發揚中華文化的優秀傳統。

（七）2100萬台灣同胞，不論是台灣省籍還是其他省籍，都是中國人，都是骨肉同胞、手足兄弟。要充分尊重台灣同胞的生活方式和當家作主的願望，保護台灣同胞一切正當權益，我們黨和政府各有關部門，包括駐外機構，要加強與台灣同胞的聯繫，傾聽他們的意見和要求，關心、照顧他們的利益，盡可能幫助他們解決困難。我們希望台灣島內社會安定、經濟發展、生活富裕，也希望台

灣各黨派以理性、前瞻和建設性的態度推動兩岸關係發展。我們歡迎台灣各黨派、各界人士，同我們交換有關兩岸關係與和平統一的意見，也歡迎他們前來參觀、訪問。凡是為中國統一作出貢獻的各方面人士，歷史將永遠銘記他們的功績。

（八）我們歡迎台灣當局的領導人以適當身分前來訪問；我們也願意接受台灣方面的邀請，前往台灣。可以共商國是，也可以先就某些問題交換意見，就是相互走走看，也是有益的。中國人的事我們自己辦，不需要借助任何國際場合。海峽咫尺殷殷相望，總要有來有往，不能「老死不相往來」。

港澳同胞、海外僑胞為促進兩岸關係、祖國統一和中華民族振興，作出了許多努力，功不可沒。我們希望廣大港澳同胞、海外僑胞進一步為發展兩岸關係、統一祖國和振興中華作出新的貢獻。

早日完成祖國統一，是中國各族人民的共同心願。無限期地拖延統一，是所有愛國同胞不願意看到的。中華民族偉大的革命先行者孫中山先生曾經說過：「統一是中國全體國民的希望。能夠統一，全國人民便享福；不能統一，便要受害。」我們呼籲所有中國人團結起來，高舉愛國主義的偉大旗幟，堅持統一，反對分裂，全力推動兩岸關係促進祖國統一大業的完成。中華民族現代發展進程中這光輝燦爛的一天，一定會到來。

1995年1月31日

反分裂國家法

（2005年3月14日第十屆全國人民代表大會第三次會議通過）

第一條 為了反對和遏制「台獨」分裂勢力分裂國家，促進祖國和平統一，維護台灣海峽地區和平穩定，維護國家主權和領土完整，維護中華民族的根本利益，根據憲法，制定本法。

第二條 世界上只有一個中國，大陸和台灣同屬一個中國，中國的主權和領土完整不容分割。維護國家主權和領土完整是包括台灣同胞在內的全中國人民的共同義務。

台灣是中國的一部分。國家決不允許「台獨」分裂勢力以任何名義、任何方式把台灣從中國分裂出去。

第三條 台灣問題是中國內戰的遺留問題。

解決台灣問題，實現祖國統一，是中國的內部事務，不受任何外國勢力的干涉。

第四條 完成統一祖國的大業是包括台灣同胞在內的全中國人民的神聖職責。

第五條 堅持一個中國原則，是實現祖國和平統一的基礎。

以和平方式實現祖國統一，最符合台灣海峽兩岸同胞的根本利益。國家以最大的誠意，盡最大的努力，實現和平統一。

國家和平統一後，台灣可以實行不同於大陸的制度，高度自治。

第六條 國家採取下列措施，維護台灣海峽地區和平穩定，發展兩岸關係：

（一）鼓勵和推動兩岸人員往來，增進瞭解，增強互信；

（二）鼓勵和推動兩岸經濟交流與合作，直接通郵通航通商，密切兩岸經濟關係，互利互惠；

（三）鼓勵和推動兩岸教育、科技、文化、衛生、體育交流，共同弘揚中華文化的優秀傳統；

（四）鼓勵和推動兩岸共同打擊犯罪；

（五）鼓勵和推動有利於維護台灣海峽地區和平穩定、發展兩岸關係的其他活動。

國家依法保護台灣同胞的權利和利益。

第七條 國家主張通過台灣海峽兩岸平等的協商和談判，實現和平統一。協商和談判可以有步驟、分階段進行，方式可以靈活多樣。

台灣海峽兩岸可以就下列事項進行協商和談判：

（一）正式結束兩岸敵對狀態；

（二）發展兩岸關係的規劃；

（三）和平統一的步驟和安排；

（四）台灣當局的政治地位；

（五）台灣在國際上與其地位相適應的活動空間；

（六）與實現和平統一有關的其他任何問題。

第八條 「台獨」分裂勢力以任何名義、任何方式造成台灣從中國分裂出去的事實，或者發生將會導致台灣從中國分裂出去的重大事變，或者和平統一的可能性完全喪失，國家得採取非和平方式及其他必要措施，捍衛國家主權和領土完整。

依照前款規定採取非和平方式及其他必要措施，由國務院、中央軍事委員會決定和組織實施，並及時向全國人民代表大會常務委

員會報告。

第九條　依照本法規定採取非和平方式及其他必要措施並組織實施時，國家盡最大可能保護台灣平民和在台灣的外國人的生命財產安全和其他正當權益，減少損失；同時，國家依法保護台灣同胞在中國其他地區的權利和利益。

第十條　本法自公布之日起施行。

攜手推動兩岸關係和平發展同心實現中華民族偉大復興

——在紀念《告台灣同胞書》發表30周年座談會上的講話

胡錦濤

同志們，朋友們：

明天是2009年元旦。每逢佳節倍思親。在這裡，我謹代表祖國大陸各族人民，向廣大台灣同胞致以誠摯的問候和衷心的祝福！

1979年元旦，全國人民代表大會常務委員會發表《告台灣同胞書》，鄭重宣示了爭取祖國和平統一的大政方針，兩岸關係發展由此揭開新的歷史篇章。《告台灣同胞書》明確提出，實現中國的統一，是人心所向，大勢所趨；一定要考慮現實情況，完成祖國統一的大業，在解決統一問題時尊重台灣現狀和台灣各界人士的意見，採取合情合理的政策和辦法，不使台灣人民蒙受損失。《告台灣同胞書》明確提出，我們寄希望於台灣人民，也寄希望於台灣當局。《告台灣同胞書》明確倡議，通過商談結束台灣海峽軍事對峙狀態，撤除阻隔兩岸同胞交往的藩籬，推動自由往來，實現通航、通

郵、通商，開展經濟文化交流。《告台灣同胞書》的發表標誌著我們解決台灣問題的理論和實踐進入了一個新的歷史時期。

自1949年台灣問題形成以來，我們始終把解決台灣問題、完成祖國統一大業作為自己的神聖職責，進行了長期不懈的努力。1978年，黨的十一屆三中全會作出把黨和國家工作中心轉移到經濟建設上來、實行改革開放的歷史性決策，中國的發展從此進入歷史新時期。《告台灣同胞書》就是在這個重要歷史背景下發表的。30年來，我們為促進台灣問題的解決，提出了一系列對台方針政策。鄧小平根據國際國內形勢發展變化，從中華民族根本利益和國家發展戰略全域出發，在毛澤東同志、周恩來同志關於爭取和平解決台灣問題思想的基礎上，創造性地提出「一國兩制」偉大構想，為確立「和平統一、一國兩制」的方針作出了歷史性貢獻。江澤民同志提出現階段發展兩岸關係、推進祖國和平統一進程的八項主張，豐富和發展了對台方針政策。黨的十六大以來，我們就對台工作作出重大決策部署，提出一系列新主張新舉措，賦予對台方針政策新的內涵。反分裂國家法的制定和實施，把我們關於解決台灣問題的大政方針法律化，表達了我們堅持和平統一的一貫立場和最大誠意，同時表明了全中國人民堅決反對「台獨」、捍衛國家主權和領土完整的共同意志和堅定決心。

《告台灣同胞書》發表以來，在兩岸同胞和各界人士共同努力下，兩岸關係發生重大變化。1987年底，兩岸同胞長期隔絕狀態被打破，兩岸同胞交往日益密切，兩岸經濟合作蓬勃發展，形成互補互利的格局。1992年，兩岸達成「九二共識」，雙方在此基礎上舉行首次「辜汪會談」。2005年，國共兩黨領導人實現歷史性會談，達成「兩岸和平發展共同願景」。今年3月，台灣局勢發生積極變

化，兩岸關係迎來難得歷史機遇。5月以來，本著建立互信、擱置爭議、求同存異、共創雙贏的精神，兩岸協商在「九二共識」的基礎上得到恢復並取得重要成果，兩岸全面直接雙向「三通」邁出歷史性步伐。雙方妥善處理一系列問題，保持兩岸關係改善和發展勢頭，推動兩岸關係展現出和平發展的前景。今天，兩岸同胞往來之頻繁、經濟聯繫之密切、文化交流之活躍、共同利益之廣泛是前所未有的。中國人民維護台海和平、推動兩岸關係發展、實現祖國和平統一的事業日益贏得國際社會理解和支援，世界各國普遍承認一個中國的格局不斷鞏固和發展。

30年來兩岸關係發展的實踐告訴我們：推動兩岸關係發展，實現祖國和平統一，最重要的是要遵循「和平統一、一國兩制」的方針和現階段發展兩岸關係、推進祖國和平統一進程的八項主張，堅持一個中國原則決不動搖，爭取和平統一的努力決不放棄，貫徹寄希望於台灣人民的方針決不改變，反對「台獨」分裂活動決不妥協，牢牢把握兩岸關係和平發展的主題，真誠為兩岸同胞謀福祉、為台海地區謀和平，維護國家主權和領土完整，維護中華民族根本利益。

30年的實踐充分證明，我們制定和實施的對台工作大政方針，順應了時代潮流和歷史趨勢，把握了民族根本利益和國家核心利益，體現了尊重歷史、尊重現實、尊重人民願望的實事求是精神，反映了對兩岸關係發展規律的深刻認識，從而推動兩岸關係發展取得了歷史性成就。我們要繼續長期堅持和全面貫徹這些被實踐證明是正確的大政方針，繼續推動祖國和平統一進程不斷向前邁進。

30年的實踐充分證明，祖國大陸改革開放和現代化建設不斷取得巨大進步，是推動兩岸關係發展、實現祖國和平統一的雄厚基礎

和可靠保障，決定了兩岸關係的基本格局和發展方向。

30年的實踐充分證明，海峽兩岸中國人有能力、有智慧把兩岸關係的前途掌握在自己手中，通過交流合作增進感情融合、增加共同利益，通過協商談判積累共識、減少分歧，循序漸進解決問題。

30年的實踐還充分證明，「台獨」分裂勢力及其分裂活動違背兩岸同胞共同利益，損害中華民族根本利益，拂逆中國發展不可阻擋的歷史潮流，是對兩岸關係和平發展的最大威脅，必然遭到兩岸同胞共同反對。任何人、任何勢力把台灣從中國分割出去的企圖都是註定要失敗的。

同志們、朋友們！

經過30年的改革開放，中國的面貌發生了歷史性變化，中國同世界的關係發生了歷史性變化。兩岸關係歷經風雨坎坷，站在了新的歷史起點上。回顧近代民族之艱難奮鬥歷程，展望未來民族之光明發展前景，我們應該登高望遠、審時度勢，本著對歷史、對人民負責的態度，站在全民族發展的高度，以更遠大的目光、更豐富的智慧、更堅毅的勇氣、更務實的思路，認真思考和務實解決兩岸關係發展的重大問題。

解決台灣問題的核心是實現祖國統一，目的是維護和確保國家主權和領土完整，追求包括台灣同胞在內的全體中華兒女的幸福，實現中華民族偉大復興。以和平方式實現祖國統一最符合包括台灣同胞在內的中華民族根本利益，也符合求和平、謀發展、促合作的時代潮流。我們一定要以最大誠意、盡最大努力爭取祖國和平統一。首先要確保兩岸關係和平發展，這有利於兩岸同胞加強交流合作、融洽感情，有利於兩岸積累互信、解決爭議，有利於兩岸經濟共同發展、共同繁榮，有利於維護國家主權和領土完整、實現中華

民族偉大復興。

　　為此，我們要牢牢把握兩岸關係和平發展的主題，積極推動兩岸關係和平發展，實現全民族的團結、和諧、昌盛。我們應該把堅持大陸和台灣同屬一個中國作為推動兩岸關係和平發展的政治基礎，把深化交流合作、推進協商談判作為推動兩岸關係和平發展的重要途徑，把促進兩岸同胞團結奮鬥作為推動兩岸關係和平發展的強大動力，攜手共進，戮力同心，努力開創兩岸關係和平發展新局面。

　　一、恪守一個中國，增進政治互信。維護國家主權和領土完整是國家核心利益。世界上只有一個中國，中國主權和領土完整不容分割。1949年以來，大陸和台灣儘管尚未統一，但不是中國領土和主權的分裂，而是1940年代中後期中國內戰遺留並延續的政治對立，這沒有改變大陸和台灣同屬一個中國的事實。兩岸復歸統一，不是主權和領土再造，而是結束政治對立。兩岸在事關維護一個中國框架這一原則問題上形成共同認知和一致立場，就有了構築政治互信的基石，什麼事情都好商量。兩岸應該本著建設性態度，積極面向未來，共同努力，創造條件，通過平等協商，逐步解決兩岸關係中歷史遺留的問題和發展過程中產生的新問題。繼續反對「台獨」分裂活動是推動兩岸關係和平發展的必要條件，是兩岸同胞的共同責任。凡是有利於兩岸關係和平發展的事都應該大力推動，凡是破壞兩岸關係和平發展的事都必須堅決反對。

　　二、推進經濟合作，促進共同發展。兩岸同胞要開展經濟大合作，擴大兩岸直接「三通」，厚植共同利益，形成緊密聯繫，實現互利雙贏。我們繼續歡迎並支援台灣企業到大陸經營發展，鼓勵和支援有條件的大陸企業到台灣投資興業。我們期待實現兩岸經濟關

係正常化，推動經濟合作制度化，為兩岸關係和平發展奠定更為扎實的物質基礎、提供更為強大的經濟動力。兩岸可以為此簽定綜合性經濟合作協定，建立具有兩岸特色的經濟合作機制，以最大限度實現優勢互補、互惠互利。建立更加緊密的兩岸經濟合作機制進程，有利於台灣經濟提升競爭力和擴大發展空間，有利於兩岸經濟共同發展，有利於探討兩岸經濟共同發展同亞太區域經濟合作機制相銜接的可行途徑。

三、弘揚中華文化，加強精神紐帶。中華文化源遠流長、瑰麗燦爛，是兩岸同胞共同的寶貴財富，是維繫兩岸同胞民族感情的重要紐帶。中華文化在台灣根深葉茂，台灣文化豐富了中華文化內涵。台灣同胞愛鄉愛土的台灣意識不等於「台獨」意識。兩岸同胞要共同繼承和弘揚中華文化優秀傳統，開展各種形式的文化交流，使中華文化薪火相傳、發揚光大，以增強民族意識、凝聚共同意志，形成共謀中華民族偉大復興的精神力量。尤其要加強兩岸青少年交流，不斷為兩岸關係和平發展增添蓬勃活力。我們將繼續採取積極措施，包括願意協商兩岸文化教育交流協議，推動兩岸文化教育交流合作邁上範圍更廣、層次更高的新台階。

四、加強人員往來，擴大各界交流。兩岸同胞要擴大交流，兩岸各界及其代表性人士要擴大交流，加強善意溝通，增進相互瞭解。對於任何有利於推動兩岸關係和平發展的建設性意見，我們都願意作出積極回應。我們將繼續推動國共兩黨交流對話，共同落實「兩岸和平發展共同願景」。對於部分台灣同胞由於各種原因對祖國大陸缺乏瞭解甚至存在誤解、對發展兩岸關係持有疑慮，我們不僅願意以最大的包容和耐心加以化解和疏導，而且願意採取更加積極的措施讓越來越多的台灣同胞在推動兩岸關係和平發展中增進福

祉。對於那些曾經主張過、從事過、追隨過「台獨」的人，我們也熱誠歡迎他們回到推動兩岸關係和平發展的正確方向上來。我們希望民進黨認清時勢，停止「台獨」分裂活動，不要再與全民族的共同意願背道而馳。只要民進黨改變「台獨」分裂立場，我們願意作出正面回應。

五、維護國家主權，協商涉外事務。我們一貫致力於維護台灣同胞在國外的正當權益。我們駐外使領館要加強同台灣同胞的聯繫，誠心誠意幫助他們解決實際困難。我們瞭解台灣同胞對參與國際活動問題的感受，重視解決與之相關的問題。兩岸在涉外事務中避免不必要的內耗，有利於增進中華民族整體利益。對於台灣同外國開展民間性經濟文化往來的前景，可以視需要進一步協商。對於台灣參與國際組織活動問題，在不造成「兩個中國」、「一中一台」的前提下，可以通過兩岸務實協商作出合情合理安排。解決台灣問題、實現國家完全統一是中國內部事務，不受任何外國勢力干涉。

六、結束敵對狀態，達成和平協定。海峽兩岸中國人有責任共同終結兩岸敵對的歷史，竭力避免再出現骨肉同胞兵戎相見，讓子孫後代在和平環境中攜手創造美好生活。為有利於兩岸協商談判、對彼此往來作出安排，兩岸可以就在國家尚未統一的特殊情況下的政治關係展開務實探討。為有利於穩定台海局勢，減輕軍事安全顧慮，兩岸可以適時就軍事問題進行接觸交流，探討建立軍事安全互信機制問題。我們再次呼籲，在一個中國原則的基礎上，協商正式結束兩岸敵對狀態，達成和平協定，構建兩岸關係和平發展框架。

兩岸同胞是血脈相連的命運共同體。包括大陸和台灣在內的中國是兩岸同胞的共同家園，兩岸同胞有責任把她維護好、建設好。

實現中華民族偉大復興要靠兩岸同胞共同奮鬥，兩岸關係和平發展新局面要靠兩岸同胞共同開創，兩岸關係和平發展成果由兩岸同胞共同享有。我們要堅持以人為本，把寄希望於台灣人民的方針貫徹到各項對台工作中去，理解、信賴、關心台灣同胞，體察他們的意願，瞭解他們的訴求，為他們排憂解難，滿腔熱情為台灣同胞多辦好事、多辦實事，依法保護台灣同胞正當權益，最廣泛地團結台灣同胞一道推動兩岸關係和平發展。台灣的前途繫於兩岸關係和平發展，繫於中華民族偉大復興。在推動兩岸關係和平發展、實現中華民族偉大復興的道路上，台灣同胞將同大陸同胞一道，共用一個偉大國家的尊嚴和榮耀，以做堂堂正正的中國人而驕傲和自豪。

長期以來，廣大香港同胞、澳門同胞和海外僑胞心系祖國統一大業，是反「獨」促統的重要力量。我們衷心希望香港同胞、澳門同胞和海外僑胞為推動兩岸關係和平發展、實現祖國和平統一作出新的貢獻。

多年來，國際社會對中國政府和中國人民維護台海和平、推動兩岸關係發展、實現國家完全統一的事業給予了積極支持。中國政府對此表示讚賞和感謝。中國的統一，不會損害任何國家的利益，只會促進亞太地區和世界繁榮穩定，只會有利於中國人民為人類和平與發展的崇高事業作出新的更大的貢獻。

同志們、朋友們！

兩岸統一是中華民族走向偉大復興的歷史必然。儘管前進道路上還會出現困難和阻礙，但只要我們堅定信心、不懈努力，緊緊依靠兩岸同胞，就一定能夠開創兩岸關係和平發展新局面，迎來中華民族偉大復興的錦繡前程。

2008年12月31日

台灣「國家統一綱領」

1991年2月23日「國家統一委員會」第3次會議通過

1991年3月14日行政院第2223次會議通過

壹、前言

中國的統一，在謀求國家的富強與民族長遠的發展，也是海內外中國人共同的願望。海峽兩岸應在理性、和平、對等、互惠的前提，經過適當時期的坦誠交流、合作、協商，建立民主、自由、均富的共識，共同重建一個統一的中國。基此認識，特制定本綱領，務期海內外全體中國人同心協力，共圖貫徹。

貳、目標

建立民主、自由、均富的中國。

三、原則

1.大陸與台灣均是中國的領土，促成國家的統一，應是中國人共同的責任。

2.中國的統一，應以全民的福祉為依歸，而不是黨派之爭。

3.中國的統一，應以發揚中華文化，維護人性尊嚴，保障基本人權，實踐民主法治為宗旨。

4.中國的統一，其時機與方式，首應尊重台灣地區人民的權益並維護其安全與福祉，在理性、和平、對等、互惠的原則下，分階段逐步達成。

肆、進程

一、近程——交流互惠階段

1.以交流促進瞭解，以互惠化解敵意；在交流中不危及對方的安全與安定，在互惠中不否定對方為政治實體，以建立良性互動關係。

2.建立兩岸交流秩序，制定交流規範，設立仲介機構，以維護兩岸人民權益；逐步放寬各項限制，擴大兩岸民間交流，以促進雙方社會繁榮。

3.在國家統一的目標下，為增進兩岸人民福祉：大陸地區應積極推動經濟改革，逐步開放輿論，實行民主法治；台灣地區則應加速憲政改革，推動國家建設，建立均富社會。

4.兩岸應摒除敵對狀態，並在一個中國的原則下，以和平方式解決一切爭端，在國際間相互尊重，互不排斥，以利進入互信合作階段。

二、中程——互信合作階段

1.兩岸應建立對等的官方溝通管道。

2.開放兩岸直接通郵、通航、通商，共同開發大陸東南沿海地區，並逐步向其他地區推展，以縮短兩岸人民生活差距。

3.兩岸應協力互助，參加國際組織與活動。

4.推動兩岸高層人士互訪，以創造協商統一的有利條件。

三、遠程——協商統一階段

成立兩岸統一協商機構，依據兩岸人民意願，秉持政治民主、經濟自由、社會公平及軍隊國家化原則，共商統一大業，研訂憲政體制，以建立民主、自由、均富的中國。

附錄二

理性、務實又開放

——如何看待國台辦副主任王在希

本文作者認為：王在希先生是一個相當理性、務實、開放的人，他對於兩岸問題的瞭解有相當的深度，反應相當的敏銳；在某些特定的事務上確實能夠、而且曾經見人所未見；其在待人接物、與台灣學者相處應對方面，可以說是態度溫和友善，但是立場堅定；既能傾聽吾人觀點，但也堅持自己的看法；是個可以溝通、對話的對手，未來或有更高、更大的發展。

月前，中國大陸進行涉台部門主管的人事調整，其中國台辦、海協會都有相當幅度的變化。由於新任國台辦王在希副主任的軍方背景，台北各界對此特別感到興趣，不少人認為這可能意味著中國軍方在對台事務方面的發言權增加，影響力變大；但也有人認為情況未必如此，各方說法莫衷一是，因此本刊特別把握難得的機會，對王在希先生進行了一次專訪（見下篇文章），其中或許有些觀點值得各方參考。

人的因素不可低估

根據我們的理解，研究中共問題的東西方學者有一個很大的區別，那就是西方學者過度重視「制度」對中共決策的影響。而東方，尤其是大陸及台灣的學者則特別強調「人」對北京當局政策的影響力。或許，這與西方講究法治，東方強調人治，西方把決策當成學問來研究，東方則認為這根本就是政治性的問題，從來不曾對

決策過程、內容好好進行分析，這其中可能牽涉到不同的發展過程及政治文化。東西方學者各有所長，但相對的也各有偏頗。

在某種程度上，筆者部分同意西方的觀點，中共的涉台決策確實不會因為幾個中、高層人事的調整就會有所變化。今天兩岸的糾葛不是人事調整就能解決問題，其中牽涉到雙方制度面的爭執，國際局勢的制約，彼此發展程度的不同。這些客觀存在的事實和差異，不會因為人事的調整而有根本性的變化。制度的本身會牽制中共對台決策的選項，中共未來的對台決策一定要配合客觀現實的變化才有意義，否則一切都是空泛而不切實際的。個人的作用其實是有限的，大家都是螺絲釘。

國台辦和海協會，從陳雲林、唐樹備以下，一直到王在希、孫亞夫等人，大家都可以歸類為技術官僚，他們的主要工作在於提供政策建議，執行上級中共中央對台工作領導小組的命令，在授權範圍之內，適度闡釋中央的對台政策，協調平行機關，督導下級機構，對於兩岸關係是否改善、如何改善、何時改善、改善的方法，雙方談與不談、怎麼談、談什麼、何時談，這一切都得配合中央的整體對台政策，沒有自行其是的空間和餘地。

不過，話說回來，如果過分低估這些人所能發生的作用也並非全然理性的看法，畢竟人的因素不可、不宜低估，而且中共是透過最高層決策來制定對台政策，這畢竟也還是人的問題。而高層決策者由於工作繁忙，未必能夠全心關注兩岸問題的發展，因此在相當程度上必須依賴主要幕僚單位所提建議。所以筆者在理念和實務上其實也還能同意兩岸學者的部分看法，認為國台辦、海協會的人事異動，對兩岸關係還是會有一定程度的影響。

他是理性、務實、開放的人

就以筆者所接觸、瞭解的王在希先生而言，基本上他是一個相當理性、務實、開放的人，由其所贈《台灣形勢回顧》一書的內容來看，他對於兩岸問題的瞭解確實有相當的深度，反應相當的敏銳，其邏輯思維的周延性令人印象深刻，在某些特定事務上確實能夠、而且曾經見人所未見，其在待人接物、與台灣學者相處應對方面，可以說是態度溫和友善，但是立場堅定，既能傾聽吾人觀點，但也堅持自己的看法，是個可以溝通、對話的對象，未來或有更高、更大的發展。

台灣《兩岸雙贏》雜誌獨家專訪王在希（二）

注　釋

[1]. 指美國與台灣國民黨政府於一九五四年簽訂的《中美共同防禦條約》。

[2].　指美國國務卿杜勒斯一九五八年九月三十日對記者發表的談話。杜勒斯在談話中重申美國在台灣問題上所持的國共「雙方放棄武力」的立場，批評蔣介石政府在金門、馬祖等島嶼上保持大量軍隊是不明智和不謹慎的，並承認蔣介石反攻大陸是一個「假設成分很大」的計畫，認為「只靠他們自己的力量，他們是不會回到那裡去的」。當有記者問到如果中國共產黨方面作出某些讓步，那麼美國的對台灣政策是否會有所改變時，杜勒斯說：「我們在這些方面的政策是靈活的，是適應於我們必須應付的局面的。如果我們必須應付的局勢改變了，我們的政策也會隨之改變。」

[3]. 指中美大使級會談。

作者後記

我從1960年代後期開始，圍繞台灣問題進行研究，慢慢由點到面，由淺到深，由微觀到宏觀，一點一點拓展對台研究的領域，對台政治、經濟、軍事、社會、歷史，到中美關係、周邊安全等領域，都先後進行過研究，迄今已有45個年頭。在這個過程中，儘管擔任過其他相關領導工作，我對台灣問題的跟蹤研究基本上沒有中斷，從蔣介石軍事「反攻大陸」，到蔣經國「三民主義統一中國」、開放台灣「老兵探親」，從李登輝拋出「兩國論」，到陳水扁製造兩岸關係緊張，再到馬英九上台後兩岸關係實現和平發展，我都歷歷在目。

2000年7月我調任中共中央台辦副主任後，曾分管過對台研究工作，後到海峽兩岸關係協會任副會長，除了完成領導崗位上的工作任務之外，我一直追蹤台海形勢，思考台灣問題。我對台灣問題的研究成為了一種習慣和興趣，因此目前擔任全國台灣研究會副會長、浙江大學台灣研究所所長的同時，我還會繼續關心、追蹤、研究台灣問題。

台灣面積約三萬五千多平方公里，2300萬人口。現在台灣的新

聞媒體很發達，也比較開放，從各種公開管道都可以獲得台灣資訊，因此台灣情況看起來似乎很透明，但實際上台灣問題學問很深，越是持續深入研究，就越發現台灣問題的複雜性和特殊性，對有些情況難以捉摸，有時甚至有霧裡看花的感覺。尤其對台灣選舉結果的預測，經常令人「跌破眼鏡」。

但說到底，出現上述現象的根本原因還是對台灣民意的複雜性、台灣歷史的特殊性、台灣社會的多元化，缺乏深入的瞭解。用對其他國家、地區一般情況的研究規律，來套台灣問題，經常會張冠李戴，陰差陽錯，甚至得出錯誤的結論。因此，直到今天，對台灣情況尤其發展趨勢的分析和判斷，依然是一件困難的事情。但我相信，只要真正下功夫，潛心進行研究，對一些重大情況，包括對一些大的方向，有個基本準確的看法和判斷，還是可以做到的。

我在1995年曾經出版過一本對台研究文集《台海形勢回顧》，那個時候中國大陸對台灣問題研究的學術著作還很少。進入21世紀後，台灣問題越來越引起大家的關注，研究台灣問題的學者專家也越來越多，出版的對台研究學術著作琳琅滿目，兩岸之間的學術交流也很普遍。

這次出版的《台灣問題與中華復興》一書，是我近20年來先後發表的一些政論文章和講話，談不上太多的學術性，但連結起來，確實從一個側面反映了同時期台灣島內局勢和兩岸關係的歷史性重大變化，有一點資料價值。於是我把它整理了一下，編輯成冊，供關心台灣問題和祖國統一的兩岸讀者參考。

為了方便讀者閱讀，除了新近完稿的「台灣問題與中華復興」一文之外，我把近20年來有關文章按照時間順序，分成李登輝時期、陳水扁時期、馬英九時期三個時期編排，文章內容主要選擇對

當時台灣島內局勢和兩岸關係有較大影響的一些事件，以便讀者粗線條的瞭解這些年來兩岸關係的發展脈絡。

我在研究台灣問題的過程中，比較重視對台灣高層核心人物的研究，透過聚焦一些歷史人物，來把握總體形勢的分析判斷，這也許是我個人的研究興趣使然。因為我覺得重要核心人物對台灣政局的發展和兩岸關係的演變，具有舉足輕重的、直接的影響。對關鍵核心人物研究透了，對整體形勢的分析判斷就比較容易把握。如蔣介石、蔣經國、李登輝、陳水扁、馬英九，他們的出身背景不同，政治立場不同，行事風格不同，他們的大陸政策也各不相同。在不同歷史階段，深入研究這些當權者，對他們的政治信仰、個性特點、成長背景、用人習慣等，都瞭解清楚了，對形勢的分析判斷也會比較準確。

在1950—60年代，記得毛主席在一次談話中說：台灣在蔣介石手裡，我比較放心。因為毛主席對蔣介石看得很透，蔣雖強烈反共，但他不會去搞「台獨」，也不會完全聽命於美，接受「兩個中國」安排；他精於權術，對內部控制有一套，所以台灣在他手中，第一不會「獨立」，第二不會大亂。

1985年9月，鄧小平在會見新加坡總理李光耀時說：「現在台灣和我們還有共同點，都認為只有一個中國。但如果蔣經國不在了，就可能真正出現『兩個中國』。我與雷根、舒爾茨、溫伯格都說過，蔣經國不在了，台灣出現『獨立』怎麼辦？我們怎麼能承諾不使用武力？我們不希望出現這種情況，但先把話講明白好。」果不其然，蔣經國1988年1月13日去世後，李登輝上台，慢慢「台獨」問題突顯出來了。

從以上兩個例子可以受到啟發，研究情況一定要抓住事物最本

質的東西。當然我們不可能與傑出領導人物相比，但學習他們研究思考問題的方法，還是可以也應該做到的。

　　世界上許多問題是歷史形成的，台灣問題亦是如此。因此我研究台灣問題的另外一點體會是，一定要歷史地去看待分析問題，不能孤立地去分析研究台灣情況。只有從台灣近500年來與大陸關係的發展變化和1949年台灣問題形成的歷史背景去觀察，才能比較客觀地把握台灣的社會民意和當權者的心態。

　　研究台灣問題離不開研究國民黨。從1894年孫中山在檀香山創建「興中會」算起，國民黨已經走過了將近120個年頭，它是一個橫跨了三個世紀的「百年老店」。從歷史的觀點看，國民黨2000年的下台有其內在原因，看起來有點偶然，但偶然當中有其必然。組織上分裂不團結、政治上保守不改革、官員的腐敗不廉潔，是導致國民黨逐步走向衰落的三個根本原因。

　　2008年馬英九上台後，他清楚地知道國民黨再不進行改革，難以取信於民，也難以長期執政。於是，馬英九試圖通過黨務改革，使國民黨清正廉潔、端正選風、組織再造，徹底改變國民黨在台灣人民心目中的負面形象，使國民黨浴火重生。但從目前的情況來看，馬英九的黨務改革顯然沒有成功。

　　馬上台後，想把國民黨改造成為類似美國民主、共和黨的選舉機器，改變國民黨長期以來「以黨領政」的領導模式，提出「以黨輔政」，虛化國民黨，將核心權力移到「總統府」。結果是遭到黨內傳統勢力、地方勢力甚至包括國民黨忠貞黨員的強烈反彈和抵制。

　　抗日戰爭時期，毛主席曾經說過，看看蔣介石的過去，就知道他的現在。看看他的過去和現在，就知道他的將來。其實看國民黨

也是如此。

研究台灣問題離不開對台灣民意的研究。台灣現在2300萬人口，閩南人占74%，客家人占12%，1949年從大陸去台的「外省籍人」占12%，少數民族占2%，其中閩南人是主體，大部分是五百年前從福建遷台。由於他們先後受荷蘭、日本等外國的長期統治，國民黨去台後又發生「2•28」事件，所以他們有一種悲情意識，產生台灣主體意識。因此每到選舉，民進黨、台聯黨就會製造和利用省籍矛盾、族群矛盾，混水摸魚，從中漁利。

研究台灣問題，還必須研究台灣問題背後的美國因素。由於歷史的原因，美國對台灣政治、經濟、軍事、社會的影響力都非常大，美台之間有著千絲萬縷的複雜聯繫。台灣問題是中國的內政，但客觀上它又有著深刻的國際背景。這些也許就是造成台灣問題複雜性的種種原因吧！

台灣問題的複雜性，決定了對台研究工作的艱鉅性，也決定了實現祖國統一的長期性。最終解決台灣問題、實現祖國完全統一，是全體中華兒女的共同期盼，更是我長期以來的一個心願。相信在充滿希望的21世紀，在實現中華民族偉大復興的中國夢征程中，這一願望一定會成為現實。

國家圖書館出版品預行編目(CIP)資料

臺灣問題與中華復興 / 王在希 著. -- 第一版.
-- 臺北市：崧燁文化，2018.12
　　面；　公分
ISBN 978-957-681-668-0(平裝)
1.臺灣問題 2.臺灣政治
573.09　　107021723

書　名：臺灣問題與中華復興
作　者：王在希 著
發行人：黃振庭
出版者：崧燁文化事業有限公司
發行者：崧燁文化事業有限公司
E-mail：sonbookservice@gmail.com
粉絲頁　　　　　　網　址：
地　址：台北市中正區重慶南路一段六十一號八樓815室
8F.-815, No.61, Sec. 1, Chongqing S. Rd., Zhongzheng Dist., Taipei City 100, Taiwan (R.O.C.)
電　話：(02)2370-3310　傳　真：(02) 2370-3210
總經銷：紅螞蟻圖書有限公司
地　址：台北市內湖區舊宗路二段121巷19號
電　話：02-2795-3656　　傳真：02-2795-4100　網址：
印　刷：京峯彩色印刷有限公司（京峰數位）

　　本書版權為九州出版社所有授權崧博出版事業股份有限公司獨家發行電子書繁體字版。若有其他相關權利及授權需求請與本公司聯繫。
定價：500 元
發行日期：2018 年 12 月第一版
◎ 本書以POD印製發行